· 中等职业教育最新财会系列教材 ·

财 务 管 理

（第二版）

丁元霖／主编

立信会计出版社
LIXIN ACCOUNTING PUBLISHING HOUSE

图书在版编目(CIP)数据

财务管理/丁元霖主编. —2 版. —上海:立信会计出版社,2015.3

中等职业教育最新财会系列教材

ISBN 978-7-5429-4571-6

Ⅰ.①财… Ⅱ.①丁… Ⅲ.①财务管理—中等专业学校—教材 Ⅳ.①F275

中国版本图书馆 CIP 数据核字(2015)第 048154 号

策划编辑	蔡莉萍	
责任编辑	蔡莉萍	
封面设计	周崇文	

财务管理(第二版)

出版发行	立信会计出版社			
地 址	上海市中山西路 2230 号		邮政编码	200235
电 话	(021)64411389		传 真	(021)64411325
网 址	www. lixinaph. com		电子邮箱	lxaph@sh163. net
网上书店	www. shlx. net		电 话	(021)64411071
经 销	各地新华书店			

印 刷	常熟市梅李印刷有限公司		
开 本	710 毫米×960 毫米	1/16	
印 张	14.5		
字 数	266 千字		
版 次	2015 年 3 月第 2 版		
印 次	2018 年 2 月第 4 次		
印 数	9 301—12 400		
书 号	ISBN 978-7-5429-4571-6/F		
定 价	28.00 元		

如有印订差错,请与本社联系调换

中等职业教育最新财会
系列教材编写说明

　　为了满足中等职业学校财经专业和商贸专业的教学需要,在立信会计出版社的大力支持下,我们根据中等职业学校学生的特点,陆续编写出版中等职业教育最新财会系列教材。该套教材包括《基础会计》、《财务会计》、《成本会计》、《财务管理》和《税务会计》共5本。与教材配套的习题与解答将同步出版。

　　本套系列教材中,先期出版的《基础会计》已出了第三版,印刷了6次;《财务会计》和《财务会计习题与解答》也出了第二版,分别印刷了5次和2次;《成本会计》出了第二版,印刷了3次;《基础会计习题与解答》和《成本会计习题与解答》已进行修订。《财务管理》也已出了第二版,印刷了4次,《财务管理习题与解答》即将修订。总之,本套教材销量不错,已得到广大师生认可,并取得了一定的市场效益和社会效益。

　　本套教材的特点是:理论联系实际,深入浅出,通俗易懂;遵循循序渐进的原则,合理安排各门学科的教学内容,使之详略得当;教材之间既衔接紧密,又保持相对独立;该套教材的习题与解答中还附有测试题,便于学生自测。

　　本套教材由长期从事会计教学工作,具有丰富教学经验的教学专家编写。我们欢迎选用本教材的教师就教材中存在的问题及时与我们沟通、探讨,以利于教材质量的提高。

编　　者

2015年春

第二版前言

本书自 2009 年 3 月出版以来,承蒙广大读者厚爱,已印刷了 3 次,销量不错。

为了使教材的内容不断地更新,以体现教材的先进性,我们对本书进行了修订。在修订过程中,除了保持本书原有的特点外,还充实了内容,以更好地满足财务管理的教学需要。

本书正文部分由丁元霖修订,思考题和练习题部分由刘芳源、杨炜之、潘桂群、刘骥、应红梅、马洪照、孙伟桓、傅秋菊和吴峥修订。参加本书编写的还有丁飞。全书由丁元霖主编并定稿。

因作者水平有限,疏漏之处在所难免,恳请广大读者通过电子信箱 dingyuan-lin@hotmail.com 与编者联系。

编　者
2015 年春

初版前言

本书是以财政部 2006 年 12 月 4 日颁发的新的《企业财务通则》和 2006 年 2 月 15 日颁发的新的《企业会计准则》为依据，根据中专、中职的教学要求，结合中专、中职学生的特点编写的，以满足中等专业学校和中等职业技术学校财经专业和商贸专业的教学需要。

本书是会计教材体系中的骨干教材，涉及的知识面广。本书主要介绍了财务管理的含义，财务管理的内容和特点，财务管理的环节和目标，财务管理的环境，资金时间价值和风险价值，资金筹集，综合资金成本和资本结构，投资，营运资金，收益分配和财务分析等内容。

本书内容新颖，结构合理，注重理论联系实际；注重财务管理基本理论、基本技能和基本方法的训练。本教材的各章后附有简答题、名词解释题、是非题、单项选择题、多项选择题和练习题，以利于学生全面、准确地理解和掌握教材的主要内容，培养学生的实际动手能力。

本书的编写以深入浅出、循序渐进为原则；重点突出，详略得当。

本书共分八章，正文部分由丁元霖编写，思考题和练习题由刘芳源、杨炜之、傅秋菊、吴峥和刘骥编写，全书由丁元霖主编并定稿。

本书集作者十多年财会实际工作和二十多年财会教学工作的经验而成。由于编者水平有限，疏漏之处在所难免，恳请广大读者提出宝贵的批评和建议（电子信箱 dingyuanlin@hotmail.com）。同时，也欢迎选用本书作教材的师生共同探讨财务管理教学过程中存在的问题，以利于提高教学质量。

编　者
2009 年元月

目　　录

第一章 总 论

第一节 财务管理概述

一、财务管理的含义

财务管理是指企业组织财务活动,协调、处理与各方面的财务关系的一项经济管理工作。它是企业管理的一个重要的组成部分。

（一）财务活动

财务活动是指企业在生产经营过程中的资金运动。

1. 企业的资金　　资金是指企业在生产经营过程中财产物资价值的货币表现。货币表现是指能以货币进行计量和交换。

资金是以不同的形态存在于企业的。从工业企业来看,以货币表现的材料价值形态称为储备资金,以货币表现的固定资产价值形态称为固定资金,以货币表现的在产品价值形态称为生产资金,以货币表现的产成品价值形态称为商品资金,而货币本身是一种特殊的商品,因此货币的资金形态被称为货币资金。

资金是企业生存和发展的物质基础,其实质是再生产过程中运动着的价值。

2. 企业的资金运动　　资金运动是指企业的资金不断地周转、补偿、增值和积累的过程。在市场经济条件下,资金运动是一种客观存在的经济现象,货币资金既是企业资金运动的起点,又是企业资金每次循环周转的终点。

企业的资金运动具体表现为:在企业设立时,必须通过吸收直接投资或发行股票、债券及向金融机构借款等手段向投资者及债权人筹集一定数额的现金,这部分现金成为企业的权益资金或债务资金,表现为货币资金。商业企业通过购买阶段购进商品,货币资金就转化为商品资金;通过销售阶段销售商品,收回货币,商品资金仍又转化为货币资金。工业企业则通过资金投放,购建厂房、生产设备等,货币资金就转化为固定资金;通过购买阶段购进原材料,货币资金又转化为储备资金;通过生产阶段,原材料被生产工人领用,经使用生产设备加工后,转变为在产品,储备资金和固定资金的一部分以及发生的直接人工费用和制造费用就转化为生产资金;产品加工完毕后,生产资金又转化为商品资金;最后通过销售阶段,销售产品收回货币,商品资金又转化为货币资金。所以,无论是商业企业还是工业企业,届时重新收回的货币资金,除了补偿以前的支出外,还得到了增值。增值的一部分以税金的形式交纳给国库,一部分以股利的形式分配给投资者,这两部分资金均要退出企业的资金周转;增值的另一部分以盈余公积和未分配利润的形式留存企业,作为企业的积累,并可以继续参与企业的资金周转。

因此,企业的资金运动归纳起来可以分为资金筹集,资金投放,资金营运和资金收入、补偿及分配四个阶段,它以价值形式综合地反映着企业的再生产过程。工业企业资金运动的具体过程如图表1-1所示。

(二) 财务关系

财务关系是指企业在组织财务活动过程中与有关各方发生的经济关系。企业的生产经营活动是整个社会再生产活动的重要组成部分,伴随着生产经营活动而发生的一系列财务活动,必然会与国民经济各有关部门、单位发生经济关系,其主要表现在以下七个方面。

1. 企业与投资者之间的财务关系　　它是指企业的投资者向企业投入资金,企业向其投资者支付投资报酬所形成的经济关系。企业的投资者应按照投资合同、协议和章程的约定,履行出资义务,以便及时形成企业的资本。投资者向企业投入资本后,就成了企业的所有者。因此投资者拥有参与企业经营管理的权利、分享企业税后利润的权利以及对企业的净资产所享有分配权,并有承担企业亏损和破产的责任。企业运用资本开展生产经营活动所实现的净利润应按投资者的出资比例或合同、协议和章程的规定,向其分派股利或税后利润,因此企业与投资者之间的财务关系,体现着所有权的性质及所有者在企业中的利益,反映了经营权与所有权之间的关系。

2. 企业与债权人之间的财务关系　　它是指企业向债权人借入资金,并按债务合同的规定归还本金和支付利息所形成的经济关系。企业除了运用资本开展生产经营活动外,还需要向银行等金融机构借入资金,或通过发行债券向社会公众借入资金,以扩大生产经营规模,获取更大的经济效益。在借入资金到期时,要按期向债权人归还本金,并按约定的利率支付借款或债券的利息。此外,企业在进行采购材料、商品等经济活动时,往往会运用供应商提供的商业信用进行赊购,公司应按照对方提供的信用条件,及时向债权人清偿账款。因此,企业同其债权人之间的财务关系,体现着债务与债权的关系。

3. 企业与受资者之间的财务关系　　它是指企业以购买股票或直接投资的形式向其他企业投资所形成的经济关系。企业向其他单位投资,应按约定履行出资义务,并依据其出资份额参与受资者的经营管理和利润分配。如果企业对受资者拥有控制权,不仅可以获得投资收益,还可以控制受资者的重大经营决策。因此,企业与受资者之间的财务关系,体现着所有权性质的投资与受资的关系。

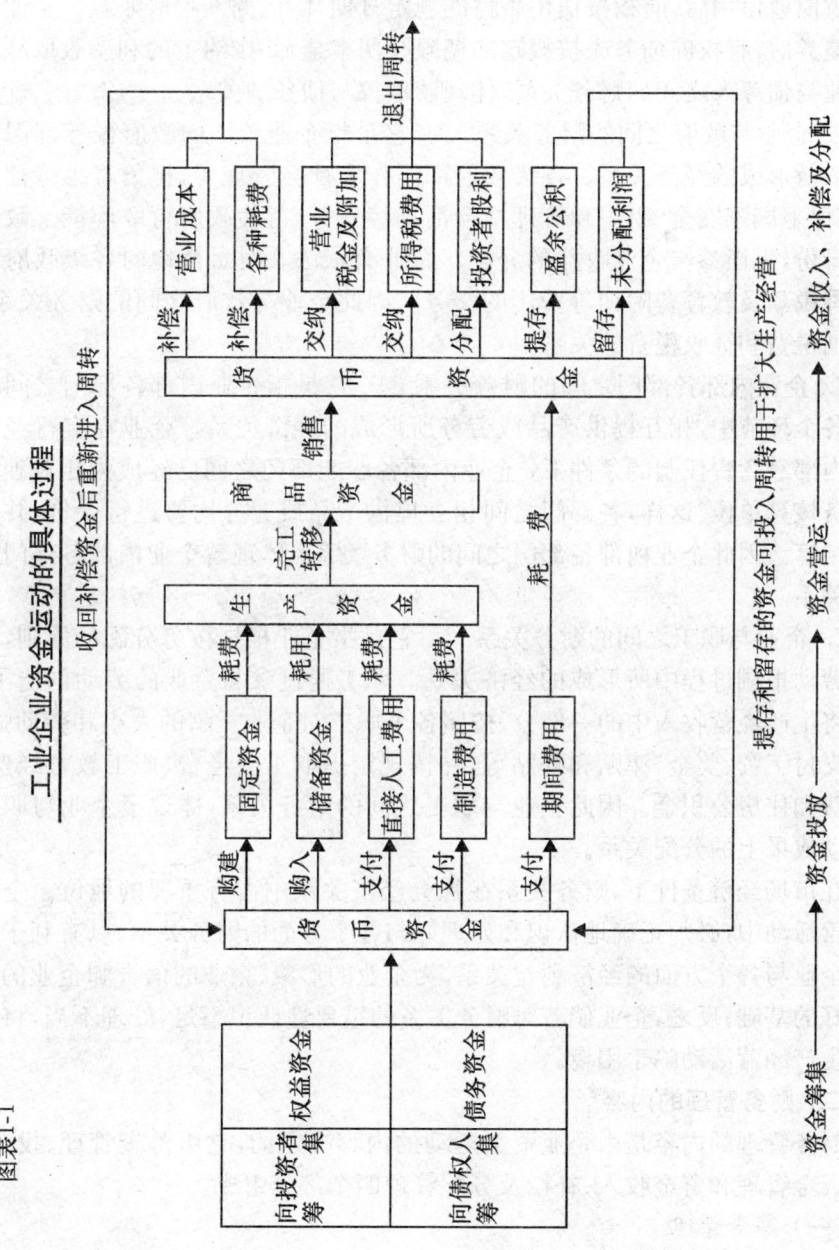

图表1-1

工业企业资金运动的具体过程

4. 企业与债务人之间的财务关系　　它是指企业以向购货方提供商业信用、对外投资购买债券等形式将资金出借给其他单位所形成的经济关系。企业赊销商品提供商业信用后,有权按信用条件的规定日期,向债务人收取账款。企业将资金购买债券后,有权向债务人按规定的期限收回本金,并按约定的利率收取利息。因此企业与债务人之间的财务关系,体现着债权与债务的关系。

5. 企业与政府之间的财务关系　　它是指企业依法向政府税务部门交纳各种税款所形成的经济关系。各级政府部门作为社会管理者,担负着维持社会正常秩序、保卫国家安全、组织和管理社会活动等任务,行使政府行政职能。政府依据这一身份,无偿参与企业收益的分配。企业有依法及时足额地向各级政府部门交纳各种税款及教育费附加等费用的义务。因此企业与政府之间的财务关系,体现着交纳税费和征收税费的关系。

6. 企业内部各部门之间的财务关系　　它是指企业内部各部门之间在生产经营各个环节中,相互提供产品或劳务所形成的经济关系。企业在实行经济核算制和内部经营责任制的条件下,企业内部各职能部门之间已经成为相对独立的内部经济核算单位,这样,各部门之间相互提供产品或劳务均要进行计价,并要进行内部结算。因此企业内部各部门之间的财务关系,体现着企业内部各部门之间的经济关系。

7. 企业与职工之间的财务关系　　它是指企业根据按劳分配的原则,向职工支付劳动报酬过程中所形成的经济关系。职工通过参与企业的劳动创造了价值,企业将生产经营收入中的一部分,按照各个职工对企业贡献的大小和劳动强度,向职工支付工资、奖金、津贴和补贴等,并按规定提取工会经费、职工教育经费、社会保险费和住房公积金。因此企业与职工之间的财务关系,体现了企业与职工之间在劳动成果上的分配关系。

在市场经济条件下,财务关系在社会经济关系中占有重要的地位。企业在生产经营活动中,必须正确地认识和处理好与各个方面的财务关系,以有利于把握和完善企业与各个方面的经济利益关系,为企业的形象、企业的信誉和企业的发展奠定良好的基础;反之,企业倘若对财务关系的重要性认识不足,处理不当,将会使企业的生产经营活动陷于困境。

二、财务管理的内容

财务管理的内容是由企业资金运动的内容决定的,它由筹资管理、投资管理、营运资金管理和资金收入、补偿及分配管理四个部分组成。

(一)筹资管理

资金是企业得以设立并开展生产经营活动必不可少的物质条件。筹资活动是企业为了满足投资和资金营运的需要,筹集所需资金的行为。因此它是企业财务活动的首要任务。在市场经济条件下,企业筹资的渠道主要有国家财政资金、银行信贷资金、非银行金融机构资金、资本市场资金、其他单位或者个人资金、外商资金和自身积累资金。这就为企业提供了多种选择的余地。

企业筹资的方式主要有发行股票、吸收直接投资、发行企业债券、向银行借款、融资租赁、商业信用和利用留存收益等。

然而企业从不同渠道采用不同方式筹资,其资金成本和使用期限是不同的,所承受的风险也各异。因此,企业在筹资时,不仅要满足企业的生产经营活动对资金数额的需要,还要考虑和决定在什么时机、从哪个渠道、采用什么方式筹资的最佳方案。这就需要根据资金成本的大小和企业承受风险大小的能力权衡利害、比较得失,以确定企业合理的资金结构。

企业筹资关系到投资者的经济利益,国家为了保护投资者的利益,制定了有关法规和政策。因此企业必须认真遵循国家的有关规定,做好筹资工作,并加强筹资工作的日常管理。

（二）投资管理

投资活动是指企业根据项目资金的需要投出资金的行为。在投资过程中,企业通常将一部分资金购建厂房、建筑物和生产设备,形成生产能力,并用另一部分资金购买材料、低值易耗品、包装物及支付人工费用等各种费用,使生产经营活动顺利进行,企业在资金宽松时或为了经营战略需要还可以通过资金市场以购买股票、债券的形式进行对外投资,以取得投资收益或取得对其他企业的控制权。

资金作为能够创造价值的价值,其每一项配置和使用,均能直接或间接地取得收益。投资管理就是要合理投放和使用资金,保证企业生产经营活动能持续不断进行,并控制和考核资金的耗费,以谋求最大的经济利益。企业应在生产经营活动的各个环节,运用计划、控制和分析等手段,对生产经营中的成本、期间费用实行科学管理,并调动和组织全体职工加强经济管理,努力增加收入,挖掘降低产品成本和期间费用的潜力,对外投资要有周密的预测和合理的组合,分散和弱化投资风险,以充分发挥资金的效能。

（三）营运资金管理

营运资金是指企业为满足日常营业活动的需要而垫支的资金。营运资金活动是指企业在日常生产经营活动中所发生的一系列资金收付行为。首先,企业需要采购材料或商品,从事生产和销售活动,并且还要支付工资费用、制造费用和期间费用;其次,当企业将产品或商品售出后,就能取得收入收回资金;最后,如果资金不能满足企业经营的需要,还能采取短期借款方式筹集资金。

企业需要确定营运资金的持有政策、合理的营运资金筹资政策以及合理的营运资金管理策略,包括:现金持有计划的确定;应收账款的信用标准、信用条件和收账政策的确定;存货周期、存货数量、订货计划的制订;短期借款计划、商业信用筹资计划的确定等。

（四）资金收入、补偿及分配管理

资金收入是补偿企业生产经营活动中的资金耗费的唯一来源。企业资金收入的主体是销售收入,它是一项重要的财务指标,是维持企业的支付能力,保证企业财务安全的重要条件。因此企业要根据市场状况,正确预测产品销售量和销售额,做到以销定产,并做好销售收入的日常管理工作。对企业取得的资金收入,首先,要用于补偿生产经营过程中发生的销售成本和各种耗费,补偿投资成本,并按照税法规定的税种和税率,及时和足额地向国家交纳各种税金。其次,剩余下来的部分是企业的净利润,要合理地进行分配,在分配时,一定要从全局出发,正确处理企业利益、投资者利益和职工利益,以调动各个方面的积极性:第一,要按规定提取法定盈余公积和任意盈余公积,分别用于扩大企业内部积累;第二,向投资者分派股利或税后利润,以维护投资者的利益。最后,企业为了留有余地,还要留存一部分未分配利润。

三、财务管理的特点

财务管理主要是运用价值形式对企业的财务活动及其所体现的财务关系实施管理,是企业管理的重要组成部分,它主要具有以下四个特点。

（一）综合性强

财务管理是一项综合性的管理工作,它主要是运用价值形式对企业的生产经营活动进行全面的管理,将企业的一切物质条件、生产经营过程及其结果,全面地加以规划、管理和控制,并科学地进行综合分析,对出现的情况和问题,能及时地采取相应的措施,调节有关的活动,以有效地改善生产经营,提高企业的经济效益。

（二）灵敏度高

财务管理能迅速反映企业的生产经营状况。在企业的生产经营管理中,各种决策是否正确,经营是否得法,技术是否先进,产销是否顺畅,耗费是否合理等均能迅速地在企业财务指标中反映出来。财务管理部门通过财务指标的经常性计算、整理和分析,就能掌握企业各方面的信息,并向企业管理当局反馈,使其能及时掌握企业生产经营的动态。

（三）涉及面广

财务管理涉及企业内部的各个部门。因为企业中涉及资金的业务活动是财务管理部门的管理范围,而企业的各个部门开展生产经营活动时,必然会发生资金运动,从而引起资金的增减变动,因此,每个部门均会因资金的收入或资金的运用而与财务管理部门发生联系,财务管理部门应指导各个部门合理使用资金和节约资金支出,使企业的资金保持正常的周转。

（四）时效性强

企业通过财务管理获取的财务信息,应及时以财务报表的形式传达给各有关部门。因为在商品经济高度发达的社会,市场变化迅猛异常,企业之间存在着激烈的竞争,因此,企业管理层及企业内部各部门、投资者和债权人对财务信息的时效性的要求也越来越强。

第二节 财务管理的环节和目标

一、财务管理的环节

财务管理的环节是指财务管理的工作步骤与一般工作程序。企业的财务管理包括以下五个环节。

（一）财务预测

财务预测是指根据财务活动的历史资料,考虑现实的条件和今后的要求,对企业未来时期的财务活动和财务成果进行全面的分析,并作出较为具体的预计和测算的过程。企业只有在对未来的财务活动和财务成果进行科学预测的基础上,才能作出科学的财务决策,编制出切实可行的财务预算。因此,财务预测是财务决策的基础,是编制财务预算的前提。

财务预测主要包括以下四个步骤:首先,明确预测目标。即应根据决策的需要,针对不同的预测对象,确定财务预测的目标,以达到预测的效果。其次,搜集整理相关资料。即应根据预测目标和预测对象搜集相关的资料,并在对这些资料进行可靠性、完整性和典型性检查的基础上进行归类、汇总和调整。再次,建立预测模型。即应根据影响预测对象的各个因素之间的相互关系,建立相应的财务预测模型。最后,确定财务预测结果。即将经过加工整理的资料,运用建立的预测模型,采用适当的预测方法确定预测结果。

（二）财务决策

财务决策是指按照财务管理目标的总体要求,利用专门方法对各种备选方案进行比较分析,并从中选择最优方案的过程。在市场经济的条件下,财务决策是财务管理的核心,它是在财务预测的基础上进行的,决策的成功与否直接关系到企业的兴衰成败。

财务决策主要包括以下三个步骤:首先,确定决策目标。即以预测的资料为基础,结合企业总体经营的部署和国家宏观经济的要求,根据企业的实际情况,确定企业决策项目应实现的目标。其次,提出备选方案。即根据确定的决策目标和企业搜集整理的各种资料,结合市场状况,设计出各种可能采取的方案,并分析评价每一个方案的得失和利弊。再次,选择最优方案。即对提出的各个备选方案,采取合适的决策方法,从中选出一个最佳的行动方案。

(三) 财务预算

财务预算是指运用科学的技术手段和数学方法,对未来财务活动的内容及指标进行具体规划的过程。财务预算是以财务决策确定的方案和财务预测提供的资料为基础编制的,是财务预测和财务决策的具体化,是组织和控制企业财务活动的依据。

财务预算的编制通常包括以下三个步骤:首先,分析财务环境,确定预算指标。即根据国家经济发展规划和产业政策以及企业供产销的条件,运用科学的方法,对决策所提供的方案进行因素分析,确定主要的预算指标。其次,协调财务能力,组织综合平衡。即合理安排企业的人力、物力和财力,组织好财务收支的协调和平衡,制定各部门增产节约、增收节支的措施,以保证财务预算指标的落实。再次,选择预算方法,编制财务预算。即以企业的经营目标为核心,以平均先进定额为基础,编制企业的财务预算。

(四) 财务控制

财务控制是指在财务管理的过程中,利用有关信息和特定手段,对企业财务活动所施加的影响或进行的调节。通过财务控制以确保财务预算的完成。

财务控制通常要经过以下三个步骤:首先,制定控制标准,分解落实责任。即将财务预算的各项指标按照责权利相结合的原则,分解落实到责任单位或个人,使其成为可以具体掌握的可控目标。其次,实施追踪控制,及时调整误差。即在日常财务活动中,应采取各种手段对资金的收付、费用的开支以及物资的领用进行控制和调节。再次,分析执行情况,搞好考核奖惩。即企业在期末应对各责任单位的预算执行情况进行分析和评价,考核各项财务指标的执行结果,运用激励机制,奖优罚劣。

(五) 财务分析

财务分析是指根据核算资料,运用特定方法,对企业财务活动过程及其结果进行分析和评价的一项工作。通过财务分析,可以掌握各项财务预算的完成情况,评价财务状况,研究和掌握企业财务活动的规律性,改善财务预测、决策、预算和控制,改善企业管理水平,提高经济效益。

财务分析通常包括以下四个步骤:首先,掌握资料。即应掌握开展财务分析所必需的财务预算资料、本期财务报表等实际资料、有关的历史财务资料和市场调查资料等。其次,揭露矛盾。即在掌握资料的基础上,通过数量指标的对比来评价企业各项财务指标的完成情况,找出差异。再次,明确责任。即运用一定的方法找出影响财务指标的主要因素,以明确责任。最后,提出改进措施。即在掌握大量资料的基础上,找出各种财务活动之间的本质联系,提出切实可行的改进措施,提高企业的财务管理水平。

二、财务管理的目标

财务管理目标是指企业财务管理活动所希望实现的结果。它是评价企业理财活动是否合理有效的基本标准,是企业财务管理工作的行为导向,是财务人员工作实践的出发点和归宿。

(一)现代企业的财务管理目标

现代企业的财务管理目标是企业价值最大化。投资者设立企业的重要目的,在于创造尽可能多的财富,这种财富首先表现为企业的价值。企业价值就是企业的市场价值,是企业所能创造的预计未来现金流量的现值,它反映了企业潜在的或预期的盈利能力和成长能力。未来现金流量的现值包含了资金的时间价值和风险价值两个方面的因素。因为未来现金流量的预测包含了不确定性和风险因素,而现金流量的现值是以资金的时间价值为基础对现金流量进行折现计算得出的。

企业价值最大化目标的具体内容有:① 强调风险与报酬的均衡,将风险控制在企业可以承受的范围内。② 强调股东的首要地位,创造企业与股东之间利益的协调关系。③ 加强对企业经营者的监督和控制,建立有效的激励机制。④ 关心本企业职工利益,培养职工长期努力地为企业工作的积极性。⑤ 不断加强与债权人的关系,培养可靠的资金供应者。⑥ 关心客户的长期利益,以便保持销售收入长期稳定的增长。⑦ 加强与供应商的合作,遵守承诺,讲究信誉。⑧ 保持与政府部门的良好关系。

以企业价值最大化作为财务管理的目标,其优点主要表现在:① 考虑了资金的时间价值和风险价值。② 反映了对企业资产保值、增值的要求。③ 有利于克服管理上的片面性和短期行为。④ 有利于社会资源的合理配置。其存在的问题有:① 股票的价格很难反映企业所有者权益的价值。② 法人股股东对股票市价的敏感程度远不及个人股股东,对股票价值的增加没有足够的兴趣。③ 对于非股票上市企业,企业价值确定比较困难。

(二)协调冲突的利益

将企业价值最大化目标作为企业财务管理目标的主要任务就是协调相关利益群体的关系,化解他们之间的利益冲突。

1. 所有者与经营者的矛盾与协调　　在现代企业中,经营者只是所有者的代理人,所有者期望经营者代表他们的利益工作,实现所有者财富最大化;而经营者则有其自身的利益考虑。所有者支付给经营者的利益被称为享受成本。所有者与经营者的主要矛盾是所有者希望以较小的享受成本支出带来更高的企业价值,而经营者则希望在提高企业价值的同时,能更多地增加享受成本。为了解决这一矛盾,所有者通常采取将经营者的报酬与绩效相联系的办法,并辅之一定的约束和激励措施。

(1) 解聘　　这是一种通过所有者来约束经营者的办法。所有者对经营者予以监督,如果经营者未能使企业价值达到最大,就解聘经营者,则经营者因害怕被解聘而被迫实现财务管理目标。

(2) 接收　　这是一种通过市场来约束经营者的办法。如果经营者决策失误、经营不力,未能采取一切有效措施使企业价值提高,则该企业就可能被其他企业强行接收或吞并,经营者也会相应地被解聘。为此,经营者为了避免这种被接收或被吞并,必须采取一切措施,提高企业价值。

(3) 激励　　这是指所有者将经营者的报酬与其绩效挂钩,以使经营者自觉采取能满足企业价值最大化的措施。

2. 所有者与债权人之间的矛盾与协调　　债权人将资金借给企业的目的是到期收回本金,并按约定的利率收取利息;企业借款的目的是为了扩大经营,将其投入有风险的生产经营项目,两者的目的并不一致。债权人事先知道借出资金是有风险的,并将这种风险的相应报酬纳入利率。但是,一旦资金以借款形式到了企业,债权人就失去了控制权。

所有者为了自身的利益,可能通过经营者而损害债权人的利益。其常用的方式有以下两种:① 所有者不经债权人的同意,投资于比债权人预期风险要高的新项目,倘若高风险的项目一旦成功,超额利润由所有者独享;倘若投资失败,企业无力偿债,债权人与所有者将共同承担由此而造成的损失,这对债权人来说风险与收益是不对称的。② 所有者为了提高企业的利润,不征得现有债权人的同意而要求经营者发行新债券或举借新债,使企业的负债比率提高,相应地增加了偿债风险。

债权人为了防止其利益受到损害,通常采用的措施有:① 限制性借债,即在借款合同中加入限制性条款,如规定借款的用途、借款的担保条款和借款的信用条件等。② 提前收回借款或停止借款,即当债权人发现企业有侵蚀其债权的动机时,采取提前收回债权或不增加给企业的借款,以保护自身的权益。

第三节　财务管理的环境

财务管理环境又称理财环境,是指对企业财务活动和财务管理产生影响作用的企业内外各种条件的统称。

财务管理环境对企业的财务活动有重大的影响,企业只有在理财环境的各种因素的作用下实现财务活动的协调平衡,才能生存和发展。研究理财环境有助于正确地制定理财策略。财务管理的环境涉及范围广,其中最重要的有经济环境、法律环境和金融环境。

一、经济环境

经济环境是指企业进行财务活动的宏观经济状况。影响财务管理的经济环境因素主要有以下三项。

（一）经济周期

在市场经济条件下，经济的发展与运行带有一定的波动性，通常经历复苏、繁荣、衰退和萧条几个阶段的循环，从而形成了资本主义经济周期。

我国的经济发展与运行也呈现其特有的周期特征。曾经历过若干次从投资膨胀、生产高涨到控制投资、紧缩银根和正常发展的过程，从而促进了经济的持续发展。企业的筹资和收入、补偿及分配等理财活动都会受到这种经济波动的影响。例如，在银根紧缩时期，社会资金短缺、利率上升，企业的筹资活动会遇到困难，进而会影响企业正常的生产经营活动。因此，企业财务管理人员必须认识到经济周期对企业财务活动的影响，掌握在经济发展波动中的理财本领。

（二）经济发展水平

近年来，我国的国民经济保持持续高速增长，这不仅给企业扩大规模、调整方向、打开市场以及拓宽财务活动的领域带来了机遇，同时，由于高速发展中的资金短缺将长期存在，又给企业财务管理带来严峻的挑战。因此，企业财务管理工作者必须积极探索与经济发展水平相适应的财务管理模式。

（三）宏观经济政策

我国经济体制改革的目标是建立社会主义市场经济体制，以进一步解放和发展生产力。在这个总目标的指导下，我国已经并正在进行财税体制、金融体制、外汇体制、外贸体制、计划体制、价格体制、投资体制、社会保障体制和会计准则体系等各项改革，这就要求企业财务人员必须把握经济政策，更好地为企业的经营理财活动服务。

二、法律环境

市场经济是以法律规范和市场规则为特征的经济制度。法律为企业经营活动规定了活动空间，也为企业在相应空间内自由经营提供了法律上的保护。影响财务管理的法律环境因素主要有以下三项。

（一）企业组织形式

企业是市场经济的主体，不同类型的企业在所适用的法律方面有所不同，了解企业的组织形式，有助于企业财务管理活动的开展。企业的组织形式可分为以下三类。

1. **独资企业**　　它是指依法设立，由一个自然人投资，财产为投资人个人所有，投资人以其个人财产对公司债务承担无限责任的经营实体。独资企业的特点是：① 只有一个出资者。② 出资者对企业债务承担无限责任。③ 独资企业不作为企业所得税的纳税主体,其收益纳入所有者的其他收益一并计算交纳个人所得税。

2. 合伙企业 它是指依法设立,由各合伙人订立合伙协议,共同出资,合伙经营,共享收益,共担风险,并对合伙企业债务承担无限连带责任的盈利组织。合伙企业的特点是:① 有两个以上合伙人,并且都是具有完全民事行为能力,依法承担无限责任的人。② 有书面合伙协议,合伙人依照合伙协议享有权利,承担责任。③ 有各合伙人实际缴付的出资,合伙人可以用货币、实物、无形资产或者其他属于合伙人的合法财产及财产权利出资,经全体合伙人协商一致;合伙人也可以用劳务出资,其评估作价由全体合伙人协商确定。④ 有关合伙企业改变名称,向企业登记机关申请办理变更登记手续,处分不动产或财产权利、为他人提供担保、聘任企业经营管理人员等重要事务,均须经全体合伙人一致同意。⑤ 合伙企业的利润或亏损,由合伙人依照合伙协议约定的比例分配或分担;合伙协议未作约定的,由各合伙人平均分配和分担。⑥ 各合伙人对合伙企业债务承担无限连带责任。

3. 公司 它是指依照《公司法》登记设立,以其全部法人财产,依法自主经营、自负盈亏的企业法人。它分为有限责任公司和股份有限公司。

(1) 有限责任公司 它是指由 50 个以下股东出资设立,每个股东以其认缴的出资额为限对公司承担责任的企业法人。其特点有:① 公司的资本总额不分为等额股份。② 公司向股东签发出资证明书,不发股票。③ 公司股份的转让有较严格限制。④ 股东人数限制在 50 人以内。⑤ 股东以其出资比例享受权利、承担义务。⑥ 股东以其出资额为限对公司承担有限责任。

(2) 股份有限公司 它是指将公司全部资本分为等额股份,股东以其所持股份为限对公司承担责任,公司以其全部资产对公司的债务承担责任的企业法人。其特点有:① 公司的资本划分为股份,每一股的金额相等。② 公司的股份采取股票的形式,股票是公司签发的证明股东所持股份的凭证。③ 股东可以转让持有的股份。④ 股东人数不受限制。⑤ 同股同权,同股同利。⑥ 股东以其所持股份为限对公司债务承担有限责任。

公司组织形式,是我国建立现代企业制度过程中选择的企业组织形式之一。本书阐述的财务管理,主要是指公司的财务管理。

(二) 税法

税收是国家为了实现其职能,按照法律预定的标准,凭借政治权力,强制地、无偿地征收货币或实物的一种经济活动,也是国家参与国民收入分配和再分配的一种方法,是国家参与经济管理,实行宏观调控的重要手段之一,具有强制性、无偿性和固定性三个特征。

税法是指由国家税务机关制定的调整税收征纳关系及其管理关系的法律规范

的总称。其构成的要素主要包括下列内容。

1. 征税人　　它是指代表国家行使征税职责的国家税务机关。

2. 纳税义务人　　它是指税法上规定的直接负有纳税义务的单位和个人。

3. 课税对象　　它是指税法针对什么征税。课税对象是区别不同税种的重要依据和标志,按其课税范围可分为:以应税产品的增值额、以应税货物的经营收入、以提供劳务取得的收入、以特定的应税行为、以应税财产、以应税资源为对象等进行课征。

4. 税目　　它是指某一税种的具体征税项目。

5. 税率　　它是指应纳税额与课税对象之间的比率。它是计算税额的尺度,是税法中的核心要素。

6. 纳税环节　　它是指税法对商品从生产到消费的整个过程所选择规定的应纳税环节。

7. 计税依据　　它是指计算应交税金的根据。

8. 纳税期限　　它是指纳税人发生纳税义务后应向国家交纳税款的时限。

9. 纳税地点　　它是指交纳税款的地方。

10. 减税免税　　它是指税法对特定的纳税人或征税对象给予鼓励和照顾的一种优惠性的规定。其内容主要有起征点,免征额和减免规定三种。

11. 法律责任　　它是指纳税人存在违反税法行为所应承担的法律上的责任,包括由税务机关或司法机关所采取的惩罚措施。

（三）财务法律

财务法律主要是指《企业财务通则》,它是企业进行财务活动,实施财务管理的基本准则。经国务院批准,由我国财政部颁发的《企业财务通则》,于1994年7月1日起施行。但随着我国市场经济体制的不断完善,现代企业法律制度的逐步健全,原有的《企业财务通则》日益滞后,财政部进行了修订,修订后的《企业财务通则》已于2007年1月1日起施行。它对企业财务管理体制、资金筹集、资产营运和收益分配等均作出了规定。企业应予以遵守执行。

三、金融环境

企业的资金除了权益资金外,其债务资金主要是从金融机构和金融市场取得的。金融政策的变化必然影响企业的筹资、投资和资金运营活动。因此,金融环境也是企业一项主要的环境因素。它主要由金融机构、金融工具、金融市场和利率组成。

（一）金融机构

社会资金从资金供应者转移至资金需求者,主要通过金融机构。金融机构包括银行业金融机构和其他金融机构。

1. 银行业金融机构　　它是指经营存款、放款、汇兑和储蓄等金融业务,承担信用中介的金融机构。我国银行主要包括各种商业银行和国家政策性银行。商业银行有中国工商银行、中国农业银行、中国银行、中国建设银行、交通银行、招商银行和光大银行等等;国家政策性银行有中国进出口银行和国家开发银行等。

2. 其他金融机构　　它包括金融资产管理公司、信托投资公司、财务公司和金融租赁公司等。

(二)金融工具

金融工具是指能够证明债权、债务关系或所有权关系并据以进行货币资金交易的合法凭证。它对于交易双方所应承担的义务与享有的权利均具有法律效力。金融工具具有期限性、流动性、风险性和收益性四个基本特征。

金融工具可分为货币市场工具和资本市场工具,前者主要有商业票据、国债和回购协议等;后者主要有股票和债券等。

(三)金融市场

金融市场是指资金供应者和资金需求者双方通过金融工具进行交易的场所。它的主要功能有:将储蓄转化为投资;改善社会经济福利;提供多种金融工具并加速流动,使中短期资金凝结为长期资金的功能;提高金融体系竞争性和效率;引导资金流向等五项。

金融市场可分为短期金融市场和长期金融市场。短期金融市场又称货币市场,是指以期限 1 年以内的金融工具为媒介,进行短期资金融通的市场。其主要特点有:交易期限短、交易的目的是满足短期资金周转的需要、所交易的金融工具有较强的货币性。长期金融市场又称资本市场,是指以期限 1 年以上的金融工具为媒介,进行长期资金交易活动的市场。其主要特点有:交易的主要目的是满足长期投资资金的需要、收益较高而流动性较差、资金借贷量大、价格变动幅度大。

财务管理人员必须熟悉金融市场的各种类型和管理规则,有效地利用金融市场来组织资金的筹措和进行资本投资等活动。

(四)利率

利率是指利息占本金的百分比。它是一定时期内运用资金资源的交易价格,因此利率在资金分配及企业财务决策中起着重要的作用。

利率主要是由供给与需求来决定的。此外,经济周期、通货膨胀、国家货币政策和财政政策、国际经济政治关系以及国家利率管制程度等都会对利率的变动有不同程度的影响。因此,资金的利率由纯利率、通货膨胀补偿率和风险收益率三个部分组成。

纯利率是指无通货膨胀、无风险情况下的社会平均资金利润率。通货膨胀补偿率是指由于持续的通货膨胀会不断降低货币实际购买力,为补偿其购买力损失而要求提高的利率。风险收益率包括违约风险收益率、流动性风险收益率和期限风险收益率,其中:违约风险收益率是指为了弥补因债务人无法按时还本付息带来的风险,由债权人要求提高的利率;流动性风险收益率是指为了弥补因债务人资产流动性差带来的风险由债权人要求提高的利率;期限风险收益率是指为了弥补因偿债期长带来的风险,由债权人要求提高的利率。

思 考 题

一、简答题

1. 什么是财务关系? 其主要表现在哪些方面?
2. 试述财务管理的内容。
3. 试述所有者与经营者的矛盾与协调。
4. 试述影响经济环境的各种因素。
5. 试述企业的组织形式。
6. 什么是金融市场? 试述金融市场的分类。

二、名词解释题

1. 财务管理   2. 财务活动
3. 资金运动   4. 财务管理环境
5. 财务决策   6. 经济环境
7. 银行业金融机构   8. 利率

三、是非题

1. 企业的资金运动归纳起来可以分为资金筹集、资金投放和资金收入、补偿及分配阶段。 （ ）

2. 企业与职工之间的财务关系,体现了企业与职工之间在劳动成果上的分配关系。 （ ）

3. 投资活动是指企业根据经营活动的需要投出资金的行为。 （ ）

4. 营运资金活动是指在经营活动中所发生的一系列资金收付行为。 （ ）

5. 财务决策包括确定决策目标、提出备选方案和选择最佳方案三个步骤。 （ ）

6. 财务预测、财务决策、财务控制和财务分析构成了完整的财务管理环节。 （ ）

7. 现代企业的财务管理目标是企业价值最大化。 （ ）

8. 税法是指由国家税务机关制定的调整税收征纳关系的法律规范的总称。 （ ）

9. 金融工具是指能够证明债权、债务关系，并据以进行货币资金交易的合法凭证。 （　　）

10. 金融市场是指资金供应者和资金需求者双方通过金融工具进行交易的场所。 （　　）

11. 利率由纯利率、通货膨胀率和风险收益率组成。 （　　）

四、单项选择题

1. _____是企业财务活动的首要任务。

A. 资金筹集 　　　　　　　　B. 资金营运

C. 资金投放 　　　　　　　　D. 资金收入、补偿及分配

2. _____是指在财务管理中，利用有关信息和特定手段对企业财务活动所施加的影响或进行的调节。

A. 财务预测 　　B. 财务决策 　　C. 财务控制 　　　D. 财务分析

3. _____是指根据财务活动的历史资料，考虑现实的条件和今后的要求，对企业未来时期的财务收支活动进行全面的分析，并作出各种不同的预计和推断的过程。

A. 财务预测 　　B. 财务决策 　　C. 财务控制 　　　D. 财务分析

4. 企业价值就是企业的市场价值，它反映了企业潜在的或预期的_____。

A. 盈利能力 　　　　　　　　B. 发展能力

C. 成长能力 　　　　　　　　D. 盈利能力和成长能力

5. _____是指将公司全部资本分为等额股份，股东以其所持股份为限对公司承担责任，公司以其全部资产对公司债务承担责任的企业法人。

A. 独资企业 　　B. 合伙企业 　　C. 有限责任公司 　D. 股份有限公司

五、多项选择题

1. 资金运动是指企业的资金不断地周转、_____的过程。

A. 积累 　　　　B. 补偿 　　　　C. 增值 　　　　　D. 退出

2. 财务管理具有_____的特点。

A. 综合性强 　　B. 灵敏度高 　　C. 涉及面广 　　　D. 时效性强

3. 财务决策主要包括_____步骤。

A. 确定决策目标 　　　　　　B. 提出备选方案

C. 进行分析研究 　　　　　　D. 选择最优方案

4. 以企业价值最大化作为财务管理的目标，其优点主要表现在考虑了资金的时间价值和风险价值、_____。

A. 反映了对企业资产保值增值的要求

B. 有利于克服管理上的片面性和短期行为

C. 有利于提高企业的经济效益

D. 有利于社会资源的合理配置

5. 所有者为了解决与经营者之间的矛盾,采取的办法与措施有_____。

A. 解聘　　　　B. 续聘　　　　C. 接收　　　　D. 激励

6. 财务管理环境中最重要的有_____。

A. 经济环境　　B. 政治环境　　C. 法律环境　　D. 金融环境

7. 影响财务管理的经济环境因素主要有经济周期、_____等。

A. 经济发展水平　　　　　　B. 宏观经济政策

C. 竞争　　　　　　　　　　D. 经济条件

8. 金融环境主要由_____组成。

A. 金融机构　　B. 金融市场　　C. 金融工具　　D. 利率

第二章 资金时间价值和风险价值

第一节 资金时间价值

一、资金时间价值概述

资金时间价值是指一定量的资金在不同时点上的价值量的差额。也就是指资金由于投放与收回的时间不同所产生的差额。

企业的资金在生产经营过程中的不同时点上具有不同的价值。当企业将闲置资金 10 000 元存入银行,如果年利率为 10%,1 年期满时,企业可以从银行取得 11 000 元,这增值的 1 000 元,就是存入银行10 000 元资金 1 年的资金时间价值。同样,企业将资金购买生产经营所需要的各种资源,然后生产出新的产品,实现了价值的转移,并创造出新的价值,从而完成了一次资金周转,给企业带来收益,使资金得以增值。资金周转的次数越多,企业获得的收益就越高,资金的增值额也就越大。随着时间的延续,资金总量在周转中按几何级数的增长,使得资金具有时间价值。

综上所述,资金时间价值是资金进入社会再生产过程后的价值增值,是资金所有者让渡资金使用权而参与社会财富分配的一种形式。倘若将一笔资金作为贮藏手段保存起来,随着时间的推移,它是不会增值的。

资金时间价值代表着无风险和无通货膨胀条件下的社会平均资金利润率。由于竞争,市场经济中各部门投资的利润率趋于平均化。每个企业在选择投资项目时,至少要取得社会平均利润率,否则企业将会投资其他项目或其他行业。所以,资金时间价值成为评价投资方案的基本标准。因此,财务管理在资金的筹集、投放、使用和收回等各个方面都应考虑资金时间价值这一因素,以提高财务决策的质量。

二、资金时间价值的计算

由于资金随着时间的延续而增值,现在的 1 元与将来的 1 元经济价值不相等。因此不同时间资金的收付不能直接进行比较,需要将它们换算到相同的时间基础上,才能进行大小的比较和比率的计算。因为资金随着时间延续而增值的过程与利息的增值在数量上相似,所以,在计算时广泛地使用了计算利息的各种方法。

计算利息的方法有单利和复利两种。单利计息方法是指每期都按初始本金计算利息,当期利息不能转入下期本金计息的方法。复利计息方法是指以本金和以前计算期累计利息的总和作为计息基础,前期的利息在下一期并入本金一起计息的方法。

（一）单利终值和现值的计算

终值又称将来值,是指现在一定量的资金折算到未来某一时点上所对应的金额。由于终值由本金和利息两部分组成,因此也称本利和。例如,有现金100元,存入银行,年利率为10％,分别计算第1年至第3年,各年年末的单利终值如下:

$$100元1年后的终值=100×(1+10％×1)=110(元)$$
$$100元2年后的终值=100×(1+10％×2)=120(元)$$
$$100元3年后的终值=100×(1+10％×3)=130(元)$$

因此,单利终值的计算公式如下:

$$F=P·(1+i·n)$$

公式中　　F 表示终值;

P 表示本金或现值;

i 表示利率,通常指每年利息与本金之比;

n 表示计息期数,通常以年为单位。

现值又称本金,它是指未来某一时点上的一定量的资金折算到现在所对应的金额。现值可以用倒求本金的方法计算,即由终值求现值,这一过程被称为贴现。贴现所用的利率被称为贴现率或折现率。例如,年贴现率为10％,则第1年至第3年,各年年末100元的现值计算结果如下:

$$1年后100元的现值=100×\frac{1}{1+10％×1}=90.91(元)$$

$$2年后100元的现值=100×\frac{1}{1+10％×2}=83.33(元)$$

$$3年后100元的现值=100×\frac{1}{1+10％×3}=76.92(元)$$

因此,单利现值的计算公式如下:

$$P=F·\frac{1}{1+i·n}=\frac{F}{1+i·n}$$

（二）复利终值和现值的计算

复利计算方法是指每经过一个计息期要将该期所派生的利息加入本金再计算利息,并逐期滚动计算的方法。计息期是指相邻两次计息间隔的天数,如年、半年、季、月等。其通常表示为1年,这种计算方法对资金使用期限的长短会产生更大的影响,因此资金时间价值通常采用复利计算。

1. 复利终值的计算　　复利终值是指一定量的资金按复利折算到未来某一时点所对应的金额。例如,现在有资金 100 元,如果年贴现率为 10%,则第 1 年至第 3 年,各年年末的复利终值如下:

$$100 \text{ 元 1 年后的终值} = 100 \times (1+10\%) = 110(\text{元})$$

$$100 \text{ 元 2 年后的终值} = 100 \times (1+10\%) \times (1+10\%) = 121(\text{元})$$

$$100 \text{ 元 3 年后的终值} = 100 \times (1+10\%) \times (1+10\%) \times (1+10\%) = 133.10(\text{元})$$

因此,复利终值的计算公式如下:

$$F = P \cdot (1+i)^n$$

【例】　天华公司向银行借入 100 000 元,期限 4 年,年利率为 8%,复利计息,计算 4 年后应归还的本利和如下:

$$F = 100\,000 \times (1+8\%)^4 = 100\,000 \times 1.3605 = 136\,050(\text{元})$$

上列公式中 $(1+i)^n$ 称为复利终值系数。为了便于计算,可查阅复利终值系数表(见附录一),以取得相应的系数。

2. 复利现值的计算　　复利现值是指未来一定量的资金按复利计算到现在所对应的金额。

例如,如果年利率为 10%,计算第 1 年至第 3 年各年年末的 100 元的现值如下:

$$1 \text{ 年后 100 元的现值} = 100 \times \frac{1}{(1+10\%)} = 90.91(\text{元})$$

$$2 \text{ 年后 100 元的现值} = 100 \times \frac{1}{(1+10\%) \times (1+10\%)} = 82.64(\text{元})$$

$$3 \text{ 年后 100 元的现值} = 100 \times \frac{1}{(1+10\%) \times (1+10\%) \times (1+10\%)} = 75.13(\text{元})$$

因此,复利现值的计算公式如下:

$$P = F \cdot \frac{1}{(1+i)^n} = F \cdot (1+i)^{-n}$$

【例】　津滨公司的投资项目 4 年后可取得收入 400 000 元,年收益率为 12%,按复利计算其收入的现值如下:

$$P = 400\,000 \times (1+12\%)^{-4} = 400\,000 \times 0.6355 = 254\,200(\text{元})$$

上列公式中 $(1+i)^{-n}$ 称为复利现值系数,为了便于计算,可查阅复利现值系数表(见附录二),以取得相应的系数。

(三)名义利率与实际利率

名义利率是指每年复利次数超过一次的年利率。在实际应用中,复利的计息期间是多种多样的,除了有年度外,还有半年度、季度、月度和日。例如,债券有按半年计息的;抵押贷款有按月计息的;银行、非银行金融机构之间拆借资金是按日计息的。这些每年复利多次的年利率只是形式上的利率,实际发生的利息要大于按规定利率计算的利息,因此,每年复利多次的年利率被称为名义利率。实际利率是指每年只复利一次的年利率。

对于1年内多次复利的情况,有两种计算时间价值的方法。

一种方法是将名义利率调整为实际利率,然后按实际利率计算时间价值。实际利率的计算公式如下:

$$i=\left(1+\frac{r}{m}\right)^m-1$$

公式中　i 表示实际利率;

　　　　r 表示名义利率;

　　　　m 表示每年复利次数。

【例】 强生公司借入3年期长期借款300 000元,年利率为10%,半年复利计息一次。计算该公司到期共支付的本息如下:

$$i=\left(1+\frac{10\%}{2}\right)^2-1=10.25\%$$

$$F=P\cdot(1+i)^n$$

公式中　n 表示计息年次。

$$F=300\,000\times(1+10.25\%)^3=402\,028.69(元)$$

上述计算结果表示,强生公司3年期300 000元借款共支付本息402 028.69元。

采用这种方法将名义利率调整为实际利率,计算结果往往带有小数点,不便于直接查表计息。

另一种方法是不计算实际利率,而是相应调整有关指标,其计算公式如下:

$$F=P\cdot\left(1+\frac{r}{m}\right)^{m\cdot n}$$

【例】 仍用上例中的资料,计算300 000元3年期长期借款到期共支付的本息如下:

$$F=300\,000\times\left(1+\frac{10\%}{2}\right)^{2\times3}=402\,028.69(元)$$

（四）年金终值和现值的计算

年金是指一定时期内每次等额收付的系列款项。年金的形式多种多样，有折旧费、租金、保险费、养老金、等额分期收款、等额分期付款以及零存整取或整存零取储蓄等。年金按其每次收付款项的时点不同，可分为普通年金、即付年金、延期年金和永续年金等。

1. 普通年金终值和现值的计算　　普通年金又称后付年金，是指在一定时期内，每期期末等额收付系列的款项。

（1）普通年金终值　　它是指一定时期内，每期期末等额收付系列款项的复利终值之和，它是每笔年金的本息终值的总和。例如，每年年末存款 100 元，如果年利率为 10%，其 3 年终值的计算原理如图表 2-1 所示。

图表 2-1

普通年金终值计算原理

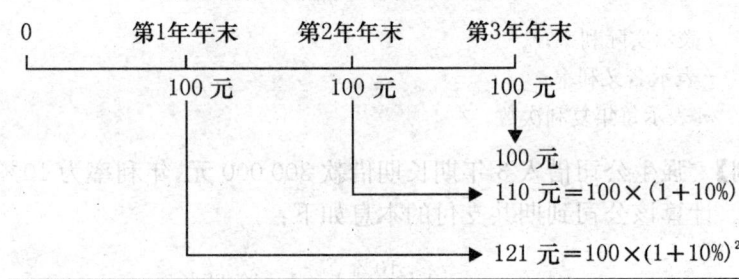

100元年金3年的终值＝331元

为了便于计算，列示普通年金终值的计算公式如下：

$$F = A \cdot \frac{(1+i)^n - 1}{i}$$

公式中　F 表示年金的终值；

　　　　A 表示年金；

　　　　i 表示利率；

　　　　n 表示期数。

【例】　东方公司每年年末向银行借款 200 000 元，年利率为 10%，计算其第 4 年年末应归还的本息（终值）如下：

$$F = 200\,000 \times \frac{(1+10\%)^4 - 1}{10\%} = 200\,000 \times 4.6410 = 928\,200（元）$$

上列公式中，$\frac{(1+i)^n - 1}{i}$ 称为年金终值系数。可以用简化形式 $(F/A, i, n)$ 表示,该系数可查阅年金终值系数表(见附录三),以取得相应的系数。

(2) 偿债基金　　它是指为了在约定的未来某一时点清偿某笔债务或积聚一定数额的资金而必须分次等额形成的存款准备金。当企业需要建立偿债基金时,可以通过普通年金终值的计算公式,倒算每年存入的年金。

【例】　南方工厂在第 3 年年末要偿还长期借款的本金和利息800 000元,故准备建立偿债基金。银行存款的年利率为10%,复利计息。计算企业从第 1 年起,每年年末应存入银行的金额。其计算结果如下:

$$800\,000 = A \times \frac{(1+10\%)^3 - 1}{10\%}$$

查年金终值系数表,得 $\frac{(1+10\%)^3 - 1}{10\%} = 3.3121$

则　　　　$A = \frac{800\,000}{3.3121} = 241\,538.60(元)$

(3) 普通年金现值　　它是指在一定时期内,每期期末等额收付系列款项的复利现值之和。它是每笔年金的本金和利息现值的总和。例如,每年年末存款100 元,如果年利率为10%,其 3 年现值的计算原理如图表 2-2 所示。

图表 2-2

普通年金现值计算原理

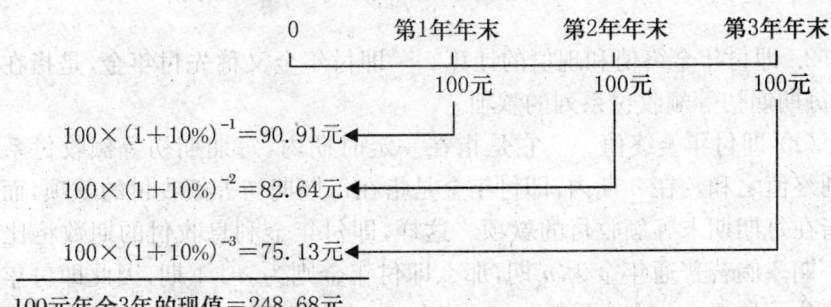

为了便于计算,列示普通年金现值的计算公式如下:

$$P = A \cdot \frac{1-(1+i)^{-n}}{i}$$

公式中　 P 表示年金现值。

【例】　西海公司将在 4 年中的每年年末取得投资收益 200 000 元,年收益率为12%,计算其 4 年中所取得的投资收益的现值如下:

$$P=200\,000\times\frac{1-(1+12\%)^{-4}}{12\%}=200\,000\times3.0373=607\,460(元)$$

上列公式中$\frac{1-(1+i)^{-n}}{i}$称为年金现值系数,可以用简化形式$(P/A,i,n)$表示,该指标可查阅年金现值系数表(见附录四),以取得相应的系数。

(4)年资本回收额 它是指在约定的年限内等额回收初始投入资本或清偿所欠债务的金额。其计算公式如下:

$$A=P\cdot\frac{i}{1-(1+i)^{-n}}$$

上列公式中$\frac{i}{1-(1+i)^{-n}}$表示资本回收系数,实质上是普通年金现值系数的倒数,可以用简化形式$(A/P,i,n)$表示。

【例】 泰昌公司向银行借款900 000元,年利率为10%,在5年内,每年年末等额归还,计算每年应归还银行借款本息的金额如下:

$$A=900\,000\times\frac{10\%}{1-(1+10\%)^{-5}}$$

查年金现值系数表,得 $\frac{1-(1+10\%)^{-5}}{10\%}=3.7908$

则 $$A=900\,000\times\frac{1}{3.7908}=237\,416.90(元)$$

2. 即付年金终值和现值的计算 即付年金又称先付年金,是指在一定时期内,每期期初等额收付系列的款项。

(1)即付年金终值 它是指在一定时期内,每期期初等额收付系列款项的复利终值之和。在n期内,即付年金是指在每期期初等额收付的款项,而普通年金是指在每期期末等额收付的款项。这样,即付年金利息收付的期数将比普通年金多一期。倘若普通年金为n期,那么即付年金则为$n+1$期,因此即付年金终值的计算公式如下:

$$F=A\cdot\left[\frac{(1+i)^{n+1}-1}{i}-1\right]$$

上列公式也可以用简化形式$F=A[(F/A,i,n+1)-1]$表示。

【例】 企业每年年初向银行借款200 000元,年利率为10%,则计算第4年年末应归还的本息(终值)如下:

$$F=200\,000\times\left[\frac{(1+10\%)^{4+1}-1}{10\%}-1\right]=200\,000\times(6.1051-1)=1\,021\,020(元)$$

（2）即付年金现值　　它是指在一定时期内,每期期初等额收付系列款项的复利现值之和。在 n 期内,即付年金是指在每期期初等额收付的款项,而普通年金是指在每期期末等额收付的款项。这样,在计算即付年金现值时,将其与普通年金相比较,由于第一期的期初数不需要贴现,因而比普通年金少一期。倘若普通年金为 n 期,那么即付年金则为 $n-1$ 期,所以即付年金现值的计算公式如下:

$$P=A \cdot \left[\frac{1-(1+i)^{-(n-1)}}{i} + 1 \right]$$

上列计算公式也可以用简化形式 $P=A \cdot [(P/A,i,n-1)+1]$ 表示。

【例】　远东公司融资租入设备一套,在 4 年中,每年年初支付租金 60 000 元,年利率为 10%,则计算其 4 年中支付设备租金的现值如下:

$$P=60\,000 \times \left[\frac{1-(1+10\%)^{-(4-1)}}{10\%} + 1 \right] = 60\,000 \times (2.4869+1) = 209\,214（元）$$

3. 递延年金终值和现值的计算　　递延年金又称延期年金,它是指在一定时期内,最初若干期每期期末没有收付款项,而以后若干期每期期末等额收付系列款项的年金。

递延年金终值是指在一定时期内最初若干期每期期末没有收付款项,而以后若干期每期期末等额收付系列款项的复利终值之和。由于递延年金终值在最初若干期没有收付款项,而以后若干期每期期末等额收付系列款项的复利终值之和就是普通年金终值,所以递延年金终值的计算公式与普通年金终值相同,不再重述。

递延年金现值是指在一定时期内,最初若干期(如 m 期)每期期末没有收付款项,而以后若干期(如 n 期)每期期末等额收付系列款项的复利现值之和。其计算公式如下:

$$P=A \cdot \frac{1-(1+i)^{-n}}{i} \cdot (1+i)^{-m}$$

公式中　P 表示递延年金现值;

　　　　A 表示 n 年每期期末等额收付的款项;

　　　　i 表示年利率;

　　　　n 表示收付款项的期数;

　　　　m 表示没有收付款项的期数。

【例】　黄山股份有限公司第 1 年年末有一投资项目,从第 4 年年末至第 10 年年末每年可得收益 100 000 元,年利率为 10%,则计算其收益在第 1 年年末的现值如下:

$$P=100\,000 \times \frac{1-(1+10\%)^{-7}}{10\%} \times (1+10\%)^{-3}$$

查年金现值系数表，得 $\dfrac{1-(1+10\%)^{-7}}{10\%}=4.8684$

查复利现值表，得 $(1+10\%)^{-3}=0.7513$

则 $\qquad\qquad P=100\,000\times4.8684\times0.7513=365\,762.89(元)$

4. 永续年金现值的计算　　永续年金是指无限期地每期等额收付系列款项的年金。

永续年金终值由于期限无止境，因此无法计算。

永续年金现值是指无限期地每期期末等额收付系列款项的复利现值之和。其计算公式如下：

$$P=\frac{A}{i}$$

公式中　　P 表示永续年金现值；

A 表示无限期地每期期末等额收付的款项；

i 表示年利率。

【例】　蓬莱股份有限公司持有开泰股份有限公司的优先股 100 000 股，每年年末可获得优先股股利 22 000 元，年利率为 10%，则计算该公司优先股股利收入的现值如下：

$$P=\frac{22\,000}{10\%}=220\,000(元)$$

第二节　风险与风险报酬

一、风险概述

(一) 风险的意义

风险是指在一定条件下和一定时期内可能发生的各种结果的变动程度。资金时间价值是指在没有风险和通货膨胀条件下的社会资金平均利润率。但是在财务活动中，风险是客观存在的，在这种情况下，人们只能事先估计到采取某种行动可能导致的结果，以及每种结果出现的可能性，而行动的真正结果究竟会怎样，事先不能确定。

风险是某项行动本身的不确定性，具有客观性。例如，投资国库券，其收益的不确定性很小；如果投资股票，则收益的不确定性就大得多。这种风险是在一定条件下的风险，企业在什么时间、购买哪一种或哪几种股票、分别购买多少，其风险是不同的。企业一旦作了决定并予以实施后，风险大小是无法改变的。因此，特定行动的风险大小是客观存在的,而企业是否愿意去冒险,以及愿意冒多大的风险,这是可以选择的,是主观决定的。

风险的大小会随着时间的延续而变化,它是一定时期内的风险。比如,某个投资项目的成本,我们事先对它的预计可能不很准确,越接近完工则预计越准确。随着时间的延续,投资行动的不确定性将逐渐缩小,投资行动完成,其结果也就完全肯定了。因此,风险仅仅是一定时期内的风险。

但是风险和不确定性是有区别的,风险是指人们事先可以知道所有可能的结果,以及每种结果出现的概率。不确定性是指人们事先不知道所有可能的结果,或者虽然知道所有可能的结果,但不知道这些结果可能出现的概率。比如,企业试制一种新产品,事先只能知道该种产品试制的结果只有成功和失败两种,但不知道这两种结果出现的可能性的大小。因此,试制新产品属于不确定性问题而非风险问题。

然而在实际工作中,风险和不确定性很难区分。风险问题的概率往往不能准确知道,而不确定性问题也可以估计出概率。因此,实际工作中对风险和不确定性不作区分,都作为风险问题处理,将风险理解为可测定概率的不确定性。概率的测定有两种:一种是客观概率,是指根据大量历史的实际数据推算出来的概率;另一种是主观概率,是指在没有大量实际资料的情况下,人们根据有限资料和经验合理估计的概率。

风险可能给企业带来超出预期的收益,也可能给企业带来超出预期的损失。通常,企业对意外损失的关切程度要强于对意外收入的关切程度,因此,人们在研究风险时,往往侧重于减少损失,主要从不利的方面来考察风险,经常将风险看成是不利事件发生的可能性。从财务管理的角度来看,风险主要是指无法达到预定报酬的可能性。

(二) 风险的类别

从个别理财主体的角度看,风险可分为市场风险和企业特有风险两类。

1. 市场风险　　它是指那些对所有企业产生影响的因素所引起的风险,如战争、自然灾害、经济衰退、通货膨胀和高利率等。这类风险涉及所有的企业,不能通过多元化投资来分散,因此这类风险又称为不可分散风险或系统风险。

2. 企业特有风险　　它是指发生于个别企业的特有事件所造成的风险,如罢工、新产品开发失败、失去销售市场和诉讼失败等。这些事件是随机发生的,因此这类风险可以通过多元化投资来分散,即发生于一家企业的不利事件可以被其他企业的有利事件所抵销,因此这类风险又称为可分散风险或非系统风险。

从企业本身的角度看,按风险形成的原因不同,可将企业特有风险进一步分为经营风险和财务风险两大类。

(1) 经营风险   它是指因生产经营活动方面的原因给企业盈利带来的不确定性。企业生产经营活动的许多方面均会受到来源于企业外部和内部各种因素的影响,具有很大的不确定性。

经营风险主要来自以下三个方面:① 供应方面。是指由于原材料供应地的政治经济情况变动,运输路线改变,原材料价格变动以及新材料和新设备的出现等因素带来的供应方面的风险。② 生产方面。是指由于产品生产方向不对,产品更新时期掌握不好,产品质量不合格,新产品和新技术开发试验失败以及生产组织不合理等因素带来的生产方面的风险。③ 销售方面。是指由于出现新的竞争对手,消费者爱好发生变化,市场上出现更好的替代品,销售决策失误,产品推销不力以及货款回笼不及时等因素带来的销售方面的风险。企业生产经营活动中的这些风险,均会引起利润或利润率的高低变化。

(2) 财务风险   它是指因负债而给企业财务成果带来的不确定性。由于它是筹资决策带来的风险,因此又称筹资风险。

企业负债经营,全部资金中除了权益资本外,还有一部分债务资本,这会对权益资本的盈利能力产生影响;同时,债务资本需要还本付息,一旦企业无力偿付到期债务,就会陷入财务困境,甚至会导致破产。当企业息税前资本利润率高于债务资本利率时,使用债务资本获得的利润补偿了利息支出外还有剩余,从而提高了权益资本利润率;反之,当企业息税前资本利润率低于债务资本利率时,则需动用权益资本的一部分利润,来支付因使用债务资本获得的利润不足以支付利息支出的那部分差额,从而降低了权益资本利润率。由于受各种因素的影响,企业息税前资本利润率和债务资本利率的差额具有不确定性。债务资本比例大,风险程度就会随之增大。

因此,企业应加强对财务风险的管理,确定一个合理的资本结构,维持适当的负债水平。企业既要充分利用负债经营这一手段获取财务杠杆收益,提高权益资本的盈利能力,又要注意防止过度负债而加大财务风险,避免陷入财务困境。

二、风险衡量

企业的财务活动和经营管理活动总是处于一定的风险之中,任何经济预测的准确性都是相对的,因此,正视风险并将风险程度予以量化,进行较为准确的衡量,就成为企业财务管理中的一项重要工作。风险衡量需要考虑概率、期望值和离散程度等方面的因素。

(一) 概率及概率分布

1. 概率   它是指用百分数或小数来表示随机事件发生的可能性及出现某

种结果可能性大小的数值。随机事件是指在完全相同的条件下可能发生也可能不发生,既可能出现这种结果、又可能出现那种结果的事件。用 X 表示随机事件,X_i 表示随机事件的第 i 种结果,P_i 为出现该种结果的相应概率。若 X_i 出现,则 $P_i=1$;若 X_i 不出现,则 $P_i=0$。同时,所有可能结果出现的概率之和必定等于1。因此概率必须符合下列两个要求:① $0 \leqslant P_i \leqslant 1$。② $\sum_{i=1}^{n} P_i = 1$。

2. 概率分布 它是指将随机事件各种可能的结果全部按一定的规则进行排列,同时列出结果出现的相应概率。

【例】 华新公司投资 50 万元,生产丙产品,投产后预计会出现销量好、销量一般和销量差三种情况。预测这三种情况的年收益额分别为 8 万元、6 万元和 3 万元;出现这三种情况的概率分别为 0.3、0.5 和 0.2。编制市场预测和预期收益概率分布表如图表 2-3 所示。

图表 2-3

市场预测和预期收益概率分布表

市场情况	年收益额(万元)X_i	概率 P_i
销 量 好	8	0.3
销 量 一 般	6	0.5
销 量 差	3	0.2
合 计	—	1.0

(二)期望值

期望值是指一个概率分布中的所有可能的结果,以各自相应的概率为权数计算的加权平均值。它反映随机变量取值的平均化,通常用符号 $\bar{E}$ 表示。其计算公式如下:

$$\bar{E} = \sum_{i=1}^{n} X_i P_i$$

【例】 根据图表 2-3 中的资料,计算丙产品投产后预期收益额的期望值如下:

$$\bar{E} = 8 \times 0.3 + 6 \times 0.5 + 3 \times 0.2 = 6(万元)$$

期望值反映预计收益的平均化,在各种不确定性因素(本例中假定只有市场情况因素影响产品收益)的影响下,它代表着投资者的合理预期。

(三)离散程度

离散程度是用以衡量风险大小的统计指标。通常情况下,离散程度越大,风险就越大;反之,离散程度越小,风险就越小。反映随机变量离散程度的指标主要有标准离差和标准离差率。

1. 标准离差　　它是指反映概率分布中各种可能结果对期望值的偏离程度,通常用符号 σ 表示。其计算公式如下:

$$\sigma = \sqrt{\sum_{i=1}^{n}(X_i - \overline{E})^2 \cdot P_i}$$

【例】　根据图表 2-3 的资料和上例计算的结果,计算丙产品预期年收益额与期望年收益的标准离差如下:

$$\sigma = \sqrt{(8-6)^2 \times 0.3 + (6-6)^2 \times 0.5 + (3-6)^2 \times 0.2} =$$

$$\sqrt{1.2 + 0 + 1.8} = 1.7321(万元)$$

标准离差是以绝对数衡量决策方案的风险程度。在期望值相同的情况下,标准离差越大,风险就越大;反之,标准离差越小,则风险就越小。

2. 标准离差率　　它是指标准离差与期望值的比率,通常用符号 q 表示。其计算公式如下:

$$q = \frac{\sigma}{E}$$

标准离差率是以相对数衡量决策方案的风险程度。标准离差是绝对数指标,只适用于期望值相同的决策方案风险程度的比较。对于期望值不同的决策方案,评价和比较其各自的风险程度只能借助于标准离差率这一相对数值。在期望值不同的情况下,标准离差率越大,风险就越大;反之,标准离差率越小,风险就越小。

【例】　根据前两例计算的结果,计算丙产品预期年收益额的标准离差率如下:

$$q = \frac{1.7321}{6} = 0.2887$$

通过上述方法将决策方案的风险加以量化后,决策者就可据此作出决策。对于单个方案,决策者可根据其标准离差(率)的大小,将其与设定的可接受的这项指标最高限值对比,看前者是否低于后者,然后做出取舍。对于多个方案择优时,决策者的行动准则应选择低风险高收益的方案。

三、风险报酬

企业的财务活动和经营管理活动总是处于或大或小的风险之中,任何经济预测的准确性都是相对的,预测的时间越长,不确定的程度就越高。因此,为了简化决策分析工作,在短期财务决策中通常不考虑风险因素;而在长期财务决策中,必须考虑风险因素。

风险和报酬的基本关系是风险越大,要求的报酬率就越高。对于各个投资项目来说,其风险大小是不同的,在投资报酬率相同的情况下,人们都会选择风险小的项目投资,结果竞争使其风险增加,报酬率下降。所以,高风险的项目必须有高的报酬,否则就没有人投资;而低报酬的项目必须风险很低,否则也没有人投资。风险和报酬的这种联系,是市场竞争的结果。

投资者进行风险投资的目的是获取风险报酬。风险报酬又称风险收益,它通常用相对数风险报酬率表示。风险报酬率是指投资者因冒风险进行投资而要求获得的超过资金时间价值率和通货膨胀率的那部分额外报酬率。因此,投资者进行投资所期望的投资报酬率由无风险报酬率和风险报酬率两个部分组成,其计算公式如下:

$$期望投资报酬率＝无风险报酬率＋风险报酬率$$

$$无风险报酬率＝资金时间价值率＋通货膨胀率$$

$$风险报酬率＝风险报酬斜率×风险程度$$

由于国债到期肯定能收回本利,因此,通常将投资于同期限国债的利率作为无风险报酬率。

风险程度通常由标准离差率反映。而风险报酬斜率又称风险报酬系数,它取决于全体投资者的风险回避态度,可以通过统计方法来测定。如果愿意承担风险者多,风险报酬斜率就小;反之,如果愿意承担风险者少,则风险报酬斜率就大。风险报酬斜率通常由投资者根据经验,并结合其他因素加以确定。

现将风险与报酬的关系列示如图表 2-4 所示。

图表 2-4

风险与报酬的关系

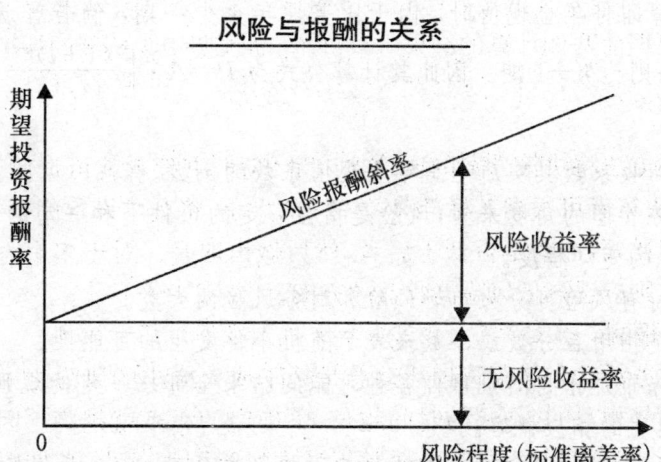

思 考 题

一、简答题

1. 什么是资金时间价值？它有哪些作用？

2. 试述普通年金，即付年金、递延年金和永续年金的定义。

3. 风险分为哪两类？分述各类风险的定义。

4. 风险衡量要考虑哪些因素？分述各种因素的定义。

5. 试述风险与报酬的基本关系。

6. 什么是风险报酬率？它是怎样计算的？

二、名词解释题

1. 单利   2. 复利

3. 终值   4. 现值

5. 名义利率   6. 实际利率

7. 年金   8. 风险

9. 标准离差   10. 标准离差率

三、是非题

1. 资金时间价值是指一定量的资金在不同时期上的价值量的差额。（　　）

2. 在利率相同的情况下，用名义利率计算的利息大于用实际利率计算的利息。（　　）

3. 企业建立偿债基金时，可以通过年金现值的计算公式，倒算每年存入的年金。（　　）

4. 在计算即付年金现值时，由于比普通年金少一期，倘若普通年金为 n 期，那么即付年金则为 $n-1$ 期。因此其计算公式为 $P=A\cdot\left[\dfrac{(1+i)^{n-1}-1}{i}\right]$。

（　　）

5. 资本回收系数其实质上是年金现值系数的倒数。（　　）

6. 从财务管理的角度来看，风险是指在一定的条件下和一定的时期内可能发生的各种结果的变动程度。（　　）

7. 企业特有风险可分为市场风险和财务风险两大类。（　　）

8. 概率是指用百分数或小数来表示随机事件发生的可能性。（　　）

9. 概率分布是指将随机事件各种可能的结果全部按一定的规则进行排列，同时列出结果出现的相应概率。（　　）

10. 对于多个投资方案，无论各方案的期望值是否相同，标准离差率最大的方

案必定是风险最大的方案。 （ ）

四、单项选择题

1. 资金时间价值代表着无风险和无通货膨胀条件下的_____。

   A. 利率
   B. 资本利润率
   C. 贴现率
   D. 社会平均资金利润率

2. $P=F \cdot (1+i)^{-n}$ 为_____的计算公式。

   A. 复利终值　B. 复利现值　　　C. 单利终值　　　D. 单利现值

3. $F=A \cdot \dfrac{(1+i)^n-1}{i}$ 为_____的计算公式。

   A. 普通年金终值
   B. 普通年金现值
   C. 预付年金终值
   D. 预付年金现值

4. _____是只有现值没有终值的年金。

   A. 普通年金　B. 预付年金　　C. 永续年金　　　D. 递延年金

5. 风险报酬通常用_____来表示。

   A. 风险报酬斜率
   B. 风险程度
   C. 风险报酬额
   D. 风险报酬率

6. 风险程度通过_____指标来反映。

   A. 标准离差　B. 标准离差率　C. 风险报酬斜率　D. 风险报酬率

7. 期望投资报酬率＝_____。

   A. 无风险报酬率＋通货膨胀率
   B. 资金时间价值率＋通货膨胀率
   C. 无风险报酬率＋风险报酬率
   D. 资金时间价值率＋风险报酬率

五、多项选择题

1. 企业在资金的筹集、_____时,都应考虑资金时间价值。

   A. 收回　　　B. 投放　　　　C. 使用　　　　D. 退出

2. 名义利率的计息期有年、_____等。

   A. 半年　　　B. 季　　　　　C. 月　　　　　D. 日

3. 在计算普通年金终值、_____时要运用年金终值系数。

   A. 年资本回收额
   B. 即付年金终值
   C. 递延年金终值
   D. 偿债基金

4. 从个别理财主体的角度看,风险可分为_____。

   A. 市场风险
   B. 经营风险
   C. 财务风险
   D. 企业特有风险

5. _____是用以衡量风险大小的指标。

   A. 概率　　　B. 期望值　　　C. 标准离差　　　D. 标准离差率

6. 期望投资报酬率由_____组成。

    A. 资金时间价值率   B. 无风险报酬率

    C. 风险报酬率   D. 通货膨胀率

练 习 题

习 题 一

一、目的   练习终值和现值的计算。

二、资料

1. 沪光公司有关长期借款情况如下：

长期借款金额(元)	借款年限(年)	年利率(%)
250 000	3	9
320 000	4	10
450 000	5	11

2. 沪光公司若干年后有关收入情况如下：

收入金额(元)	收入日期	年收益率(%)
500 000	3 年后	11
580 000	4 年后	12
720 000	5 年后	15

3. 沪光公司购入 5 年期国债 360 000 元,年利率为 8%,半年复利计息一次。

三、要求

1. 根据"资料 1",分别就单利和复利计算终值。

2. 根据"资料 2",分别就单利和复利计算现值。

3. 根据"资料 3",计算该公司 5 年期满收到的本利和。

习 题 二

一、目的   练习普通年金及即付年金终值和现值的计算。

二、资料

1. 各企业每年年末长期借款的情况如下：

企业	长期借款金额(元)	借款年限(年)	年利率(%)
A	150 000	3	9
B	180 000	4	10
C	270 000	5	11

2. 各企业在若干年后需要偿还长期借款本息如下：

企业	偿还长期借款本息额(元)	偿还日期	年利率(%)
E	240 000	3 年后	9
F	360 000	4 年后	10
G	480 000	5 年后	11

3. 各企业若干年年末取得投资收益如下：

企业	每年投资收益(元)	收益年限(年)	年收益率(%)
I	200 000	3	12
J	240 000	4	14
K	300 000	5	15

4. 各企业每年应等额偿还长期借款本息的借款情况如下：

企业	长期借款金额(元)	借款年限(年)	年利率(%)
P	500 000	4	10
Q	600 000	5	11

三、要求

1. 根据"资料 1"，分别计算各企业长期借款的终值。

2. 根据"资料 2"，分别计算各企业为建立偿债基金每年年末应存入银行的金额。

3. 根据"资料 3"，分别计算各企业投资收益的现值。

4. 根据"资料 4"，分别计算各企业每年年末应归还的长期借款本息额。

5. 若"资料 1"、"资料 3"中各企业是属于每年年初长期借款或投资收益的情况，则分别计算各企业长期借款的终值和投资收益的现值。

习　题　三

一、目的　练习递延年金现值和永续年金现值的计算。

二、资料

1. 各企业第 1 年年末的投资项目的收入情况如下：

(1) A 企业从第 2 年年末至第 8 年年末每年可得收益 48 000 元。

(2) B 企业从第 3 年年末至第 10 年年末每年可得收益 60 000 元。

(3) C 企业从第 4 年年末至第 12 年年末每年可得收益 75 000 元。

年利率为 10%。

2. 各企业分别持有其他公司的优先股情况如下：

(1) E 企业持有甲公司优先股 40 000 股,每年年末可获股利42 000元。

(2) F 企业持有乙公司优先股 30 000 股,每年年末可获股利33 000元。

(3) G 企业持有丙公司优先股 20 000 股,每年年末可获股利24 000元。

年利率为 10%。

三、要求

1. 根据"资料 1",计算各企业收益在第 1 年年末的现值。

2. 根据"资料 2",计算各企业优先股股利收入的现值。

习 题 四

一、目的 练习期望值的计算与风险的衡量。

二、资料 洪兴公司有 A,B 两个投资项目的投资额均为 60 万元,其市场预测和预期收益概率分布表如图表 2-5 所示。

图表 2-5

市场预测和预期收益概率分布表

市 场 情 况	A 投 资 项 目		B 投 资 项 目	
	年收益额(万元)	概 率	年收益额(万元)	概 率
销 量 好	10	0.2	11	0.3
销 量 一 般	6	0.5	7	0.4
销 量 差	3	0.3	3	0.3
合 计	—	1.0	—	1.0

三、要求

1. 分别计算 A,B 投资项目的期望值。

2. 分别计算 A,B 投资项目的标准离差。

3. 分别计算 A,B 投资项目的标准离差率。

4. 根据计算结果对投资项目作出选择。

第三章 资 金 筹 集

第一节 资金筹集概述

一、资金筹集的涵义

资金筹集是指企业通过不同渠道，采取各种方式，按照一定程序，筹措企业设立和生产经营所需资金的财务活动。资金是企业设立、生存和发展的物质基础，是企业开展生产经营活动的基本前提。资金筹集是企业财务活动的起点。资金筹集管理是企业财务管理的一项重要内容。

二、资金筹集的渠道和方式

（一）资金筹集的渠道

资金筹集的渠道是指筹措资金的来源方向与通道，体现着资金的源泉和流量。目前企业的资金筹集渠道主要有以下七种。

1. 国家财政资金 它是指有权代表国家投资的政府部门或机构，以国有资产向企业投资而形成的资金。为了控制和掌握关系国家安全和国民经济命脉的重要行业和关键领域，支持和引导非国有经济发展，国家财政需要以各种形式向企业投入资金。因此，国有及国有控股企业的国家财政资金在企业的各种资金来源中更是占有特殊的地位。

2. 银行信贷资金 它是指从各专业银行信贷部门借入的资金。银行信贷资金有居民储蓄和单位存款等经常性的资金源泉，它是企业筹资的重要渠道。我国银行分为商业银行和政策性银行两种。商业银行是以盈利为目的，从事信贷资金投放的金融机构，它主要为企业提供各种商业贷款。政策性银行是为特定企业提供政策性贷款的金融机构。

3. 非银行金融机构资金 它是指从经中国人民银行批准成立的金融资产管理公司、信托投资公司、财务公司和金融租赁公司等其他金融机构借入的资金。非银行金融机构提供各种金融服务，既包括信贷资金的投放，也包括物资的融通。

4. 资本市场资金 它是指企业通过在资本市场发行股票或者债券筹集的资金。它是股份有限公司资金筹集的主要渠道。

5. 其他单位或个人资金 它是指其他单位或者个人，可能会因业务关系、投资需求、商业信用等原因，直接向企业提供的权益资金或者债务资金。

6. 外商资金　　它是指企业依法通过直接或者间接方式，利用外商的资金。我国经济融入世界经济后，来自境外投资者的各类资金日益增多，外商资金将会成为企业资金筹集的一大渠道。

7. 自身积累资金　　它是指企业在经营过程中自身的积累资金。包括从净利润中提取的法定盈余公积、任意盈余公积和留存的未分配利润等。这些资金无需企业通过一定的方式去筹集，而直接由企业内部自动生成。这是企业稳定的资金来源。

（二）资金筹集的方式

资金筹集的方式是指企业筹集资金所采用的具体形式。目前企业资金筹集的方式主要有以下七种。

1. 吸收直接投资　　它是指企业按照"共同投资、共同经营、共担风险和共享利润"的原则，直接吸收国家、法人和个人投入资金的一种资金筹集的方式。

2. 发行股票　　它是指股份有限公司根据我国《公司法》的规定，通过发行股票筹集权益资金的一种资金筹集的方式。与吸收直接投资方式相比较，这种方式下，股份有限公司可以将其所需筹集的权益资金划分为较小的计价单位，如1元、0.1元等面值的股票，这就为社会不同阶层的投资者进行投资提供了便利。股票具有可以在证券市场上流通转让的特点。

3. 向银行借款　　它是指企业根据借款合同从有关银行或其他金融机构借入的需要还本付息的款项。按借款的期限长短不同，借款可分为短期借款和长期借款；按借款的币种不同，借款可分为人民币借款和外币借款。银行借款是企业取得债务资金的主要方式。

4. 发行企业债券　　它是指企业通过发行债券筹措债务资金的一种资金筹集的方式。

由于企业将所需筹措的债务资金划分为许多较小的计价单位，如100元、500元、1 000元等不同票面价值的债券，这样就为社会不同阶层就其愿意投入的投资额进行投资提供了方便，因此发行债券是企业筹资的重要方式。与银行借款相比较，它具有可以向企业、单位、社会团体和民间发行，也可以在金融市场上流通转让的特点。

5. 利用商业信用　　商业信用是指企业在商品或服务交易中，与其他单位之间因延期付款或者预收货款形成的借贷关系。延期付款和预收货款是在商品交易或者劳务供应中因付款与取货或服务在时间上的差异而产生的信用行为，从而为企业提供了筹措短期资金的机会。随着市场经济的发展,商业信用已成为企业之间加强竞争力的重要手段。商业信用具体可分为下列三种方式。

（1）应付账款　　它是指由赊购商品或提供服务而形成的商业信用。有一次付款和分期付款两种。企业在取得商品或获得服务支付账款之前,等于筹措到了一笔短期借入资金。

（2）应付票据　　它是指企业根据购销合同,向卖方开出并承兑的商业汇票,从而延期付款而形成的商业信用。商业汇票的付款期限通常为1～3个月,最长不得超过6个月。商业汇票按其承兑人的不同,可分为商业承兑汇票和银行承兑汇票两种。商业承兑汇票是指由出票人（收款人或付款人）签发,经付款人承兑的票据;银行承兑汇票是指由出票人（收款人或付款人）签发,并经其开户银行承兑的票据。应付票据在购进商品时签发并承兑,因此在兑付账款前成为企业筹措短期资金的又一种方式。

（3）预收账款　　它是指企业按照合同或协议约定,在交付商品或提供服务之前向购买方预收部分或全部账款而形成的商业信用。对于生产周期长、售价高的商品,如船舶、建筑物等,企业往往采用向订货人预收账款的方式,从而形成了短期借入资金。

6.融资租赁　　它又称资本租赁,是指由租赁公司按承租单位要求出资购买设备,在较长的合同期内提供给承租单位使用的一种信用业务。它以融通资金为主要目的,是融资与融物相结合的、带有商品销售性质的租赁活动,是企业筹措长期债务资金的一种方式。

7.利用留存收益　　留存收益是指企业按照规定从净利润中留存的那部分资金,它包括法定盈余公积、任意盈余公积和未分配利润。利用留存收益筹集资金是指企业将留存收益转化为资本,它是企业筹集权益资金的一种重要方式。

（三）资金筹集渠道与资金筹集方式的关系

资金筹集渠道与资金筹集方式之间既有区别,又有联系。资金筹集渠道是指企业的资金可以从哪些方面取得,指明了取得资金的可能性。而资金筹集方式则是指企业的资金以什么具体方式取得,将筹资的可能性转变为现实性。但是,它们之间又有着紧密的联系,同一渠道的资金可以采取不同的资金筹集方式取得,如其他单位或者个人资金渠道,既能通过吸收直接投资方式取得,也能通过融资租赁、商业信用等多种方式取得。同样一种资金筹集方式也可以从多种筹资渠道取得资金,如吸收直接投资方式,既能从国家财政资金的渠道取得资金,也能从其他单位或者个人资金以及外商资金等多种渠道取得资金。企业在进行资金筹集时,必须实现两者的合理选择和有机的结合。

三、筹集资金的原则和类型

（一）筹集资金的原则

企业的筹集资金应遵循以下四项基本原则。

1. 规模适当　　企业筹集资金的规模应当与资金需要量相一致，既要避免因筹集资金不足，影响生产经营的正常进行，又要防止筹集资金过多，造成资金闲置。

2. 筹集及时　　企业财务人员应全面掌握资金需求的具体情况并掌握资金时间价值的原理，合理安排资金的筹集时间，适时获取所需资金。

3. 来源合理　　不同来源的资金，对企业的收益和成本有不同的影响。因此，企业应认真研究资金来源渠道和资金市场，合理选择资金来源。

4. 方式经济　　企业筹集资金必将付出一定的代价并承担相应的风险。不同的筹资方式条件下的资金成本和财务风险有高有低，因此，需要对各种筹资方式进行分析、对比，选择经济可行的资金筹集方式。

（二）筹集资金的分类

按筹集资金的性质不同，筹集资金可分为权益资金和债务资金两种。

1. 权益资金　　它又称权益资本，是指企业依法筹集的、长期拥有并自主支配的资金。企业的权益资金由实收资本或股本，资本公积、盈余公积和未分配利润组成。

权益资金具有以下三个特点：① 法定性。为了确认法人资格，企业设立、变更和注销都必须进行工商注册登记，其中权益资金的投入和增减是主要登记事项。一经登记，注册资本和实收资本就不得随意变更，投资者以其出资额享有的权益和承担的责任，经由工商行政管理机关登记注册后，才正式得到法律的承认。② 主动性。权益资金是投资者为实现特定目标而主动、自愿投入企业的，不同于债务资金。③ 永久性。除了企业清算、转让股权等特殊情形，投资者不得随意从企业收回权益资金。即企业可以无限期地占用投资者的出资，投资者只能以利润分配、转让股权等法定形式取得投资回报。

2. 债务资金　　它是指企业依法筹集的、依约使用并按期偿还的资金。企业的债务资金有各种借款、应付债券、融资租赁和商业信用组成。

债务资金具有以下三个特点：① 契约性。企业取得债务资金通常需要签订书面合同，明确借、贷双方的权利和责任。② 暂时性。企业对债务资金仅在合同规定的期限内享有使用权，并有按期还本付息的义务。③ 风险性。企业可以利用债务资金发挥财务杠杆作用，但是，当企业发生经营失利时，就不能按时履行偿债义务，这时，不但企业的信誉受到损害，而且还会引发财务危机，使企业面临诉讼乃至破产的威胁。

第二节 资金需要量的预测

科学合理地预测资金需要量是企业进行筹资决策的前提,只有这样,才能使筹集的资金既能保证生产经营活动的需要,又不会产生不合理的闲置。资金需要量预测的方法,主要有定性预测法、比率预测法和资金习性预测法。

一、定性预测法

定性预测法是指利用直观的资料,依靠个人的经验和主观分析以及判断能力,预测未来资金需要量的方法。这种方法通常在企业缺乏完整和准确的历史资料的情况下采用。其预测过程是:首先由熟悉财务情况和生产经营情况的专家,根据过去所积累的经验,进行分析判断,提出预测的初步意见;然后通过召开座谈会或发出各种表格等形式,对上述预测的初步意见进行修正补充。这样,经过一次或几次以后,得出预测的最终结果。

定性预测法是十分有用的,但它们不能揭示资金需要量与有关因素之间的数量关系。

二、比率预测法

比率预测法是指依据财务比率与资金需要量之间的关系,预测未来资金需要量的方法。能用于资金预测的比率不少,最常用的是资金与销售额之间的比率。

销售额比率法是指以资金与销售额的比率为基础,预测未来资金需要量的方法。应用销售额比率法预测资金需要量时,是以下列两个假定为前提的:一是企业的部分资产和负债与销售额同比例变动;二是企业的各项资产、负债与所有者权益结构已达到最优。销售额比率法的计算公式如下:

$$对外筹资需要量 = \frac{A}{S_1}(\Delta S) - \frac{B}{S_1}(\Delta S) - EP(S_2)$$

公式中　A 表示变动资产(即随销售额变动的资产);

　　　　B 表示变动负债(即随销售额变动的负债);

　　　　S_1 表示基期销售额;

　　　　S_2 表示预测期销售额;

　　　　ΔS 表示销售变动额;

　　　　P 表示营业净利率;

　　　　E 表示留存收益比率。

应用销售额比率法预测资金需要量通常要经过以下三个步骤:① 确定随销售额变动而变动的资产和负债项目及这些项目的余额占销售额的百分比。② 确定需要增加的资金额。③ 确定对外筹资额。

【例】 安凯公司 2014 年 12 月 31 日的资产负债表如图表 3-1 所示。

图表 3-1

资 产 负 债 表

2014 年 12 月 31 日 单位：万元

资 产	期末余额	负债和所有者权益	期末余额
货币资金	336.00	短期借款	680.00
应收票据	376.00	应付票据	312.00
应收账款	432.00	应付账款	408.00
存货	1 888.00	其他应付款项①	700.00
固定资产净额	1 968.00	应付债券	900.00
		实收资本	1 800.00
		留存收益	200.00
资 产 总 计	5 000.00	负债和所有者权益总计	5 000.00

① 系应付职工薪酬,应交税费和应付股利等项目的总称。

该公司 2014 年的销售额为 8 000 万元,营业净利率为 6%,股利支付率为 70%,公司现有生产能力尚未饱和,增加销售额不需要追加固定资产投资。经预测,2015 年公司的销售额将增加至 9 200 万元。企业营业净利率和股利分配政策不变,确定其对外筹资额。

(1)确定随销售额变动而变动的资产和负债项目及这些项目的余额占销售额的百分比 具体分析如下：

该公司的资产负债表中,资产方因为销售额的增长,相应地需要占用较多的存货,发生较多的应收票据和应收账款,导致货币资金需求的增加,而固定资产保持不变;负债和所有者权益方中,应付票据、应付账款和其他应付款项也会随着销售额的增长而增加,但实收资本、短期借款和应付债券等不会自动增加;留存收益通常也会有适当的增加。根据上列安凯公司的资产负债表的期末余额和该公司 2014 年的销售额 8 000 万元,预计随销售增加而自动相应增加的项目占销售额的百分比如图表 3-2 所示。

(2)确定需要增加的资金额 具体分析如下：

上列销售额比率计算表显示,销售额每增加 100 元,将增加 37.90 元的资金占用,同时也将增加 17.75 元的资金来源,两者相抵后,需要增加资金 20.15 元。那么该公司的销售额从 8 000 万元增加至 9 200 万元,增加了 1 200 万元,按照 20.15% 的比率,确定 2015 年需要增加资金 241.80 万元。

图表 3-2

销售额比率计算表

金额单位：万元

资 产	期末余额	占销售额百分比(%)	负债和所有者权 益	期末余额	占销售额百分比(%)
货币资金	336.00	4.20	短期借款	680.00	—
应收票据	376.00	4.70	应付票据	312.00	3.90
应收账款	432.00	5.40	应付账款	408.00	5.10
存货	1 888.00	23.60	其他应付款项	700.00	8.75
固定资产净额	1 968.00	—	应付债券	900.00	—
			实收资本	1 800.00	—
			留存收益	200.00	—
合　　计	5 000.00	37.90	合　　计	5 000.00	17.75

（3）确定对外筹资额　　具体分析如下：

该公司 2015 年需要增加的资金 241.80 万元中，有的是可以通过企业内部来筹集的，该公司 2015 年的净利润为 552 万元(9 200×6%)，公司股利支付率为 70%，那么留存收益率为 30%，就有 165.60 万元的净利润被留存下来，扣除这一因素后，确定需要追加的对外筹资额为 76.20 万元。

根据公式计算安凯公司对外筹资额如下：

$$对外筹资额 = \frac{5\,000-1\,968}{8\,000} \times (9\,200-8\,000) - \frac{312+408+700}{8\,000} \times (9\,200-8\,000) - 30\% \times 6\% \times 9\,200 = 454.80-213-165.60 = 76.20(万元)$$

销售额比率法能为财务管理提供短期预计的资产负债表，以确定外部筹资的需要，且易于掌握。但如果销售额与各有关项目的比率发生变化，预测的结果就会出现偏差。

三、资金习性预测法

资金习性预测法是指根据资金习性预测未来资金需要量的方法。资金习性是指资产的变动与产销量变动之间的依存关系。按照资金习性，可以将资金分为不变资金和变动资金。

不变资金是指在一定的产销量范围内，不受产销量变动的影响而保持不变的资金。它包括为维持营业而占用的最低数额的货币资金、原材料的保险储备、必要的成品储备以及厂房、机器设备等固定资产占用的资金。变动资金是指随产销量的变动而同比例变动的资金。它包括直接材料和应收账款等占用的资金。此外，在最低储备以外的货币资金、存货等也具有变动资金的性质。

资金习性预测法预测资金需要量的计算公式如下：

$$y=a+bx$$

公式中　x 表示产销量为自变量；

　　　　y 表示资金占用量（或需要量）为因变量；

　　　　a 表示不变资金；

　　　　b 表示单位产销量所需变动资金。

公式中的不变资金和单位产销量所需变动资金的数额，可采用高低点法或回归直线法取得。

（一）高低点法

高低点法是指以一定期间最高产销量（或销售额）与最低产销量（或销售额）及其所对应的资金占用量为依据，运用资金习性原理和 $y=a+bx$ 直线方程式来推测资金需要量的方法。a、b 的计算公式如下：

$$b=\frac{最高收入期资金占用量-最低收入期资金占用量}{最高销售额-最低销售额}$$

$$a=最高收入期资金占用量-b\times最高销售额$$

或　　　　　　$a=最低收入期资金占用量-b\times最低销售额$

【例】 华盛公司历年的销售额与资金占用量如图表 3-3 所示。

图表 3-3

历年销售额与资金占用量表

单位：万元

年份\项目	2010	2011	2012	2013	2014
销售额（x）	15 750	17 010	18 360	19 840	22 000
资金占用量（y）	3 875	4 160	4 390	4 735	5 100

预测 2015 年销售额为 25 000 万元，预测该年的资金需要量如下：

单位产销量占用变动资金 $b=\dfrac{5\ 100-3\ 875}{22\ 000-15\ 750}=0.196$（万元）

销售额占用不变资金总额 $a=5\ 100-0.196\times22\ 000=788$（万元）

预测 2015 年资金需要量 $y=788+0.196\times25\ 000=5\ 688$（万元）

高低点法简便易行,适用于资金变动趋势比较稳定的企业。

(二)回归直线法

回归直线法是指根据若干期业务量(产销量)与资金占用量的历史资料,运用最小平方法原理计算不变资金和单位销售额变动资金,进而推测资金需要量的方法。a,b 的计算公式如下:

$$a=\frac{\sum x_i^2 \sum y_i - \sum x_i \sum x_i y_i}{n \sum x_i^2 - (\sum x_i)^2}$$

$$b=\frac{n \sum x_i y_i - \sum x_i \sum y_i}{n \sum x_i^2 - (\sum x_i)^2}$$

公式中 x_i 表示第 i 期的业务量(或产销量);

  y_i 表示第 i 期的资金占用量;

  n 表示计算的期数。

【例】 光明股份有限公司 2011～2014 年产销量与资金占用量如图表 3-4 所示。

图表 3-4

产销量与资金占用量变化表

年 份 \\ 项 目	2011	2012	2013	2014
产销量(x_i)(万只)	140	120	160	180
资金占用量(y_i)(万元)	200	180	220	240

(1)根据上列资料编制资金需要量预测分析表 具体如图表3-5 所示。

图表 3-5

资金需要量预测分析表

金额单位:万元

年 度	产销量(x_i)	资金需要量(y_i)	$x_i y_i$	x_i^2
2011	140	200	28 000	19 600
2012	120	180	21 600	14 400
2013	160	220	35 200	25 600
2014	180	240	43 200	32 400
$n=4$	$\sum x_i=600$	$\sum y_i=840$	$\sum x_i y_i=128\,000$	$\sum x_i^2=92\,000$

(2)数据代入 将上表的数据代入公式,计算 a、b 值如下:

$$a=\frac{92\,000\times840-600\times128\,000}{4\times92\,000-600^2}=60(万元)$$

$$b=\frac{4\times128\,000-600\times840}{4\times92\,000-600^2}=1(万元)$$

（3）预测 2015 年资金需要量　　该公司预计 2015 年产销量为 210 万只，预测 2015 年的资金需要量如下：

$$y=a+bx$$

$$y=60+1\times210=270(万元)$$

回归直线法计算比高低点法复杂，计算的结果较为准确。

第三节　资金成本及其对筹资决策的影响

一、资金成本的含义

资金成本是指企业为筹集和使用资金而支付的代价。它包括资金使用成本和资金筹集费两个部分。

资金使用成本又称用资费用，是指企业占用和使用资金而支付给出资者的各种成本。它主要包括资金时间价值和投资风险报酬。由于资金是一种特殊的商品，有价值和使用价值，它能使生产经营活动顺利地进行，并在生产经营过程中得到增值。因此任何出资者均不会将资金无偿地转让给企业使用，因为资金一旦转让出去等于失去了获得一定收益的机会。而企业通过筹资后，取得了资金的价值和使用价值，从而获得了运用资金不断增值的能力，这就要求企业使用资金而获得的收益必须与资金所有者共同享有。由资金所有者享有的部分就是企业的资金使用成本，资金使用成本主要有支付给股东的各种股利和向债权人支付的各种利息。资金使用成本是资金成本的主要内容。

资金筹集费又称筹资成本，是指企业在筹集资金过程中支付的各种费用。它主要有委托金融机构代理发行股票和债券的发行费用以及银行借款时支付的手续费等。资金筹集费是在筹集资金时一次支付的，在用资过程中不再发生。

二、资金成本的一般计算方法

资金成本可以用绝对数表示，但通常用相对数资金成本率表示。资金成本率是指资金使用成本与筹资净额的比率，其计算公式如下：

$$资金成本率=\frac{资金使用成本}{筹资总额-资金筹集费}$$

三、资金成本对筹资决策的影响

资金成本是企业选择资金来源、拟定筹资方案的依据。不同的资金来源，具有不同的成本。为了以较少的支出取得企业所需资金,就必须分析各种资金成本的高低,并加以合理配置。资金成本对企业筹资决策的影响主要有以下四点。

1. 资金成本是影响企业筹资总额的重要因素　　随着筹资数额的增加,资金成本不断变化。当企业筹资数额很大,资金的边际成本超过企业承受能力时,企业便不能再增加筹资数额。因此,资金成本是限制企业筹资数额的一个重要因素。

2. 资金成本是企业选择资金来源的基本依据　　企业的资金可以从许多方面来筹集,就长期借款来说,可以向商业银行借款,也可以向保险公司或其他金融机构借款。企业究竟选用哪种来源,首先要考虑的因素就是资金成本的高低。

3. 资金成本是企业选用筹资方式的参考标准　　企业可以利用的筹资方式是多种多样的,在选用筹资方式时,需要考虑的因素很多,但必须考虑资金成本这一经济标准。

4. 资金成本是确定最优资本结构的主要参数　　不同的资本结构,会给企业带来不同的风险和成本,从而引起股票价格的变动。在确定最优资本结构时,考虑的因素主要有资金成本和财务风险。

资金成本并不是企业筹资决策中所要考虑的唯一因素。企业筹资还要考虑财务风险、资金期限、偿还方式和限制条件等。但资金成本作为一项重要的因素,直接关系到企业的经济效益,是筹资决策时需要考虑的一个首要问题。

第四节　权益资本的筹集

权益资本又称自有资金,是指企业通过吸收直接投资、发行股票和利用留存收益等方式筹集的资金。

一、吸收直接投资

(一) 吸收直接投资的出资方式

企业在采用吸收直接投资方式筹集资金时,投资者可以用现金、实物、工业产权和土地使用权出资。

1. 以现金出资　　以现金出资是吸收直接投资中一种最重要的出资方式。有了现金,便可获取其他物质资源。因此,企业应尽量动员投资者采用现金方式出资。吸收直接投资中所需投入现金的数额,取决于投入的实物和工业产权之外尚需多少资金来满足建厂的开支和日常周转需要。

2. 以实物出资　　以实物出资就是投资者以厂房、建筑物和设备等固定资产和原材料、商品等流动资产所进行的投资。

实物出资中的实物作价,可以由出资各方协商确定,也可以聘请专业资产评估机构评估确定。国有及国有控股企业接受其他企业的非货币资产出资,需要委托有资格的资产评估机构进行资产评估。

3. 以工业产权出资 以工业产权出资是指投资者以专有技术、商标权、专利权等无形资产所进行的投资。

企业在吸收工业产权投资时应特别谨慎，认真进行技术时效性分析和财务可行性研究。因为以工业产权投资实际上是将有关技术资本化了，将技术的价值固定化了。而技术具有时效性，因其不断老化而导致价值不断减少甚至完全丧失，风险较大。

4. 以土地使用权出资 土地使用权是指土地经营者对依法取得的土地在一定期限内有进行建筑、生产经营或其他活动的权利。土地使用权具有相对的独立性，在土地使用权存续期间，包括土地所有者在内的其他任何人和单位，不能任意收回土地和非法干预使用权人的经营活动。

（二）吸收直接投资的程序

企业吸收直接投资的基本程序是：① 确定筹资数量。② 寻找投资单位。③ 协商投资事项。④ 签署投资协议。⑤ 共享投资利润。

（三）吸收直接投资资金成本的计算

吸收直接投资资金成本是企业因吸收直接投资而支付给直接投资者的代价。吸收直接投资资金成本除了不需要考虑筹资费外，其计算方法与发行股票基本相同。

（四）吸收直接投资的优缺点

吸收直接投资的优点是：① 有利于增强企业信誉。② 有利于尽快形成生产能力。③ 有利于降低财务风险。其缺点是：① 资金成本较高。② 容易分散企业的控制权。

二、发行普通股股票

（一）股票的分类

1. 按股东的权利和义务不同分类 可分为普通股股票和优先股股票。

（1）普通股股票 普通股股票简称普通股，是指股份有限公司依法发行的具有平等的权利、义务、股利不固定的股票。通常股份有限公司只发行普通股股票。

（2）优先股股票 优先股股票简称优先股，是指股份有限公司依法发行的，比普通股股东具有一定优先权的股票。

2. 按发行对象和上市地区的不同分类 可分为 A 种股票、B 种股票。

（1）A 种股票 它是指以人民币标明票面金额，并以人民币认购和交易的股票。

（2）B 种股票 它是指以人民币标明票面金额，以外币认购和交易的股票。

（二）普通股股东的权利

普通股股东是指普通股股票的持有人,其通常具有以下五项权利。

1. 公司管理权　　普通股股东的管理权主要体现为在董事会选举中有选举权和被选举权,通过选出的董事会代表所有的股东对企业进行控制和管理。普通股股东的管理权主要包括投票权、查账权和阻止越权经营的权利。

2. 分享盈余权　　它是指普通股股东经董事会决定后有从净利润中分得股利的权利。

3. 出让股份权　　它是指普通股股东有权出售或转让股票。

4. 优先认股权　　它是指普通股股东拥有优先于其他投资者购买公司增发新股票的权利。

5. 剩余财产要求权　　当公司解散和清算时,普通股股东对剩余财产有要求权。但是,公司破产清算时,财产的变价收入,首先要用来清偿债务,然后支付优先股股东,最后才能分配给普通股股东。

（三）普通股股票的发行

1. 普通股股票发行的目的　　明确普通股股票发行的目的,是股份公司决定发行方式、发行程序和发行条件的前提。股份公司发行股票,总的来说是为了筹集资金,但具体来说主要有以下两个目的。

（1）设立新的股份公司　　股份公司成立时,通常以发行普通股股票的方式来筹集资金并进行经营。

（2）扩大经营规模　　已设立的股份公司为不断扩大生产经营规模,也需通过发行普通股股票来筹集所需资金。通常,人们称此类发行为增资发行。

2. 股票发行的条件　　股份有限公司发行股票必须具备一定的发行条件,取得发行资格,并在办理必要手续后才能发行。现对我国股票发行的条件作适当说明。

（1）新设立股份有限公司申请公开发行股票的条件　　新设立的股份有限公司申请公开发行股票应当符合下列条件:① 生产经营符合国家产业政策。② 发行普通股限于一种,同股同权、同股同利。③ 在募集方式下,发起人认购的股份不少于公司拟发行股份总数的35％。④ 发起人在近3年内没有重大违法行为。⑤ 证监会规定的其他条件。

（2）股份有限公司增资公开发行股票的条件　　股份有限公司公开增资发行股票必须具备下列条件:① 前一次发行的股份已募足,并间隔1年以上。② 公司在最近3年内连续盈利,并可向股东支付股利。③ 公司在最近3年内财务会计文件无虚假记载。④ 公司预期利润率可达同期银行存款利率。

3. 普通股股票发行的基本程序　　我国公开发行普通股股票的最基本程序

是：① 公司作出新股发行决议。② 公司做好发行新股的准备工作,编写必备的文件资料和获取有关的证明材料。③ 提出发行股票的申请。④ 有关机构进行审核。⑤ 签署承销协议。⑥ 公布招股说明书。⑦ 按规定程序招股。⑧ 认股人缴纳股款。⑨ 向认股人交割股票。⑩ 改选董事、监事。

4. 普通股股票发行的方式　　普通股股票发行方式是指股份有限公司通过何种途径将公司的股票投入市场,取得股本的方式。按发行的方式不同可分为自销方式和承销方式两种。

（1）自销方式　　它是指股份有限公司不通过证券经营机构,自行将股票直接出售给投资者。证券经营机构是指从事证券买卖业务的金融中介机构。

（2）承销方式　　它是指股份有限公司将股票销售业务委托给证券经营机构,由其出售给投资者。承销方式具体又可分为包销方式和代销方式。① 包销方式。它是指由股份有限公司与证券经营机构签订承销协议,全权委托承销机构代理股票的销售业务。采用包销方式,证券经营机构买进股份有限公司公开发行的全部股票,然后再将所购股票转销给社会上的投资者。② 代销方式。它是指由股份有限公司委托证券经营机构代理股票的销售业务。

（四）股票上市

股票上市是指股份有限公司公开发行的普通股股票经批准在证券交易所进行挂牌交易。经批准在交易所上市交易的普通股股票称为上市股票。普通股股票获准上市交易的股份有限公司简称为上市公司。我国规定,普通股股东转让其股份,即普通股股票流通必须在依法设立的证券交易场所进行。

股票上市会产生有助于改善财务状况;利用股票收购其他公司;利用股票市场客观评价企业;利用股票激励职工和提高公司知名度等有利因素。但是,也会产生使公司失去隐私权;限制经理人员操作的自由度和公开上市费用很高等不利因素。

（五）普通股资金成本的计算

普通股资金的成本是普通股投资的必要报酬率。其计算方法因股利政策不同而分为以下两种。

1. 公司采取固定股利政策　　当公司采取固定股利政策时,每年将分派固定数额的现金股利,普通股资金成本的计算公式如下：

$$普通股资金成本 = \frac{每年固定股利}{普通股筹资金额 \times (1-普通股筹资费率)} \times 100\%$$

【例】　长宁股份有限公司发行普通股股票,每股发行价为 10 元,筹资费率为 1.8%,预计每年发放现金股利 1.01 元,计算该普通股的资金成本如下：

$$普通股资金成本 = \frac{1.01}{10 \times (1-1.8\%)} = 10.29\%$$

2. 公司采取固定股利增长率政策　　当公司采取固定股利增长率政策时,发放的现金股利将逐年增长,普通股资金成本的计算公式如下:

$$\text{普通股资金成本}=\frac{\text{第1年预计股利}}{\text{普通股筹资金额}\times(1-\text{普通股筹资费率})}\times100\%+\text{股利固定增长率}$$

【例】　光华公司发行的普通股股票,每股发行价格为 15 元,筹资费率为 1.8%,第 1 年每股发放现金股利 1.50 元,预计以后每年增长 2%,计算普通股资金成本如下:

$$\text{普通股资金成本}=\frac{1.50}{15\times(1-1.8\%)}\times100\%+2\%=12.18\%$$

(六)普通股筹资的优缺点

普通股筹资的优点是:① 没有固定利息负担。公司可以根据具体情况,多分配股利,少分配股利,或者不分配股利。② 没有固定到期日,不用偿还。③ 筹资风险小。④ 能增加公司的信誉。⑤ 筹资限制较少。普通股筹资的缺点是:① 资金成本较高。② 容易分散控制权。

三、利用留存收益

(一)留存收益筹资的渠道

留存收益的渠道有盈余公积和未分配利润两个方面。盈余公积是指公司按照规定从净利润中提取的积累资金,它包括法定盈余公积和任意盈余公积。未分配利润是指未限定用途的留存净利润。

(二)留存收益资金成本的计算

留存收益是由公司税后利润形成的,属于权益资本。企业留存收益等于股东对企业进行追加投资,股东对这部分投资要求获得同普通股等价的报酬。因此,留存收益资金成本的计算与普通股基本相同,但不用考虑筹资费。

1. 公司采取固定股利政策　　届时留存收益资金成本的计算公式如下:

$$\text{留存收益资金成本}=\frac{\text{每年固定股利}}{\text{普通股筹资金额}}\times100\%$$

2. 公司采取固定股利增长率政策　　届时留存收益筹资成本的计算公式如下:

$$\text{留存收益资金成本}=\frac{\text{第1年预计股利}}{\text{普通股筹资金额}}\times100\%+\text{股利年增长率}$$

【例】　续上例,计算光华公司留存收益资金成本如下:

$$\text{留存收益资金成本}=\frac{1.50}{15}\times100\%+2\%=12\%$$

（三）留存收益筹资的优缺点

留存收益筹资的优点是：① 资金成本比普通股低。② 能保持普通股股东的控制权。③ 增强公司的信誉。其缺点是：① 筹资的数额有限。② 资金的使用受制约。

第五节 债务资本的筹集

债务资本又称长期债务资金，它是指企业依法借入的、依约使用的偿还期限在1年以上或者超过1年的一个营业周期以上的资金。它包括长期借款、发行长期债券和融资租赁。

一、长期借款

（一）长期借款的种类

长期借款按照用途不同，可分为固定资产投资借款、更新改造借款、科技开发和新产品试制借款。长期借款按照有无担保，可以为信用借款和担保借款。

（二）长期借款的程序

企业向金融机构借款，通常要经过企业提出借款申请、金融机构进行审批、签订借款合同、企业取得借款和企业还本付息等五个步骤。

（三）长期借款资金成本的计算

长期借款的资金成本包括借款利息和筹资费用。由于借款利息计入税前成本费用，抵减了部分所得税，从而降低了资金成本。长期借款资金成本的计算公式如下：

$$\text{长期借款资金成本} = \frac{\text{年利息} \times (1 - \text{所得税税率})}{\text{长期借款筹资总额} \times (1 - \text{长期借款筹资费率})} \times 100\%$$

【例】 临江公司从银行借入长期借款200万元，期限3年，年利率为7.5%，每年付息一次，到期一次还本，筹资费率为1‰，所得税税率为25%，计算长期借款资金成本如下：

$$\text{长期借款资金成本} = \frac{200 \times 7.5\% \times (1 - 25\%)}{200 \times (1 - 1‰)} = 5.63\%$$

由于长期借款的筹资费很低，也可以忽略不计，则其资金成本计算公式可以简化如下：

$$\text{长期借款资金成本} = \text{借款利率} \times (1 - \text{所得税税率})$$

（四）长期借款筹资的优缺点

长期借款筹资的优点是：① 筹资速度快。② 借款弹性大。③ 借款资金成本低。④ 可以发挥财务杠杆作用。长期借款筹资的缺点是：① 筹资风险较大。② 限制性条款较多。③ 筹资数额有限。

二、发行债券

（一）债券的分类

1. **按债券是否记名分类**　可分为记名债券和无记名债券。

（1）记名债券　它是指在债券票面上注明债权人姓名或名称，同时在发行公司的债权人名册上进行登记的债券。

（2）无记名债券　它是指债券票面未注明债权人姓名或名称，也不用在债权人名册上登记债权人姓名或名称的债券。

2. **按债券能否转换为公司股票分类**　可分为可转换债券和不可转换债券。

（1）可转换债券　它是指在一定时期内，可以按规定的价格或一定比例，由持有人自由地选择转换为普通股的债券。

（2）不可转换债券　它是指不可以转换为普通股的债券。

（二）债券的发行

1. **债券的发行条件**　我国发行公司债券，必须符合《公司法》、《证券法》规定的有关条件。

2. **债券的发行程序**　公司发行债券通常要经过以下五个步骤：① 作出发行债券的决议。② 提出发行债券的申请。③ 公告债券的募集的办法。④ 委托证券机构发售。⑤ 交付债券并收缴债券款。

（三）债券资金成本的计算

债券资金成本包括利息和筹资费，利息在税后支付，具有减税效应；债券的筹资费较高，它包括申请发行债券的手续费、债券注册费、印刷费以及推销费等。债券资金成本的计算公式如下：

$$债券资金成本 = \frac{年利息 \times (1 - 所得税税率)}{债券筹资金额 \times (1 - 债券筹资费率)} \times 100\%$$

【例】　长江公司发行债券的总面值 1 000 万元，期限 3 年，年利率为 9%，每年付息一次，发行费用占发行款的 2%，所得税税率为 25%，计算债券资金成本如下：

$$债券资金成本 = \frac{1\,000 \times 9\% \times (1 - 25\%)}{1\,000 \times (1 - 2\%)} = 6.89\%$$

（四）债券筹资的优缺点

债券筹资的优点是：① 资金成本较低。② 能保持对企业的控制权。③ 可以发挥财务杠杆作用。④ 筹资容易成功。债券筹资的缺点是：① 筹资风险大。② 限制条件多。③ 筹资额有限。

三、融资租赁

（一）融资租赁的形式

根据融资租赁的业务特点不同,融资租赁可分为以下三种形式。

1. 直接租赁　　它是指承租人直接向出租人租入所需要的设备,并支付租金的租赁形式。这是最常用的形式。直接租赁的出租人主要是制造厂商、租赁公司。除了制造厂商外,其他出租人都是从制造厂商购买设备出租给承租人。

2. 售后租回　　它是指由承租人将自己拥有的设备卖给出租人,然后再将其租回使用的租赁形式。届时设备的售价相当于市价。采用这种形式,企业既能保持原有设备的使用权,又能使这些设备所占用的资金转变为急需的现金。当然,在这一期间,承租人要支付租金,并失去了设备的所有权。从事售后租回的出租人为租赁公司等金融机构。

3. 杠杆租赁　　它是指出租人只垫支购进设备所需现金的小部分,其大部分现金则以该设备为担保向资金出借者贷款,然后将购进的设备出租给承租人的租赁形式。从承租人的角度看,这种租赁与其他租赁形式并无区别,同样是按合同的规定,在租赁期内定期支付定额租金,取得设备的使用权。而这种租赁对于出租人却不同,它除了充当出租人,收取租金外,还要充当借款人,要偿还债务,同时拥有了设备的所有权。由于租赁收益大于借款成本,出租人从而获取财务杠杆利益,因此,这种形式的租赁被称为杠杆租赁。其通常用于金额大的设备项目。

（二）融资租赁的程序

融资租赁通常要经过以下七个步骤：① 选择租赁公司。② 办理租赁委托。③ 签订购货协议。④ 签订租赁合同。⑤ 办理验货与投保。⑥ 支付租金。⑦ 处理租赁期满的设备等。

（三）融资租赁租金的计算

1. 融资租赁租金的构成　　融资租赁的租金包括设备价款和租息两部分,其中租息又可分为租赁公司的融资成本和租赁手续费等。

（1）设备价款　　它是租金的主要内容,由设备的买价、运杂费和途中保险费等构成。

（2）租息　　它又包括：① 融资成本。它是指租赁公司为购买租赁设备所筹资金的成本,即设备租赁期间的利息。② 租赁手续费。它是指租赁公司承办租赁设备的销售费用和一定的盈利。租赁手续费的高低一般无固定标准,可由承租企业与租赁公司协商确定。

2. 融资租赁租金的支付方式　　租金的支付方式也影响到租金的计算。租金通常采用分次支付的方式,具体又可分为以下几种类型：

（1）按支付时期的长短分　　可分为年付、半年付、季付和月付等方式。

（2）按支付时期先后分　　可分为先付租金和后付租金两种。先付租金是指在期初支付；后付租金是指在期末支付。

（3）按每期是否等额支付分　　可分为等额支付和不等额支付两种。

3. 融资租赁租金的计算方法　　分为后付租金和先付租金两种。

（1）后付租金的计算　　后付租金可以采用年资本回收额的计算公式计算，即将设备的价款乘以资本回收系数（也就是年金现值系数的倒数），计算每年年末应支付的租金金额。

【例】　声达公司 2014 年 1 月 1 日向租赁公司融资租入一套生产设备，价款250 000 元，租赁期为 5 年，到期后设备归声达公司所有。为了保证租赁公司弥补融资成本和相关的手续费，并有一定的盈利，双方商定采用 15% 折现率。租金每年年末支付一次，计算其应支付的等额租金如下：

$$\text{每年年末应支付的租金} = 250\,000 \times \frac{1-(1+15\%)^{-5}}{15\%} = 250\,000 \times \frac{1}{3.3522} = 74\,577.89(元)$$

（2）先付租金的计算　　先付租金可以采用即付年金现值的计算公式，倒算每年年初应支付的租金金额。

【例】　例中，声达公司向租赁公司融资租入的生产设备，如租金每年年初支付一次，则计算其每次应支付的租金如下：

$$\text{每年年初应支付的租金} = 250\,000 \times \frac{1-(1+15\%)^{-5}}{15\%} \times (1+15\%) = 250\,000 \times \frac{1}{3.3522 \times (1+15\%)}$$
$$= 64\,850.34(元)$$

（四）融资租赁筹资的优缺点

融资租赁的优点是：① 筹资速度快。② 限制条款少。③ 设备淘汰风险小。④ 财务风险小。⑤ 税收负担轻。融资租赁的缺点是：① 资本成本较高。② 难以对设备进行技术改造。

第六节　短期债务资金的筹集

短期债务资金是指企业依法借入的、依约使用的偿还期限为 1 年或 1 年以内的资金。它主要有短期借款和商业信用。

一、短期借款

短期借款是指企业向银行和其他非银行金融机构借入的、期限在 1 年及 1 年以内的款项。

（一）短期借款的种类

短期借款按照偿还方式的不同,可分为一次性偿还借款和分期偿还借款;按照有无担保的不同,可分为信用借款和担保借款。我国目前的短期借款按照目的和用途的不同,主要有生产周转借款、临时借款和结算借款。企业在申请借款时,应根据各种借款的条件和需要加以选择。

（二）短期借款的信用条件

按照国际惯例,银行发放短期借款,往往会涉及以下一些信用条件。

1. 信贷额度   它是指借款人与银行在协议中规定的允许借款人所借款项的最高限额。

2. 周转信贷协定   它是指银行从法律上承诺向企业提供不超过某一最高限额的贷款协定。在协定的有效期内,只要企业的借款总额未超过最高限额,银行必须满足企业任何时候提出的借款要求。企业享用周转信贷协定,通常要就贷款限额的未使用部分付给银行一笔承诺费,这是银行向企业提供此项贷款的一种附加条件。

【例】 沪光工厂向银行申请周转信贷额为 1 000 万元,期限 1 年,承诺费率为 5‰。借款企业年度内使用了 750 万元。计算其应向银行支付的承诺费如下:

$$应付承诺费＝(1\,000－750)×5‰＝1.25(万元)$$

周转信贷协定的有效期通常超过 1 年,但实际上贷款每几个月发放一次,所以这种信贷具有短期和长期借款的双重特点。

3. 补偿性余额   它是指银行要求借款企业在银行中保持按贷款限额或实际借用额的一定百分比(一般为 10%～20%)计算的最低存款余额。从银行的角度讲,补偿性余额可降低贷款风险,以补偿遭受的贷款损失。对于借款企业来讲,补偿性余额的要求提高了借款的实际利率,加重了企业的利息负担。实际利率的计算公式如下:

$$实际利率＝\frac{名义借款金额×名义利率}{名义借款金额×(1－补偿性余额比例)}$$

或

$$＝\frac{名义利率}{1－补偿性余额比例}$$

【例】 四通公司向银行借款 100 万元,期限 1 年,年利率为 8%。银行要求维持贷款限额 15% 的补偿性余额,计算该笔借款的实际利率如下:

$$该笔借款的实际利率＝\frac{8\%}{1－15\%}＝9.41\%$$

4. 借款抵押 它也就是短期抵押贷款,是指申请借款企业以抵押品担保,向银行提出申请,由银行按抵押品价值的一定比例计算发放的贷款。抵押品通常是借款企业的厂房、办公楼等。

5. 偿还条件 各种短期借款银行均会规定还款期限。借款到期后仍无能力偿还的,将作为逾期贷款,银行要照章加收逾期罚息。

6. 其他承诺 银行有时还要求企业为取得贷款而作出其他承诺,如及时提供财务报表、保持适当的财务水平(如特定的流动比率)等等。如果企业违背所作出的承诺,银行可要求企业立即偿还全部贷款。

(三)短期借款利息的支付方式

(1)利随本清法 它又称收款法,是指在借款到期时向银行支付利息的方法。采用这种方法,借款的名义利率等于其实际利率。

(2)贴现法 它是指银行向企业发放贷款时,先从本金中扣除利息部分,而到期时借款企业则要偿还贷款全部本金的一种计算方法。采用这种方法,企业可利用的贷款额只有本金减去利息部分的差额,因此贷款的实际利率高于名义利率。贴现法实际利率的计算公式如下:

$$贴现借款实际利率=\frac{利息}{借款金额-利息}\times100\%$$

【例】 西海公司向银行借款 200 000 元、期限 1 年,年利率为 8%,利息 16 000 元,按照贴现法付息。现计算该项借款的实际利率如下:

$$贴现借款实际利率=\frac{16\ 000}{200\ 000-16\ 000}\times100\%=8.70\%$$

(3)加息法 它是指银行发放分期等额偿还贷款时采用的利息收取方法。在分期等额偿还贷款的情况下,银行要将根据名义利率计算的利息加到贷款本金上,计算出贷款的本息和,要求企业在贷款期内分期偿还本息之和的金额。由于贷款分期均衡偿还,借款企业实际上只平均使用了贷款本金的半数,却要支付全额利息。这样,企业所负担的实际利率就高于名义利率大约 1 倍。加息法的实际利率计算公式如下:

$$加息借款实际利率=\frac{贷款额\times利率}{贷款额\div2}\times100\%$$

【例】 开元公司向银行借款 300 000 元,期限 1 年,年利率为 4.5%,分 12 个月等额偿还本息。计算该项借款的实际利率如下:

$$借款实际利率=\frac{300\,000\times4.5\%}{300\,000\div2}\times100\%=9\%$$

（四）短期借款筹资的优缺点

短期借款筹资的优点是：① 筹资速度快。② 筹资弹性大。短期借款筹资的缺点是：① 筹资风险大。② 与其他短期筹资方式相比较，资金成本较高。

二、商业信用

（一）商业信用的条件

商业信用条件是指销货人对付款时间和现金折扣所作的具体规定。它主要有以下几种形式：预收账款；延期付款，但不涉及现金折扣；延期付款，但早付款可享受现金折扣。

1. 预收账款　　它是指企业在销售商品时，要求购货方在销货方发出货物以前支付账款。这种形式通常用于以下两种情况：① 企业已知买方的信用欠佳。② 销售生产周期长、售价高的产品。在这种信用条件下，销货方可以得到暂时的资金来源，而购货方则要预先垫支资金。

2. 延期付款，但不涉及现金折扣　　它是指企业购买商品时，销货方允许企业在交易发生后一定时期内按发票金额支付账款。如"net 30"，是指 30 天内按发票金额付款。在这种条件下，交易双方存在商业信用，购货方因延期付款而取得资金来源。

3. 延期付款，但早付款可享受现金折扣　　它是指企业购买商品时，销货方允许企业在交易发生后一定时期内按发票金额支付账款，如购货方提前付款，销货方可给予一定的现金折扣。如"2/15, n/30"，是指 15 天内付款，给予 2% 的现金折扣，超过 15 天，在 30 天内按发票金额付款。销货方应用现金折扣的目的是为了加速账款的收回。在这种条件下，交易双方存在商业信用，购货方若在折扣期内付款，可获得短期的资金来源，并能享受现金折扣；若放弃现金折扣，则可在较长的时期内占用销货方的资金。放弃现金折扣的成本计算公式如下：

$$放弃现金折扣成本=\frac{现金折扣百分比}{1-现金折扣百分比}\times\frac{360}{信用期-折扣期}\times100\%$$

（二）现金折扣成本的计算

销货方在采用商业信用形式销售产品时，为了鼓励购货方尽早付款，往往规定了一些信用条件，它主要包括现金折扣和付款期间。如果销货方提供现金折扣，购货方应尽量争取享受这一折扣，因为丧失现金折扣的机会成本很高。

【例】　新光公司以"2/15, n/30"信用条件购进一批原材料，如货款在 30 天内付清，则不享受现金折扣。计算其放弃现金折扣的成本如下：

$$放弃现金折扣成本 = \frac{2\%}{1-2\%} \times \frac{360}{30-15} \times 100\% = 48.98\%$$

计算结果显示,企业的资金成本不超过 48.98% 时,应当在第 15 天付款。

（三）商业信用筹资的优缺点

商业信用筹资的优点是：① 筹资便利。② 不花费筹资成本。③ 限制条件少。商业信用筹资的缺点是：① 筹资期限太短。② 需要随时进行资金的调度和安排。

三、短期资金与长期资金的组合

在研究短期资金与长期资金的组合策略前,需要先分析流动资产和流动负债,然后再考虑两者间的组合。

（一）流动资产和流动负债的分类

1. 流动资产的分类　　按照流动资产的不同用途,可分为临时性流动资产和永久性流动资产。

（1）临时性流动资产　　它是指受季节性或周期性影响的流动资产。例如,季节性存货、销售和经营旺季（如商品流通业的销售旺季在节日期间等）的应收账款。

（2）永久性流动资产　　它是指为了满足企业长期稳定的资金需要,即使处于经营低谷时也必须保留的流动资产。

2. 流动负债的分类　　按照流动负债形成的方式不同,可分为临时性负债和自发性负债。

（1）临时性负债　　它是指为了满足临时性流动资金需要所发生的负债。例如,商品流通企业节前为满足节日销售需要,超量购入货物而举借的债务;食品制造企业为了赶制季节性食品,大量购入某种原料而发生的借款等等。

（2）自发性负债　　它是指直接产生于企业持续经营中的负债。例如,商业信用筹资和日常运营中产生的其他应付款,以及应付职工薪酬、应付利息和应交税金等等。

（二）短期资金与长期资金的组合策略

短期资金与长期资金的组合策略,主要是如何安排临时性流动资产和永久性流动资产的资金来源,它通常有平稳型筹资组合策略、积极型筹资组合策略和保守型筹资组合策略三种。

1. 平稳型筹资组合策略　　它又称配合型筹资组合策略,这种策略的特点是:对于临时性流动资产,运用临时性负债筹集的短期资金满足其资金需要;对于永久性流动资产和非流动资产（统称为永久性资产,下同）,运用长期负债、自发性负债和权益资本筹集的长期资金满足其资金需要。在平稳型筹资组合策略下资产与负债之间的组合如图表 3-6 所示。

图表 3-6

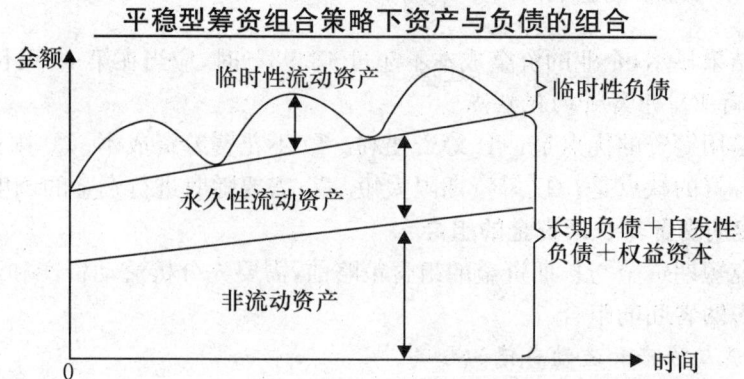

平稳型筹资组合策略下资产与负债的组合

平稳型筹资组合策略要求企业临时性负债的筹资计划严密,实现资金占用的时间与负债偿还的时间相配合。在经营性淡季和低谷阶段,企业除了自发性负债以外,没有其他流动负债;只有在临时性流动资产的需求处于高峰时,企业才举借各种临时性债务。因此,平稳型筹资组合策略是一种理想的、对企业有着较高资金使用要求的匹配策略。

2. 积极型筹资组合策略   它又称激进型筹资组合策略,这种策略的特点是:临时性负债不但融通临时性流动资产的资金需要,还解决部分永久性资产的资金需要。在积极型筹资组合策略下,临时性负债在企业全部资金来源中所占比重大于在平稳型筹资组合策略下的比重。积极型筹资组合策略下资产与负债的组合如图表 3-7 所示。

图表 3-7

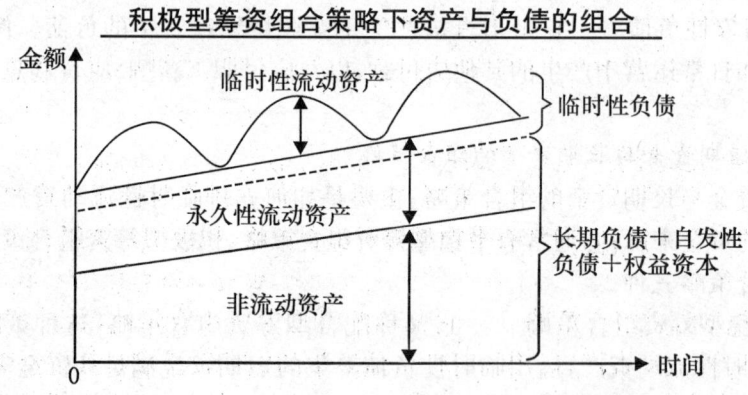

积极型筹资组合策略下资产与负债的组合

在积极型筹资组合策略下,由于临时性负债(如短期银行借款)的资金成本一般低于长期负债和权益资本的资金成本,而积极型筹资组合策略下临时性负债所占比重较大,所以该策略下企业的资金成本较低。但是另一方面,为了满足永久性资产的长期资金需要,企业必然要在临时性负债到期后重新举债或申请债务展期,这样企业便会更为经常地举债和还债,从而加大筹资困难和风险;企业还可能面临由于短期负债利率的变动而增加企业资金成本的风险。所以积极型筹资组合策略是一种收益性和风险性均较高的组合策略。

3. 保守型筹资组合策略　　它又称稳健型筹资组合策略,这种组合策略的特点是:临时性负债只融通部分临时性流动资产的资金需要,另一部分临时性流动资产和永久性资产,则由长期负债、自发性负债和权益资本予以解决。与平稳型筹资组合策略相比,在保守型筹资组合策略下,临时性负债占企业全部资金来源的比例较小。在保守型筹资组合策略下资产与负债的组合如图表 3-8 所示。

图表 3-8

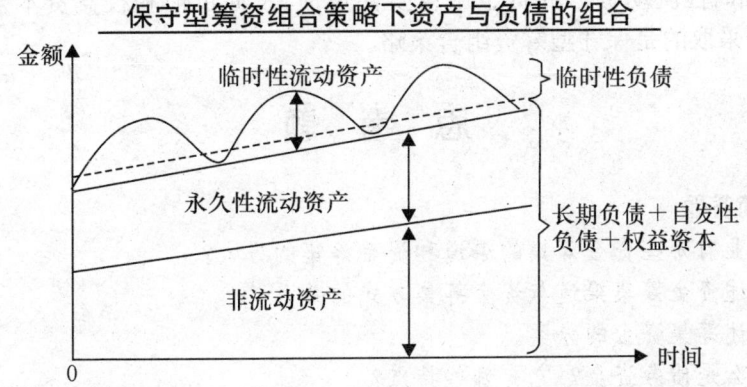

保守型筹资组合策略下资产与负债的组合

在保守型筹资组合策略下,由于临时性负债在企业的全部资金来源中所占比重较小,所以企业无法偿还到期债务的风险较低,同时蒙受短期利率变动损失的风险也较低。然而,另一方面,却会因长期债务资金成本高于临时性负债的资金成本,以及经营淡季时仍需负担长期债务资金的利息等,而降低企业的收益。所以,保守型筹资组合策略是一种风险性和收益性均较低的组合策略。

在通常情况下,如果企业能够驾驭资金的使用,采用收益和风险配合得较为适中的平稳型筹资组合策略是有利的。

【例】　沪光工厂目前正处在生产经营活动的旺季,该厂的资产总额为 5 000 万元,其中:非流动资产为 2 600 万元,永久性流动资产为 1 000 万元,临时性流动资产为 1 400 万元;所有者权益为 2 000 万元;长期负债为 800 万元,流动负债为 2 200 万元。

(1) 若该厂的自发性负债为 600 万元,计算其临时性负债的金额,并分析其采取哪种筹资组合策略　具体计算分析如下：

$$临时性负债＝2\,200－600＝1\,600（万元）$$

计算结果显示，该厂的临时性负债为1 600万元，大于其临时性流动资产1 400万元，表明该厂的临时性负债除了融通临时性流动资产的资金需要，还解决了200万元永久性流动资产的资金。因此，该厂采取的是积极型筹资组合策略。

（2）若该厂的自发性负债为980万元，计算其临时性负债的金额，并分析其采取哪种筹资组合策略　具体计算分析如下：

$$临时性负债＝2\,200－980＝1\,220（万元）$$

计算结果显示，该厂的临时性负债为1 220万元，小于其临时性流动资产1 400万元，表明该厂临时性负债只融通了1 220万元临时性流动资产的资金需要，其余180万元临时性流动资产的资金由自发性负债、长期负债和权益资本予以解决。因此，该厂采取的是保守型筹资组合策略。

思 考 题

一、简答题

1. 企业有哪些资金筹集的渠道和资金筹集的方式？
2. 试述资金筹集渠道与资金筹集方式的关系。
3. 试述筹集资金的分类。
4. 什么是债务资金？它有哪些特点？
5. 资金需要量预测有哪些方法？
6. 什么是销售额比率法？它需要经过哪些步骤？
7. 什么是资金习性？按照资金习性不同，可分为哪两种资金？
8. 试述吸收直接投资的程序。
9. 按股东享有的权利和义务不同，可分为哪两类股票？分述这两类股票的定义。
10. 什么是股票上市？试述股票上市的有利因素和不利因素。
11. 试述普通股筹资的优缺点。
12. 试述长期借款的程序。
13. 试述债券的分类。
14. 什么是短期债务资金？它主要包括哪些内容？
15. 试述债券筹资的优缺点。
16. 试述短期借款筹资的优缺点。

17. 商业信用条件有哪些形式？试述商业信用筹资的优缺点。

18. 短期资金与长期资金有哪些筹资组合策略？分述各种筹资组合策略的特点。

二、名词解释题

1. 资金筹集   2. 国家财政资金

3. 资本市场资金   4. 其他单位或个人资金

5. 权益资金   6. 定性预测法

7. 比率预测法   8. 资金习性预测分析法

9. 变动资金   10. 高低点法

11. 以工业产权出资   12. 长期债务资金

13. 融资租赁   14. 直接租赁

15. 杠杆租赁   16. 信贷额度

17. 补偿性余额   18. 借款抵押

19. 利随本清法   20. 贴现法

21. 永久性流动资产   22. 临时性负债

三、是非题

1. 资金筹集是指企业通过不同渠道，采取各种方式，筹措企业设立和生产经营所需资金的财务活动。（ ）

2. 资金筹集渠道是指筹措资金的来源方向与通道，体现着资金的源泉和流量。（ ）

3. 权益资金由实收资本或股本、盈余公积和未分配利润组成。（ ）

4. 债务资金具有契约性、暂时性和风险性的特点。（ ）

5. 企业的资产和负债与销售额同比例变动是应用销售额比率法预测资金需要量的前提之一。（ ）

6. 变动资金包括直接材料、直接人工、应收账款等占用的资金。（ ）

7. 不变资金是不受产销量变动的影响而保持不变的资金。（ ）

8. 不变资金和单位产销量所需变动资金的数额，可采用高低点法或回归直线法取得。（ ）

9. 资金筹集费是指企业在筹集资金过程中支付的各种费用。它是资金成本的主要内容。（ ）

10. 资金成本率是指资金使用成本与筹资总额的比率。（ ）

11. 吸收直接投资中的出资方式有以现金出资、以实物出资和以土地使用权出资三种。（ ）

12. 吸收直接投资的优点是有利于增强企业信誉、有利于尽快形成生产能力

和有利于降低财务风险三项。　　　　　　　　　　　　　　　　（　　）

13. 普通股股东的管理权主要表现在投票权、查账权和阻止越权经营的权利上。　　　　　　　　　　　　　　　　　　　　　　　　　　　（　　）

14. 普通股股票发行的目的有新设立公司、扩大经营规模和更新生产设备等。
　　　　　　　　　　　　　　　　　　　　　　　　　　　　　（　　）

15. 留存收益筹资的缺点是资金成本较高、筹资数额有限。　　　（　　）

16. 债务资本包括长期借款、发行长期债券和融资租赁。　　　（　　）

17. 可转换债券是指在一定时期内,由持有人自由地选择转换为普通股的债券。　　　　　　　　　　　　　　　　　　　　　　　　　　　　（　　）

18. 融资租赁筹资的优点是筹资速度快、限制条款少、设备淘汰风险小、财务风险小和税收负担轻。　　　　　　　　　　　　　　　　　　　（　　）

19. 周转信贷协定是指借款人与银行在协议中规定的允许借款人所借款项的最高限额。　　　　　　　　　　　　　　　　　　　　　　　　　（　　）

20. 短期借款利息的支付方式有利随本清和贴现法两种。　　　（　　）

21. 商业信用的条件是指销货人对付款时间和现金折扣所作的具体规定。
　　　　　　　　　　　　　　　　　　　　　　　　　　　　　（　　）

22. 按流动负债形成的方式不同,可分为临时性负债和自发性负债。（　　）

23. 临时性流动资产是指受季节性影响的流动资产。　　　　　（　　）

24. 自发性负债是指直接产生于企业持续经营中的负债。　　　（　　）

25. 保守型筹资组合策略的特点是:临时性负债不但融通了临时性流动资金的需要,还解决了部分永久性资产的资金需要。　　　　　　　　　　（　　）

四、单项选择题

1. 不随销售额变动而变动的负债是＿＿＿＿＿＿＿。
　　A. 应付票据　　B. 应付账款　　　　C. 短期借款　　　　D. 其他应付款项

2. ＿＿＿＿＿＿＿能够确定外部筹资额。
　　A. 定性预测法　B. 销售额比率法　C. 高低点法　　　　D. 回归直线法

3. ＿＿＿＿＿＿＿计算的结果较为准确。
　　A. 定性预测法　B. 销售额比率法　C. 高低点法　　　　D. 回归直线法

4. 由股份有限公司与证券经营机构签订承销协议,全权委托承销机构代理股票的销售业务是＿＿＿＿＿＿＿。
　　A. 自销方式　　B. 承销方式　　　C. 包销方式　　　　D. 代销方式

5. ＿＿＿＿＿＿＿不属于融资租赁形式。
　　A. 售后租回　　B. 直接租赁　　　C. 杠杆租赁　　　　D. 经营租赁

6. ＿＿＿＿＿＿＿具有资金成本较高的缺点。

A. 长期借款　　B. 留存收益　　　C. 发行债券　　　D. 融资租赁

7. 不花费资金成本的筹资方式是_____。

A. 长期借款　　B. 债券　　　C. 短期借款　　　D. 商业信用

8. _____要求企业临时性负债的筹资计划严密,实现资金占用的时间与负债偿还的时间相配合。

A. 平稳型筹资组合策略　　　　B. 稳健型筹资组合策略

C. 保守型筹资组合策略　　　　D. 积极型筹资组合策略

五、多项选择题

1. 资金筹集的渠道有国家财政资金、银行信贷资金、非银行金融机构资金、自身积累资金、_____等。

A. 资本市场资金　　　　　　　B. 其他单位或者个人资金

C. 外商资金　　　　　　　　　D. 商业信用资金

2. 商业信用的具体形式有_____。

A. 应付账款　　B. 应付票据　　C. 延期付款　　D. 预收账款

3. 企业筹集资金应遵循规模适当、_____等基本原则。

A. 来源合理　　B. 筹集及时　　C. 渠道多样　　D. 方式经济

4. 权益资金具有_____的特点。

A. 法定性　　B. 主动性　　　C. 永久性　　D. 灵活性

5. 资金成本对企业筹资决策的影响主要有:它是确定最优资本结构的主要参数、_____。

A. 它是影响企业筹资总额的重要因素

B. 它是企业选择资金来源的基本依据

C. 它是企业选用筹资方式的参考标准

D. 它是企业确定负债资金比重的基本依据

6. 权益资本是企业通过_____等方式筹集的。

A. 吸收直接投资　　　　　　　B. 发行股票

C. 发行企业债券　　　　　　　D. 利用留存收益

7. 普通股股东的权利有公司管理权、分享盈余权、_____等。

A. 投票权　　　　　　　　　　B. 出让股份权

C. 优先认股权　　　　　　　　D. 剩余财产要求权

8. 长期借款筹资的优点有借款资金成本低、_____。

A. 筹资速度快　　　　　　　　B. 筹资容易成功

C. 可以发挥财务杠杆作用　　　D. 借款弹性大

9. 融资租赁的租金由_____等组成。

A. 设备价款　　B. 租赁公司盈利　　C. 租赁手续费　　D. 融资成本

10. 短期借款按照目的和用途不同,主要有临时借款、_____等。

　　A. 生产周转借款　　　　　　　　B. 科研开发借款

　　C. 结算借款　　　　　　　　　　D. 新产品试制借款

11. 商业信用条件的形式有_____。

　　A. 应付票据

　　B. 延期付款,但不涉及现金折扣

　　C. 延期付款,但早付款可享受现金折扣

　　D. 预收账款

12. 永久性资产由_____组成。

　　A. 永久性流动资产　　　　　　　B. 临时性流动资产

　　C. 非流动资产　　　　　　　　　D. 固定资产

练 习 题

习 题 一

一、目的　练习资金需要量的预测。

二、资料

1. 天明公司 2014 年度的资产负债表如图表 3-9 所示。

图表 3-9

资 产 负 债 表

2014 年 12 月 31 日　　　　　　　　　　　　　　单位:万元

资　产	期末余额	负债和所有者权益	期末余额
货币资金	660	短期借款	830
应收票据	450	应付票据	370
应收账款	540	应付账款	560
存货	1 980	其他应付款项	840
固定资产净额	2 370	应付债券	1 000
		实收资本	2 100
		留存收益	300
资 产 总 额	6 000	负债和所有者权益总额	6 000

2. 天明公司 2014 年的销售额为 8 100 万元,营业净利率为 7%,股利支付率为

65%,公司现有生产能力尚未饱和,增加销售额不需要追加固定资产投资。经预测,2015年公司的销售额将增加至9 500万元,企业营业净利率和股利分配政策不变。

3. 武定公司历年的销售额与资金占用量如图表3-10所示。

图表3-10

历年销售额与资金占用量表

单位:万元

年度 项 目	2010	2011	2012	2013	2014
销售额	18 900	20 410	22 030	23 810	27 500
资金占用量	4 650	4 990	5 270	5 680	6 370

4. 武定公司预测2015年的销售额为31 800万元。

5. 安达公司2011~2014年度产销量与资金需要量如图表3-11所示。

图表3-11

产销量与资金占用量变动表

年度 项 目	2011	2012	2013	2014
产销量(万件)	200	220	210	240
资金占用量(万元)	610	650	626	660

6. 安达公司预计2015年产销量为280万件。

三、要求

1. 根据"资料1"、"资料2",用销售额比率法预测天明公司资金需要量。

2. 根据"资料3"、"资料4",用高低点法预测武定公司资金需要量。

3. 根据"资料5"、"资料6",用回归直线法预测安达公司资金需要量。

习 题 二

一、目的 练习普通股和留存收益资金成本的计算。

二、资料

1. 南平公司采取固定股利政策,该公司发行普通股股票,每股发行价格为12元,筹资费率为1.8%,预计每年发放现金股利1.25元。

2. 东海公司采取固定股利增长率政策,该公司发行普通股股票,每股发行价格为 18 元,筹资费率为 1.8%,第 1 年每股发放现金股利为 1.75 元,预计以后每年增长 3%。

三、要求

1. 计算上列各公司普通股资金成本。

2. 计算上列各公司留存收益资金成本。

习 题 三

一、目的 练习长期借款和发行长期债券资金成本的计算。

二、资料

1. 武宁公司从银行借入长期借款 360 万元,期限 3 年,年利率为 7.8%,每年付息一次,到期一次还本。筹资费率为 1‰,所得税税率为 25%。

2. 江海公司发行债券的总面值为 1 200 万元,期限 3 年,年利率为 10%,每年付息一次,发行费用占发行款的 2%,所得税税率为 25%。

三、要求

1. 根据"资料 1",计算长期借款资金成本。

2. 根据"资料 2",计算债券资金成本。

习 题 四

一、目的 练习融资租赁设备租金的计算。

二、资料

1. 顺昌公司 2015 年 1 月 1 日向租赁公司融资租入一套设备,价款 56 万元,租赁期为 6 年,到期后设备归顺昌公司所有,双方商定采用 14% 折现率,每年年末支付等额租金。

2. 上项融资租入设备,商定在每年年初支付等额租金。

三、要求 计算每年应支付的租金。

习 题 五

一、目的 练习短期借款的信用条件。

二、资料 华银工厂发生短期借款情况如下:

1. 向中国工商银行申请周转信贷额度 1080 万元,期限 1 年,承诺费率为 5‰,借款企业年度内使用了 720 万元。

2. 向中国银行借款 150 万元,期限 1 年,年利率为 8%,银行要求维持贷款限额 12% 的补偿性余额。

三、要求

1. 根据"资料1",计算应向银行支付的承诺费。

2. 根据"资料2",计算借款的实际利率。

习 题 六

一、目的 练习短期借款实际利率的计算。

二、资料 光华公司发生短期借款的情况如下:

1. 向中国工商银行借款 500 000 元,期限 1 年,年利率为 9%,按照贴现法付息。

2. 向中国银行借款 450 000 元,期限 1 年,年利率为 4.8%,分 12 个月等额偿还本息。

三、要求 计算每笔借款的实际利率。

习 题 七

一、目的 练习应付账款的信用形式。

二、资料 黄河公司购进材料一批,信用条件为"2/10,1/20,n/30"。

三、要求

1. 该公司在第 20 天付款,计算其放弃现金折扣的成本。

2. 该公司在第 30 天付款,计算其放弃现金折扣成本的成本。

习 题 八

一、目的 练习短期资金和长期资金的筹资组合策略。

二、资料 泰康公司目前正处在生产经营活动的旺季,该公司的资产总额为 5 750 万元,其中:非流动资产为 2 880 万元,永久性流动资产为 1 150 万元,临时性流动资产为 1 720 万元;所有者权益为 2 310 万元;长期负债为 960 万元;流动负债为 2 480 万元。

1. 该公司自发性负债为 720 万元。

2. 该公司自发性负债为 960 万元。

三、要求 分别根据"资料1"、"资料2",计算该公司临时性负债的金额,并分析其采取了哪种筹资组合策略。

第四章 综合资金成本和资本结构

第一节 综合资金成本

综合资金成本是指企业所筹集资金的平均成本,它反映了企业资金成本总体水平的高低。综合资金成本又可分为已筹集资金的加权平均资金成本和新增资金的边际资金成本。

一、加权平均资金成本

加权平均资金成本是指分别以各种资金成本为基础,以各种资金占全部资金的比重为权数计算出来的综合资金成本。

企业在资金市场上筹资,往往有多种可供选择的筹资方式,不同筹资方式将产生不同的资金成本。从理论上来说,企业应选择资金成本最低的筹资方式,然而因受筹资速度、资金使用期、资金供应量及取得资金的难易程度和偿还条件等各种因素的影响,必然采用多种筹资方式,因此需要计算加权平均资金成本,其计算公式如下:

$$加权平均资金成本 = \sum(某种资金占总资金的比重 \times 该种资金的成本)$$

【例】 安泰股份有限公司各种筹资方式筹集的资金为:短期借款 1 100 万元,长期借款 980 万元,普通股 1 600 万元,留存收益 320 万元;各种资金成本依次为:短期借款 5.50%、长期借款 5.66%、普通股 12.18% 和留存收益 12%,计算其加权平均资金成本如图表 4-1 所示。

图表 4-1

加权平均资金成本计算表

资金种类	资金数额（万元）	比重(%)	个别资金成本(%)	加权平均资金成本(%)
(1)	(2)	$(3) = \dfrac{(2)}{4\,000}$	(4)	$(5) = (4) \times (3)$
短期借款	1 100.0	27.5	5.50	1.51

资金种类	资金数额 （万元）	比重（%）	个别资金成本 （%）	加权平均资金成本 （%）
长期借款	980.0	24.5	5.66	1.39
普通股	1 600.0	40.0	12.18	4.87
留存收益	320.0	8.0	12.00	0.96
合　　计	4 000.0	100.0	—	8.73

二、边际资金成本

（一）边际资金成本概述

边际资金成本是指资金每增加一个单位而增加的成本。它是追加筹资时所使用的加权平均成本。

加权平均资金成本是企业过去筹集的或目前使用的资金成本。一个经营得好的企业，总是需要不断地筹集资金、不断地追加投资，从而扩大生产经营规模，而企业无法以某一固定的资金成本来筹措无限的资金。当企业筹集的资金超过一定限度时，边际资金成本就会提高，因此，边际资金成本也称为随筹资额增加而提高的加权平均资金成本。企业在追加筹资时，不仅要考虑目前所使用资金的成本，而且要考虑为投资项目新筹集的资金的成本，这就需要计算边际资金成本。

（二）边际资金成本的计算和应用

企业为了随时了解在未来追加不同筹资规模下的边际资金成本，可以预先对有关数据合理预测，进行边际资金成本规划。这一规划通常有：确定企业目标资本结构、测算确定个别资金成本、计算筹资总额分界点和计算边际资金成本四个步骤。

【例】　曹杨公司目前有长期资金1 200万元，其中：长期债务360万元，普通股权益840万元。目前公司的加权平均资金成本为11.4%。现公司为了扩大经营规模，准备筹集更多的资金，计算确定边际资金成本。

（1）确定公司目标资本结构　　该公司的财务人员分析，认为目前的资本结构长期债务占30%，普通股权益（含留存收益）占70%，处于目标资本结构范围，因此，在今后的增资中，应保持这一资本结构。

（2）测算确定个别资金成本　　该公司的财务人员认真分析了目前资本市场状况和公司的筹资能力，认为随着公司筹资规模的不断增加，各种资金的成本也会相应增加。同时测算出随筹资额的增加各种资金成本的变化情况，并据以编制各种追加筹资方案的资金成本表。该表如图表4-2所示。

图表 4-2

各种追加筹资方案的资金成本表

资本种类	目标资本结构(%)	追加筹资额范围	资金成本(%)
长期债务	30	30 万元以下	6
		30 万～60 万元	7
		60 万元以上	8
普通股权益	70	35 万元以下	13
		35 万～105 万元	14
		105 万元以上	15

(3) 计算筹资总额分界点　　筹资总额分界点是指在保持某资金成本的条件下,可以筹集到的资金总限度。一旦筹资总额超过筹资总额分界点,即使维持现有的资本结构,其资金成本也会增加。筹资总额分界点的计算公式如下:

$$筹资总额分界点=\frac{某种资本的成本分界点}{目标资本结构中该种资本所占的比重}$$

根据上列公式和图表 4-2 的资料,编制筹资总额分界点计算表如图表 4-3 所示。

图表 4-3

筹资总额分界点计算表

筹资方式	目标资本结构(%)	个别资金成本(%)	各种筹资范围	筹资总额分界点(万元)	筹资总额范围
(1)	(2)	(3)	(4)	(5)=(4)①÷(2)	(6)
长期债务	30	6	30 万元以下	100	100 万元以下
		7	30 万～60 万元	200	100 万～200 万元
		8	60 万元以上	—	200 万元以上
普通股	70	13	35 万元以下	50	50 万元以下
		14	35 万～105 万元	150	50 万～150 万元
		15	105 万元以上	—	150 万元以上

① 根据各种资本新筹资额的上限计算。

从图表 4-3 中可以看到,长期债务在 30 万元以下,资金成本为 6％,而在目标资本结构中,长期债务的比重为 30％,这表明在长期债务资金成本率由 6％上升到 7％之前,企业可筹集 100 万元(30 万元/0.3)的资金;当筹资总额在 100 万～200 万元之间时,长期债务资金成本上升到 7％;当筹资总额在 200 万元以上时,长期债务资金成本则上升至 8％。

(4)计算边际资金成本 根据上一步骤计算的筹资总额分界点所取得的五组筹资总额范围分别为:① 50 万元以下。② 50 万～100 万元。③ 100 万～150 万元。④ 150 万～200 万元。⑤ 200 万元以上。对以上五组筹资总额范围分别计算加权平均资金成本,就能取得各种资本筹资总额范围的边际资金成本。现根据图表 4-3 的资料,编制边际资金成本计算表,如图表 4-4 所示。

图表 4-4

边际资金成本计算表

筹资总额范围	资本种类	目标资本结构(％)	资金成本(％)	边际资金成本(％)
(1)	(2)	(3)	(4)	(5)＝(3)×(4)
50 万元以下	长期债务 普通股	30 70	6 13	1.8 9.1
	第一个范围内的边际资金成本			10.9
50 万～100 万元	长期债务 普通股	30 70	6 14	1.8 9.8
	第二个范围内的边际资金成本			11.6
100 万～150 万元	长期债务 普通股	30 70	7 14	2.1 9.8
	第三个范围内的边际资金成本			11.9
150 万～200 万元	长期债务 普通股	30 70	7 15	2.1 10.5
	第四个范围内的边际资金成本			12.6
200 万～300 万元	长期债务 普通股	30 70	8 15	2.4 10.5
	第五个范围内的边际资金成本			12.9

第二节 杠 杆 效 应

一、杠杆效应的含义

在自然界中,杠杆效应是指人们通过利用杠杆,可以用较小的力量移动较重物体的现象。这种杠杆是有形的。在财务管理中,也会产生类似的杠杆效应,这种杠杆效应是指当某一财务变量以较小幅度变动时,会导致另一相关财务变量产生较大幅度的变动。这种杠杆是无形的。科学地应用杠杆效应,有助于企业合理地规避各种风险,提高资金营运效率。

财务管理中的杠杆效应有经营杠杆效应、财务杠杆效应和复合杠杆效应三种形式。要了解这些杠杆效应,首先要了解成本习性、边际贡献和息税前利润。

(一)成本习性

成本习性是指成本总额与业务量之间在数量上的依存关系,成本按习性可划分为变动成本和固定成本。变动成本是指其总额随着产销业务量成正比例变动的那部分成本。但是从产品的单位成本来看,它却是保持不变的。属于变动成本的有直接材料和直接人工等。而固定成本是指在一定时期和一定产销业务量范围内,不随产销业务量发生变动的那部分成本。属于固定成本的主要有折旧费、保险费、管理人员的职工薪酬和办公费等,这些费用每年支出的水平基本相同,即使产销业务量在一定范围内变动,它们也保持固定不变。正是由于这些成本是固定不变的,因此,产销业务量的增加,意味着它将被分配给更多数量的产品,使单位产品的固定成本随着产销业务量的增加而相应地下降。

(二)边际贡献和息税前利润

边际贡献是指销售收入减去变动成本以后的差额。其计算公式如下:

$$边际贡献=销售收入总额-变动成本总额$$

或

$$=(销售单价-单位变动成本)×产销业务量$$

息税前利润是指企业支付利息和交纳所得税前的利润。其计算公式如下:

$$息税前利润=销售收入总额-变动成本总额-固定成本$$

或

$$=边际贡献-固定成本$$

【例】 泰兴机械厂只生产、销售 A 产品。该厂 2014 年共生产、销售 A 产品 1 000 台,每台售价 3 万元,单位变动成本 1.6 万元,固定成本 550 万元。分别计算边际贡献和息税前利润如下:

$$边际贡献=(3-1.6)×1\,000=1\,400(万元)$$

$$息税前利润=1\,400-550=850(万元)$$

二、经营杠杆

(一)经营杠杆的含义

经营杠杆是指由于固定成本的存在,而导致息税前利润变动率大于产销业务量变动率的杠杆效应。

在其他条件不变的情况下,产销业务量的增加虽然不会改变固定成本总额,但会降低单位产品的固定成本,从而提高了单位产品的息税前利润,使息税前利润的增长率大于产销业务量的增长率;反之,产销业务量的减少会使单位产品的固定成本相应地上升,从而减少了单位产品的息税前利润,使息税前利润下降率也大于产销业务量的下降率。

(二)经营杠杆的计量

只要企业存在着固定成本,就存在着经营杠杆的杠杆。但不同企业或同一企业不同产销业务量基础上的经营杠杆的杠杆效应的大小并不完全一致,因此,需要对经营杠杆进行计量。对经营杠杆进行计量最常用的指标是经营杠杆系数。经营杠杆系数是指息税前利润变动率相当于产销业务量变动率[①]的倍数。其计算公式如下:

$$经营杠杆系数=\frac{息税前利润变动率}{产销业务量变动率}$$

$$息税前利润变动率=\frac{息税前利润变动额}{基期息税前利润}$$

$$产销业务量变动率=\frac{产量或销售量变动数}{基期产量或销售量}$$

【例】 江宁公司 2013 年和 2014 年的销售收入分别为 2 000 万元和 2 300 万元,变动成本分别为 1 200 万元和 1 380 万元,固定成本均为 400 万元。编制经营杠杆分析表如图表 4-5 所示。

图表 4-5

经营杠杆分析表

单位:万元

项　目	2013 年	2014 年	变 动 额	变 动 率(%)
(1)	(2)	(3)	(4)=(3)-(2)	(5)=(4)÷(2)
销售收入	2 000	2 300	300	15
减:变动成本	1 200	1 380	180	15
边际贡献	800	920	120	15
减:固定成本	400	400	——	——
息税前利润	400	520	120	30

① 这里的产销业务量变动率既可以按产量或销量计算(假定产销平衡),也可以按销售收入计算,其结果相同。

根据图表 4-5 的数据,计算江宁公司 2014 年的经营杠杆系数如下:

$$经营杠杆系数 = \frac{30\%}{15\%} = 2$$

计算结果显示,经营杠杆系数为 2,表明息税前利润的增长率是产销量增长率的 2 倍。

企业在预测计划期经营杠杆系数时,可以将公式简化,其简化的计算公式如下:

$$计划期经营杠杆系数 = \frac{基期销售额 - 基期变动成本额}{基期息税前利润} = \frac{基期边际贡献}{基期息税前利润}$$

(三)经营杠杆与经营风险的关系

经营风险是指企业因经营上的原因而导致息税前利润变动的风险。引起企业经营风险的主要原因是市场需求、销售价格、成本水平、对价格的调整能力和固定成本所占的比重等因素的不确定性,经营杠杆本身并不是息税前利润不稳定的根源。但是,产销业务量增加时,息税前利润将以经营杠杆系数的倍数的幅度增加;而产销业务量减少时,息税前利润又将以经营杠杆系数的倍数的幅度减少。因此,经营杠杆扩大了市场和生产等不确定因素对息税前利润变动的影响。而且,经营杠杆系数越高,息税前利润变动越大,企业的经营风险也就越大。于是,企业经营风险的大小就和经营杠杆有着重要的关系。在其他因素不变的情况下,固定成本越高,经营杠杆系数越大,经营风险也就越大。

企业通常可以通过增加销售额、降低产品单位变动成本和降低固定成本比重等措施使经营杠杆系数下降,降低经营风险,但这往往会受到各种条件的制约。

三、财务杠杆

(一)财务杠杆的含义

财务杠杆是指由于固定财务费用的存在而导致普通股每股收益变动率大于息税前利润变动率的杠杆效应。固定财务费用主要是指利息。

在资本总额及其结构既定的情况下,企业需要从息税前利润中支付的债务利息通常都是固定的。当息税前利润增加时,每 1 元的利润所负担的固定财务费用就会相对减少,这就能给普通股股东带来更多的收益;反之,当息税前利润减少时,每 1 元的税前利润所负担的固定财务费用就会相对增加,这就会减少普通股股东的收益。

【例】 A,B 两公司的资本结构及普通股利润表如图表 4-6 所示。

图表 4-6

A,B 两公司的资本结构及普通股利润表

单位:元

年度	项 目	行 次	A公司	B公司
2013	普通股股数	(1)	800 000	500 000
	普通股股本(每股10元)	(2)	8 000 000	5 000 000
	债务资本(利率8%)	(3)	2 000 000	5 000 000
	资金总额	(4)=(2)+(3)	10 000 000	10 000 000
	息税前利润	(5)	1 200 000	1 200 000
	债务利息	(6)=(3)×8%	160 000	400 000
	税前利润	(7)=(5)-(6)	1 040 000	800 000
	所得税(税率25%)	(8)=(7)×25%	260 000	200 000
	净利润	(9)=(7)-(8)	780 000	600 000
	每股收益	(10)=(9)÷(1)	0.975	1.20
2014	息税前利润增长率	(11)	20%	20%
	增长后的息税前利润	(12)=(5)+(5)× (11)	1 440 000	1 440 000
	债务利息	(13)=(6)	160 000	400 000
	税前利润	(14)=(12)-(13)	1 280 000	1 040 000
	所得税(税率25%)	(15)=(14)×25%	320 000	260 000
	净利润	(16)=(14)-(15)	960 000	780 000
	每股收益	(17)=(16)÷(1)	1.20	1.56
	每股利润增长额	(18)=(17)-(10)	0.225	0.36
	每股利润增长率	(19)=(18)÷(10)	23%	30%

（二）财务杠杆的计量

在企业的筹资方式中,只要存在固定财务费用的债务,就会产生财务杠杆的杠杆效应。但是,不同企业的财务杠杆的杠杆效应各异,因此,需要采用财务杠杆系数对财务杠杆进行计量,财务杠杆系数是指普通股每股收益变动率相当于息税前利润变动率的倍数。其计算公式如下:

$$财务杠杆系数=\frac{普通股每股收益变动率}{息税前利润变动率}$$

$$普通股每股收益变动率=\frac{普通股每股收益变动额}{变动前普通股每股收益}$$

$$息税前利润变动率=\frac{息税前利润变动额}{变动前的息税前利润}$$

【例】 根据图表 4-6,2013 年和 2014 年的资料,分别计算 A,B 两个公司的财务杠杆系数如下:

$$A公司财务杠杆系数=\frac{23\%}{20\%}=1.15$$

$$B公司财务杠杆系数=\frac{30\%}{20\%}=1.50$$

计算结果显示,A 公司的财务杠杆系数为 1.15,表明普通股每股收益增长幅度是息税前利润增长幅度的 1.15 倍;B 公司的财务杠杆系数为 1.50,表明普通股每股收益增长的幅度是息税前利润增长幅度的 1.50 倍。很显然,由于 B 公司利用的债务资金较多,从而发挥了更大的财务杠杆的杠杆效应。

企业在预测计划期财务杠杆系数时,可以将公式简化,其简化的计算公式如下:

$$财务杠杆系数=\frac{基期息税前利润}{基期息税前利润-基期利息}=\frac{基期息税前利润}{基期税前利润}$$

(三)财务杠杆与财务风险的关系

财务风险又称筹资风险,它是指与企业在筹资活动中,利用财务杠杆可能导致权益资本收益下降的风险,甚至可能导致企业破产的风险。影响企业财务风险的主要因素有资金供求情况、利率水平的变化、盈利能力的变化和资本结构的变化等。

由于财务杠杆的杠杆效应,当息税前利润下降时,税后利润下降得更快,从而给企业权益资本所有者造成财务风险。财务杠杆会加大财务风险,企业举债比重越大,财务杠杆越强,财务风险就越大。

企业可以通过控制资金总额中债务资本的比重,合理安排资本结构,既要利用财务杠杆,又要防范财务风险增大所带来的不利影响。

四、复合杠杆

(一)复合杠杆的含义

复合杠杆是指企业由于固定生产经营成本和固定财务费用的共同存在而导致的普通股每股收益变动率大于产销业务量变动率的杠杆效应。

由于经营杠杆是通过产销业务量的变动而引起息税前利润的变动,而财务杠杆是通过债务资本比重的变动而引起普通股每股收益的变动,两者变动最终均会影响到普通股每股收益。倘若企业同时运用经营杠杆和财务杠杆,那么会对普通股每股收益有更大的影响。因此,可以将经营杠杆和财务杠杆综合起来的效应称为复合杠杆。

（二）复合杠杆的计量

只要企业同时存在固定的生产经营成本和固定的利息费用等财务支出,就会存在复合杠杆的杠杆效应。但是,不同企业复合杠杆的杠杆效应的程度是不完全一致的,因此,需要采用复合杠杆系数对复合杠杆效应的程度进行计量。复合杠杆系数是指普通股每股收益变动率相当于产销业务量变动率的倍数。其计算公式如下:

$$复合杠杆系数 = \frac{普通股每股收益变动率}{产销业务量变动率}$$

复合杠杆系数与经营杠杆系数、财务杠杆系数之间的关系可用公式表示如下:

$$复合杠杆系数 = 经营杠杆系数 \times 财务杠杆系数$$

企业在预测计划期复合杠杆系数时,可以将公式简化,简化的计算公式如下:

$$复合杠杆系数 = \frac{基期边际贡献}{基期息税前利润 - 基期利息} = \frac{基期边际贡献}{基期税前利润}$$

【例】　复兴股份有限公司 2014 年的销售额为 9 000 万元,变动成本为 4 500 万元,固定成本为 2 200 万元,利息为 300 万元,预测该公司 2015 年的复合杠杆系数如下:

$$复合杠杆系数 = \frac{9\,000 - 4\,500}{9\,000 - 4\,500 - 2\,200 - 300} = 2.25$$

（三）复合杠杆与复合风险的关系

复合风险是指由于复合杠杆的杠杆效应使普通股每股收益大幅度波动而造成的风险。在复合杠杆的杠杆效应下,当企业经营得当时,普通股每股收益就会大幅度上升;当企业经营失利时,普通股每股收益则会大幅度地下降,从而存在复合风险。在其他因素不变的情况下,复合杠杆系数越大,复合风险也就越大;反之,复合杠杆系数越小,复合风险也就越小。

第三节　资 本 结 构

一、资本结构概述

（一）资本结构的含义

资本结构是指企业资本总额中各种资本的构成及其比例关系。资本结构是企业筹资决策的核心问题。企业应综合考虑有关影响因素,运用适当的方法确定最佳资本结构,并在以后追加筹资中继续得以保持。企业现有资本结构不合理,应通过筹资活动进行调整,使其趋于合理化。

企业资本结构是由企业采用的各种筹资方式筹集资本而形成的,各种筹资方式不同的组合类型决定着企业资本结构及其变化。企业筹资方式虽然很多,但总的来看分为债务资本和权益资本两类,因此,资本结构问题总的来说是债务资本的比例问题,即债务资本在企业全部资本中所占的比重。

（二）资本结构中负债的意义

在企业资本结构中,合理地安排债务资本,对企业有着重要影响,其主要有以下三个方面。

1. 合理安排债务资本有利于降低企业的资金成本   企业利用债务筹集资金的利率通常低于普通股股利率,况且债务资本的利息是从税前列支的,可减少交纳所得税的数额,因此,债务资本成本明显低于权益资本成本。企业在一定的限度内增加债务资本,就可以降低企业加权平均资金成本;而减少债务资本,则会使加权平均资金成本上升。

2. 利用债务资本获取财务杠杆效应   企业承担的债务资本利息通常都是固定不变的。当企业经营得当时,息税前利润就会增大,每1元利润所负担的固定利息,就会相应减少,这能给每一股普通股股票带来更多的收益。因此,企业在息税前利润较多、增长幅度较大时,应适当地利用债务资本,发挥财务杠杆效应,以增加每股收益,从而使企业股票价格上涨。

3. 债务资本会加大企业的财务风险   企业为了获取财务杠杆效应而增加债务资本,必然增加利息等固定费用的负担。此外,由于存在财务杠杆作用,在息税前利润下降时,普通股股票每股收益下降得会更快。这些风险都是利用债务资本带来的。

（三）影响资本结构的因素

影响资本结构的因素主要有以下八个。

1. 企业产品销售情况   如果企业的产销业务量比较稳定,其盈利能力也相对稳定,则企业负担固定财务费用的能力相对较强;如果销售具有较强的周期性,则企业要负担固定的财务费用,将冒较大的财务风险。

2. 企业财务状况和信用等级   企业的财务状况良好,信用等级高,其举债筹资就比较容易。如果企业的财务状况欠佳,信用等级不高,债权人投资风险大,就会降低企业举债筹资的能力,增加举债筹资的成本。

3. 企业资产结构   不同类型的企业资产结构是不同的:① 拥有大量固定资产的企业,主要通过长期负债和发行股票筹集资金。② 拥有较多流动资产的企业,更多依赖流动负债筹集资金。③ 资产适用于抵押贷款的企业举债额较多。④ 以研发为主的企业则负债很少。

4. 企业投资者和管理层的态度   如果一个企业股权较分散,企业所有者并不担心控制权旁落,因而会更多地采用发行股票的方式来筹集资金。反之,有的企业被少数股东所控制,为了保证少数股东的绝对控制权,多采用负债方式筹集资金。具有开拓精神的管理层,可能会安排较高的负债比例;而稳健的管理层则采用较低的负债比例。

5. 行业特征   不同行业资本结构差异很大。产品市场稳定的成熟产业经营风险低,因此可提高债务资本的比重,发挥财务杠杆效应。高新技术企业的产品、技术、市场尚不成熟,经营风险大,因此要降低债务资本的比重,控制财务风险。

6. 企业发展周期   企业在不同的发展阶段,资本结构应作相应的安排。企业初创阶段,经营风险高,在资本结构安排上要控制负债比例;企业发展成熟阶段,产品产销业务量稳定和持续增长,经营风险低,可适度增加债务资本的比重,发挥财务杠杆效应;企业收缩阶段,产品市场占有率下降,经营风险加大,应降低债务资本的比重,保持企业持续经营能力,控制财务风险。

7. 税务政策   企业筹集债务资本可以获得减税利益,当所得税税率较高时,债务资本可以获得较多的减税利益;如果税率很低,则采用债务资本的减税利益就不显著。

8. 货币政策   如果企业管理层认为目前利率较低,但不久国家将执行紧缩的货币政策,市场利率将上升时,企业应大量发行长期债券,从而在若干年内将利率固定在较低的水平上。

二、资本结构优化决策

由于资本结构在一定程度上会影响企业的价值,同时又有许多因素会影响到企业资本结构的选择。因此,资本结构决策的核心就是确定最佳资本结构。

最佳资本结构是指在一定条件下,使企业的加权平均资金成本最低、企业价值最大的资本结构。在企业所需资本总额确定的前提下,最佳资本结构即指长期债务与权益资本的最佳比例。

在实际工作中,由于企业内部条件和外部环境经常发生变化,企业如何确定最佳资本结构是一个复杂和困难的问题,没有一个公认的数量化的比例标准,往往在一定程度上还要依靠有关人员的经验和主观判断。但从理论上讲,最佳资本结构是存在的,资本结构理论仍可为企业筹资决策提供有价值的参考,指导企业资本结构决策。

确定最佳资本结构的方法主要有每股收益分析法和平均资本成本比较法。

（一）每股收益分析法

每股收益分析法又称每股收益无差别点法，是指分析资本结构与每股收益之间的关系，进而来确定合理的资本结构的方法。每股收益无差别点是指在两种不同的筹资方案下，普通股每股收益相等时的息税前利润平衡点。息税前利润平衡点的计算公式如下：

$$\overline{EBIT} = \frac{N_2 \cdot I_1 - N_1 \cdot I_2}{N_2 - N_1}$$

公式中　$\overline{EBIT}$ 表示息税前利润平衡点即每股收益无差别点；

　　　　I_1、I_2 表示两种筹资方式下的债务利息；

　　　　N_1、N_2 表示两种筹资方式下的流通在外的普通股股数；

　　　　T 表示所得税税率。

根据息税前利润平衡点，可以分析判断何种销售水平与何种资本结构相适应。企业在进行息税前利润平衡点分析时，当息税前利润大于息税前利润平衡点处利润时，筹集债务资本可获得较高的每股收益。反之，当息税前利润小于息税前利润平衡点处利润时，筹集权益资本可获得较高的每股收益。每股收益越大，风险也越大。如果每股收益的增加不足以补偿风险增加所需要的报酬，尽管每股收益增加股价仍会下降。每股收益通常用 EPS 表示。

【例】 顺昌公司现有资本 8 000 万元，现因生产发展准备再筹集资本 2 000 万元。这 2 000 万元资本有两个筹集的方案，方案 1 是发行普通股股票 200 万股，每股面值 1 元，发行价 10 元；方案 2 是发行公司债券 2 000 万元筹集资本。该公司原有资本结构和筹资后的资本结构如图表4-7所示。

图表4-7

资本结构变化表

单位：万元

筹 资 方 式	原资本结构	增资后资本结构	
		增发普通股（方案1）	增发公司债券（方案2）
公司债券（利率10%）	1 200	1 200	3 200
普通股股本（每股面值1元）	500	700	500
资本公积	4 500	6 300	4 500
留存收益	1 800	1 800	1 800
资金总额	8 000	10 000	10 000
普通股股数（万股）	500	700	500

　　根据顺昌公司资本结构的变化情况,采用每股收益分析法分析资本结构普通股每股收益的影响如图表4-8所示。

　　图表4-8

<h3 style="text-align:center">两种不同资本结构下的每股收益</h3>

单位:万元

项　　　　目	增发股票(方案1)	增发公司债券(方案2)
预计增资后息税前利润($EBIT$)	1 120.00	1 120.00
减:利息	120.00	320.00
税前利润	1 000.00	800.00
减:所得税(税率为25%)	250.00	200.00
净利润	750.00	600.00
普通股股数(万股)	700.00	500.00
每股收益(EPS)(元)	1.07	1.20

　　以上分析表明,在息税前利润为1 120万元的情况下,利用增发公司债券的形式筹集资金,每股收益为1.20元,比增发普通股股票每股收益1.07元多0.13元。很显然,选择增发公司债券的筹资方案更符合筹资管理目标。

　　那么,究竟息税前利润为多少时发行普通股有利,息税前利润为多少时发行公司债券有利呢? 这就需要测算每股收益无差别点处的息税前利润。现将顺昌公司的相关资料代入计算公式,其计算结果如下:

$$\overline{EBIT} = \frac{500 \times 120 - 700 \times 320}{500 - 700} = 820(万元)$$

$$EPS_1 = \frac{(820 - 120) \times (1 - 25\%)}{700} = 0.75(元)$$

$$EPS_2 = \frac{(820 - 320) \times (1 - 25\%)}{500} = 0.75(元)$$

　　计算结果显示,当息税前利润为820万元时,增发股票(方案1)和增发公司债券(方案2)的每股收益是相等的,均为0.75元。这也表明,当息税前利润大于820万元时,筹集债务资本较为有利;当息税前利润小于820万元时,而应以发行普通股为宜,当息税前利润为820万元时,采用两种方式没有差别。顺昌公司预计息税前利润为1 120万元,因此采用发行公司债券的方式有利。

　　每股收益分析法只考虑了资本结构对每股收益的影响,并假定每股收益最大时,股票价格也最高。但将资本结构对风险的影响置于视野之外,是不全面的,因为随着负债的增加,投资者的风险加大,股票价格和企业价值也会有下降的趋势。

所以,单纯用每股收益分析法有时会作出错误的决策。

（二）平均资金成本比较法

平均资金成本比较法是指通过计算和比较各种可能的筹资组合方案的平均资本成本,选择平均资本成本的最低的资本结构的方法。

【例】 开捷公司目前有资本 1 600 万元,其中普通股股票 1 200 万元,每股面值 1 元,发行价 10 元,目前市价仍为 10 元,今年期望每股股利 1 元,预计以后每年增加股利 3%;债券 400 万元,年利率为 8%。该公司所得税税率为 25%。为了便于计算,筹资费忽略不计。该企业拟增资 400 万元,以扩大生产经营规模。现在可供选择的三个方案如下:

A方案:增加发行 400 万元债券,因负债增加,投资者风险加大,债券利率增至 10% 才能发行,预计普通股股利不变。但由于风险加大,普通股市价降至每股 8 元。

B方案:发行 200 万元债券,年利率为 10%;发行股票 20 万股,每股发行价 10 元,预计普通股股利不变。

C方案:发行 40 万股普通股股票,普通股股票每股市价 10 元,预计普通股股利不变。

先分别计算各个增资方案的加权平均资本成本如下:

（1）A 方案平均资本成本的计算 计算 A 方案的各种资本的比重、个别资本成本和平均资本成本如下:

$$W_{b_1} = \frac{400}{2\,000} \times 100\% = 20\%$$

$$W_{b_2} = \frac{400}{2\,000} \times 100\% = 20\%$$

$$W_c = \frac{1\,200}{2\,000} \times 100\% = 60\%$$

$$K_{b_1} = 8\% \times (1-25\%) = 6\%$$

$$K_{b_2} = 10\% \times (1-25\%) = 7.5\%$$

$$K_c = \frac{1}{8} + 3\% = 15.5\%$$

$$\text{A方案平均资本成本}(Kw_1) = 6\% \times 20\% + 7.5\% \times 20\% + 15.5\% \times 60\% = 13.20\%$$

（2）B 方案平均资本成本的计算 计算 B 方案的各种资本比重,个别资本成本和平均资本成本如下:

$$W_b = \frac{400+200}{2\,000} \times 100\% = 30\%$$

$$W_c = \frac{1\,200+200}{2\,000} \times 100\% = 70\%$$

$$K_b = 8\% \times (1-25\%) = 6\%$$

$$K_c = \frac{1}{10} + 3\% = 13\%$$

$$\text{B方案平均资本成本}(Kw_2) = 6\% \times 30\% + 13\% \times 70\% = 10.9\%$$

（3）C方案平均资本成本的计算　　计算 C 方案的各种资本比率、个别资本成本和资本成本如下：

$$W_b = \frac{400}{2\,000} \times 100\% = 20\%$$

$$W_c = \frac{1\,200+400}{2\,000} \times 100\% = 80\%$$

$$K_b = 8\% \times (1-25\%) = 6\%$$

$$K_c = \frac{1}{10} + 3\% = 13\%$$

$$\text{C方案平均资本成本}(Kw_3) = 6\% \times 20\% + 13\% \times 80\% = 11.6\%$$

以上计算结果显示，B 方案的平均资本成本 10.6% 为最低，因此应选用 B 方案，该方案的权益资本为 70%，债务资本为 30%。

平均资本成本比较法考虑了资本结构对风险的影响，并且通俗易懂，计算过程也不是十分复杂，是确定资本结构的一种常用方法。但是因所拟订的方案数量有限，因此有将最佳方案遗漏的可能。

思　考　题

一、简答题

1. 什么是综合资金成本？它可分为哪两种？

2. 什么是成本习性？成本按成本习性可分为哪两类？

3. 什么是杠杆效应？财务管理中有哪些杠杆效应形式？

4. 什么是经营杠杆？什么是经营风险？试述它们之间的关系。

5. 什么是财务杠杆？什么是财务风险？试述它们之间的关系。

6. 什么是复合杠杆？什么是复合风险？试述它们之间的关系。

7. 试述资本结构的含义。

8. 确定最佳资本结构有哪些方法？分述这些方法的优缺点。

二、名词解释题

1. 加权平均资金成本　　　　　　2. 边际资金成本

3. 息税前利润　　　　　　　　　4. 变动成本

5. 固定成本　　　　　　　6. 经营杠杆系数

7. 财务杠杆系数　　　　　8. 最佳资本结构

9. 每股收益分析法　　　　10. 平均资金成本比较法

三、是非题

1. 加权平均资金成本是指企业所筹集资金的平均成本,它反映了企业资金成本总体水平的高低。　　　　　　　　　　　　　　　　　　　　　　　（　　）

2. 边际资金成本是指资金每增加一个单位而增加的成本。它是企业追加筹资时所使用的加权平均成本。　　　　　　　　　　　　　　　　　　　　（　　）

3. 变动成本是指其总额随着产销业务量变动的那部分成本。但是其单位成本却保持不变。　　　　　　　　　　　　　　　　　　　　　　　　　　（　　）

4. 属于固定成本的主要有折旧费、保险费、职工薪酬和办公费等。　（　　）

5. 边际贡献是指销售收入减去销售成本以后的差额。　　　　　　　（　　）

6. 经营杠杆系数是指息税前利润变动率相当于产销业务量变动率的倍数。

　　　　　　　　　　　　　　　　　　　　　　　　　　　　　　（　　）

7. 固定成本越高,经营杠杆系数越大,经营风险也越大。　　　　　（　　）

8. 债务资本的比重越大,财务杠杆系数也就越大,表明企业运用财务杠杆的杠杆效应越多。因此企业应尽量增加债务资本的比重。　　　　　　　　　（　　）

9. 可以将经营杠杆和财务杠杆综合起来的效应称为复合杠杆。　　（　　）

10. 最佳资本结构是指在一定条件下,使企业的资金成本最低的资本结构。

　　　　　　　　　　　　　　　　　　　　　　　　　　　　　　（　　）

11. 每股收益无差别点是指在不同的筹资方案中,普通股每股收益相等时的息税前利润平衡点。　　　　　　　　　　　　　　　　　　　　　　　　（　　）

12. 平均资金成本比较法,因所拟订的方案数量有限,因此有将最佳方案遗漏的可能。　　　　　　　　　　　　　　　　　　　　　　　　　　　　（　　）

四、单项选择题

1. 不影响经营杠杆系数的是_____。

A. 固定成本　B. 利息费用　　C. 产品销售数量　D. 产品销售单价

2. 经营杠杆给企业带来了_____的风险。

A. 息税前利润下降

B. 固定成本上升

C. 产销业务量减少时,导致息税前利润减少

D. 产销业务量减少时,导致息税前利润更大幅度减少

3. 财务杠杆系数是指_____的倍数。

A. 普通股每股收益变动率相当于税前利润变动率

B. 普通股每股收益变动率相当于税后利润变动率

C. 普通股每股收益变动率相当于息税前利润变动率

D. 息税前利润变动率相当于产销业务量变动率

4. 企业的全部资本中,权益资本占60%,债务资本占40%,将会_____。

    A. 存在经营风险　　　　　　　B. 存在财务风险

    C. 存在经营风险和财务风险　　D. 经营风险与财务风险相抵消

5. 在企业所需资本结构确定的前提下,最佳资本结构即指_____。

    A. 长期债务与权益资本的最佳比例

    B. 债务资本与权益资本的最佳比例

    C. 使企业加权平均资金成本最低的资本结构

    D. 使企业加权平均资金成本最低,企业价值最大的资本结构

6. 调整资本结构并不能降低企业的_____。

    A. 风险　　　B. 财务风险　　　C. 经营风险　　　D. 资金成本

五、多项选择题

1. 影响加权平均资金成本高低的因素有_____。

    A. 资本结构　　　　　　　　　B. 筹资总额的多少

    C. 筹资期限的长短　　　　　　D. 个别资金成本的高低

2. 边际资金成本的规划通常有:_____和计算边际资金成本。

    A. 确定企业目标资本结构　　　B. 确定企业的筹资总额

    C. 测算确定个别资金成本　　　D. 计算筹资总额分界点

3. 计算边际贡献应考虑的因素有_____。

    A. 单位变动成本　　　　　　　B. 销售单价

    C. 产销业务量　　　　　　　　D. 固定成本

4. 引起企业经营风险的主要原因有:市场需求、销售价格、_____等因素
的不确定性。

    A. 边际贡献　　　　　　　　　B. 成本水平

    C. 固定成本所占的比重　　　　D. 对价格的调整能力

5. 影响企业财务风险的主要因素有:利率水平的变化、_____。

    A. 盈利能力的变化　　　　　　B. 资本结构的变化

    C. 资金供求情况　　　　　　　D. 市场需求的变化

6. 在事先确定企业资本规模的前提下,吸收一定比例的债务资本,可能产生
的结果有_____。

    A. 降低企业资金成本　　　　　B. 降低企业财务风险

    C. 提高企业经营能力　　　　　D. 加大企业财务风险

7. 只要在企业的筹资方式中有_____,就存在财务杠杆。

    A. 长期借款　B. 发行债券　　C. 融资租赁　　D. 发行普通股

8. 复合杠杆系数_____。

    A. 反映普通股每股收益随息税前利润变动的程度

    B. 反映息税前利润随产销业务量变动的程度

    C. 等于经营杠杆系数与财务杠杆系数的乘积

    D. 是指普通股每股收益变动率相当于产销业务量变动率的倍数

9. 在企业资本结构中,合理地安排债务资本,对企业的重要影响有_____。

    A. 有利于降低企业的资金成本

    B. 利用债务资本获取财务杠杆效应

    C. 债务资本会加大企业的经营风险

    D. 债务资本会加大企业的财务风险

10. 影响资本结构的因素有企业产品销售情况、企业财务状况和信用等级、税务政策、_____和企业发展周期等。

    A. 企业投资者和管理层的态度　B. 企业资产结构

    C. 货币政策　　　　　　　　　D. 行业特征

11. 确定企业最佳资本结构的方法有_____。

    A. 高低点法　　　　　　　　　B. 回归直线法

    C. 平均资金成本比较法　　　　D. 每股收益分析法

练 习 题

习 题 一

一、目的　练习资金成本的计算。

二、资料　浦光股份有限公司有关资金成本的情况如图表 4-9 所示。

图表 4-9

有关资金成本的资料

资金种类	筹资额（万元）	年利率（%）	年股利增长率(%)	所得税税率(%)	筹资费率
长期借款	1 800	7.2		25	2‰
公司债券	400	8.4		25	1.8%
普通股	3 200		3		1.5%
留存收益	600		3		

普通股每股发行价 16 元,第 1 年每股发放现金股利 1.45 元。

三、要求

1. 分别计算各种资金的个别资金成本。

2. 计算加权平均资金成本。

习 题 二

一、目的 练习边际资金成本的运用。

二、资料

1. 灵光公司目前有长期资金 2 000 万元,其中:长期债务 800 万元、普通股权益 1 200 万元,在这一资本结构中,长期债务占 40%,普通股权益占 60%,并认为这是最佳的资本结构。目前公司的加权平均资金成本为 10.2%。现公司为了扩大经营规模,准备筹集更多的资本,并要求保持原有的资本结构。

2. 该公司认为随着公司筹资规模的不断增加,各种筹资成本也会增加,并测算出随筹资额增加的各种增资方案的资金成本表,该表如图表 4-10 所示。

图表 4-10

各种增资方案资金成本表

资金种类	目标资本结构(%)	新 筹 资 额	资金成本(%)
长期债务	40	60 万元以下	6
		60 万~120 万元	7
		120 万元以上	8
普通股	60	60 万元以下	12
		60 万~150 万元	13
		150 万元以上	14

三、要求

1. 编制筹资总额分界点计算表。

2. 编制边际资金成本计算表。

习 题 三

一、目的 练习边际贡献和息税前利润等财务指标的计算。

二、资料

1. 光明机械厂只生产销售 E 产品,该厂 2014 年共生产销售 E 产品 1 000 台,每台售价 1.8 万元,单位变动成本 1 万元,固定成本 350 万元,利息支出 30 万元,所得税税率为 25%。

2. 沪东机器厂只生产 F 产品,该厂 2014 年共生产 F 产品 1 000 台,每台售价 2.5 万元,单位变动成本 1.25 万元,固定成本 600 万元,利息支出 50 万元。

三、要求 计算边际贡献、息税前利润、利润总额和净利润。

习 题 四

一、目的 练习杠杆效应的计量。

二、资料 新光股份有限公司有关资料如下:

1. 公司年度固定成本为 800 万元,变动成本率为 60%,其 2012、2013 和 2014 年的销售额分别为 2 500 万元、3 000 万元和 3 600 万元。

2. 公司有资金 4 000 万元,其中:普通股 240 万股,每股筹资额 10 元;债务资本 1 600 万元,年利率为 10%。

三、要求

1. 根据"资料 1",编制经营杠杆分析表,并据以计算 2013 和 2014 年经营杠杆系数。

2. 根据"资料 2"和"资料 1"计算的有关数据,编制资本结构及普通股利润表,并据以计算 2013 和 2014 年的财务杠杆系数。

3. 根据"资料 1"和"资料 2"计算的有关数据,计算 2013 和 2014 年的复合杠杆系数。

习 题 五

一、目的 练习资本结构决策(一)。

二、资料 大昌公司现有资金 15 000 万元。现因生产发展准备再筹集资金 5 000 万元,这 5 000 万元资金有两个筹集的方案。方案 1 是发行普通股股票 400 万股,每股面值 1 元,发行价 12.50 元;方案 2 是发行公司债券 5 000 万元。增资后的息税前利润为 2 400 万元。该公司原有的资本结构和筹资后的资本结构如图表 4-11 所示。

图表 4-11

资本结构变化表

单位:万元

筹 资 方 式	原资本结构	增资后资本结构	
		增发普通股(方案 1)	增发公司债券(方案 2)
公司债券(利率 10%)	3 000	3 000	8 000
普通股股本(每股面值 1 元)	800	1 200	800

(续表)

筹 资 方 式	原资本结构	增资后资本结构	
		增发普通股 （方案1）	增发公司债券 （方案2）
资本公积	9 200	13 800	9 200
留存收益	2 000	2 000	2 000
资金总额	15 000	20 000	20 000
普通股股数	800	1 200	800

三、要求

1. 计算增资后两种资本结构的每股收益，并据以作出决策。

2. 计算每股收益无差别点处的息税前利润，并据以进行分析。

习 题 六

一、目的 练习资本结构决策（二）。

二、资料 宏兴公司目前有资金2 000万元，其中：普通股股票1 400万元，每股面值1元，发行价10元，目前市价仍为10元，今年期望每股股利为1.10元，预计以后每年增加股利4％；债券600万元，年利率为8％。该公司所得税税率为25％。为了便于计算，筹资费忽略不计。该公司拟增资500万元以扩大生产经营规模，现在可供选择的有三个方案如下：

A方案：增加发行500万元债券，因负债增加，投资者风险加大，债券年利率增至10％才能发行，预计普通股股利不变，但由于风险加大，普通股市价降至每股9.60元。

B方案：发行300万元债券，因负债增加，投资风险加大，债券年利率增至9％，发行20万股普通股股票，每股发行价10元，预计普通股股利不变。

C方案：发行50万股普通股股票，每股发行价10元，预计普通股股利不变。

三、要求 计算各种增资方案的加权平均资金成本，并据以作出决策。

第五章 投 资

第一节 投 资 概 述

一、投资的含义

投资是指企业为获取收益而向一定对象投放资金的经济行为。企业筹资的目的是为了投资。在市场经济的条件下,企业能否将筹集到的资金投放到收益高、回收快和风险小的对象上去,对企业的生存和发展是非常重要的。在财务管理中,投资的含义与会计中投资的含义是不同的,会计上的投资仅指对企业外部资金的投放,是狭义的;而财务管理上的投资是指企业内部资金和外部资金的投放,是广义的。投资的意义主要有以下三点。

(一) 投资是企业开展生产经营活动获取收益的基础

财务管理的目标是企业价值最大化,要达到这一目标,就必须将筹资活动获取的资金,科学、合理地投放到各种资产上,积极开展生产经营活动,以获取最大的收益。企业在生产经营过程中,各种资产会逐渐被消耗和损耗,对这些资产,企业必须进行及时再投资和更新投资,才能使生产经营活动持续不断地进行。

(二) 投资是企业发展生产经营规模的手段

在市场经济条件下,面临着激烈的竞争,这就要求企业首先,对生产经营的薄弱环节追加投资,以平衡其综合生产经营能力。其次,企业要不断地开发新产品和提高产品的科技含量,以保证企业产品的更新换代;还要不断地改进生产工艺,进行技术革新,以提高产品质量、降低产品成本,并要加强对员工的继续教育,以提高他们的科学技术水平,这一切都需要追加投资。再次,企业为了在竞争中处于有利的地位,还需要不断地扩大生产经营规模,以获取规模效益,有的企业在向集团化方向发展,这就更需要不断地进行投资活动,以增强企业的经济实力。

(三) 投资是企业降低风险的方法

企业可以将资金投向其他相关的行业,实行多元化的生产经营,以分散经营风险。由于企业无法预测未来生产经营过程中发生的不确定因素,而通过投资活动,可以开展多元化的生产经营,届时经营效益好的行业的收益就可以弥补经营效益差的行业的收益,这样就能使企业有稳定的收益,降低其经营风险,所以投资是企业降低风险的方法之一。

二、投资的分类

投资有多种不同的分类,现分述之。

(一)按投资行为的介入程度不同进行分类

按投资行为的介入程度不同,可分为直接投资和间接投资。

1. 直接投资　　它是指企业将资金直接投入投资项目,形成实物资产或者购买现有企业资产的投资。企业通过资金投资,开展生产经营活动,以获取营业利润。

2. 间接投资　　它又称证券投资,是指企业将资金投向金融市场,购买股票、债券、基金等各种有价证券的投资。企业通过间接投资以获取股利、利息收入。

(二)按投资的领域不同进行分类

按投资的领域不同,可分为生产性投资和非生产性投资。

1. 生产性投资　　它是指将资金投入生产和建设等物质生产领域中,并能形成生产能力或可以产出生产资料的投资。这种投资的最终成果将形成各种生产性资产,包括固定资产、无形资产、其他资产和流动资金。其中,前三项投资属于垫支资本投资,后者属于周转资本投资。

2. 非生产性投资　　它是指将资金投入非物质生产领域中,不形成生产能力,但能形成社会消费或服务能力,满足职工的物质文化生活需要的投资。这种投资的最终结果是形成各种非生产性资产。

(三)按投资的阶段不同进行分类

按投资的阶段不同,可分为初创投资和后续投资。

1. 初创投资　　它是指在企业创建时所进行的各种投资。它是企业的原始资产,为企业开展生产经营活动创造了必备的条件。

2. 后续投资　　它是指为巩固和发展企业再生产经营所进行的各种投资。它包括为维持企业的再生产经营所进行的更新性投资、为实现扩大再生产经营和实行多元化生产经营所进行的追加性投资,以及为调整生产经营方向所进行的转移性投资。

(四)按投资方向不同进行分类

按投资的方向不同,分为对内投资和对外投资。

1. 对内投资　　它是指企业将资金投放于为取得供本企业生产经营使用的固定资产、无形资产、其他资产和垫支流动资金而形成的投资。通常,对内投资的风险要小于对外投资。

2. 对外投资　　它是指企业为购买国家及其他企业发行的有价证券或其他金融产品(包括:期货与期权、信托、保险),或以货币资金、实物资产、无形资产向其他企业注入资金而发生的投资。通常,对外投资的收益要大于对内投资。

三、投资的程序

企业的投资程序主要包括以下五个步骤。

(一)提出投资领域和投资对象

财务管理人员应在市场调查和市场分析的基础上,根据企业的长远发展战略、中长期投资计划、投资环境、生产经营的需要和市场状况,提出投资领域和投资对象。

(二)评价投资方案的财务可行性

在分析和评价特定投资方案经济和技术可行性的基础上,再进一步评价其是否具备财务可行性。

(三)投资方案的比较与选择

在财务可行性评价的基础上,对可供选择的多个投资方案进行比较分析,从中选择最优的投资方案。

(四)投资方案的执行

投资方案经批准后,应按照投资方案的需要,积极筹措投资方案所需要的资金,并着手实施投资。

(五)投资方案的再评价

在投资方案的执行过程中,应注意原来作出的投资决策是否合理,客观情况是否发生了没有预见到的变化等。一旦发生新的情况,就应随时根据变化的情况,作出新的评价和调整。

第二节　投　资　项　目

一、投资项目概述

投资项目是指以特定建设项目为对象,直接与新建项目或更新改造项目有关的长期投资行为。

(一)投资项目的特点

投资项目与其他形式的投资相比较,具有投资内容独特(每个项目都至少涉及一项固定资产投资),投资数额多、影响时间长、发生频率低、变现能力差和投资风险大的特点。

(二)项目计算期的构成

项目计算期是指投资项目从投资建设开始到最终清理结束整个过程的全部时间,包括建设期和营运期。建设期是指项目资金正式投入开始到项目建成投产为止所需要的时间;建设期的第1年年初称为建设起点,建设期的最后1年年末称为投产日。营运期是指从投资项目投产日到终结点之间的时间间隔。终结点是指项目计算期的最后 1 年年末。营运期又包括试产期和达产期两个阶段。试产期是指项目投入生产,但生产能力尚未完全达到设计能力时的过渡阶段。达产期是指生产营运达到设计预期水平后的时间。营运期一般应根据项目主要设备的经济使用寿命期确定。

(三) 投资项目的内容

从投资项目的角度看,原始投资等于企业为使该项目完全达到设计生产能力和开展正常经营而投入的全部资金。它包括建设投资和流动资金投资。

1. 建设投资 它是指在建设期内按一定生产经营规模和建设内容进行的投资。它包括固定资产投资、无形资产投资和其他资产投资。

(1) 固定资产投资 它是指投资项目用于购置或安装固定资产应当发生的投资。固定资产原值与固定资产投资之间的关系如下:

$$固定资产原值=固定资产投资+建设期资本化借款利息$$

(2) 无形资产投资 它是指投资项目用于取得无形资产应当发生的投资。

(3) 其他资产投资 它是指建设投资中除固定资产投资和无形资产投资以外的投资。它包括生产准备和开办费投资。

2. 流动资金投资 它又称营运资金投资,是指项目投产前后分次或一次投放于流动资产项目的投资增加额。

项目总投资是指反映投资项目总体规模的价值指标,它等于原始投资与建设期资本化利息之和。

(四) 投资项目资金的投入方式

原始投资的投入方式有一次投入和分次投入两种方式。一次投入方式是指投资行为集中一次发生在项目计算期第 1 年度的年初或年末;如果投资行为涉及两个或两个以上年度,或虽然只涉及一个年度,但同时在该年度的年初和年末发生,则属于分次投入方式。

【例】 沪光公司准备新建一条生产线,需要在建设起点一次投入固定资产投资 220 万元,在建设期末投入无形资产投资 20 万元,建设期为 1 年,建设期资本化利息为 10 万元,全部计入固定资产原值。流动资金投资合计为 25 万元。现计算该项目各项指标如下:

$$固定资产原值=220+10=230(万元)$$
$$建设投资=220+20=240(万元)$$
$$原始投资=240+25=265(万元)$$
$$项目总投资=265+10=275(万元)$$

二、投资项目现金流量分析

(一)现金流量概述

现金流量是指投资项目在整个投资周期(包括建设期和营运期)内所产生的现金流入和现金流出的数额。这里的现金是指广义的现金。任何一项投资项目的实施,均会在一定时期内发生现金流量,为了正确地评价各个备选的投资项目,就要求对各个项目的现金流量进行预测。

现金流量按现金的流向不同,可分为现金流入量、现金流出量和净现金流量。

(1)现金流入量 它是指投资项目实施后在整个投资周转期内收回现金的数额。单纯固定资产投资项目的现金流入量包括增加的营业收入和回收固定资产余值等内容。完整工业投资项目的现金流入量包括营业收入、回收固定资产余值和回收流动资金。

(2)现金流出量 它是指投资项目在整个投资周期内付出现金的数额。单纯固定资产投资项目的现金流出量包括固定资产投资、新增经营成本和增加的各项税额等内容。完整工业投资项目的现金流出量包括建设投资、流动资金投资、经营成本、营业税金及附加、维持运营投资和调整所得税。

(3)净现金流量 它又称现金净流量,是指投资项目的现金流入量与现金流出量之间的差额。

(二)投资项目净现金流量的计算

为了简化净现金流量的计算,可以根据项目计算期不同阶段上的现金流入量和现金流出量的具体内容,直接计算各阶段净现金流量。

1. 单纯固定资产投资项目净现金流量的计算 如果单纯固定资产投资项目的固定资产投资均在建设期内投入,则建设期净现金流量的计算公式如下:

建设期某年的净现金流量(NCF_t)=—该年发生的固定资产投资额

营运期净现金流量的计算公式如下:

$$营运期某年所得税前净现金流量(NCF_t)=该年因使用该固定资产新增的息税前利润+该年因使用该固定资产新增的折旧+该年回收的固定资产净残值$$

$$营运期某年所得税后净现金流量(NCF_t)=运营期某年所得税前净现金流量—该年因使用该固定资产新增的所得税$$

$$营运期某年使用该固定资产新增的息税前利润=该年因使用该固定资产新增的营业收入—该年因使用该固定资产新增的经营成本—$$

$$该年因使用该固定资产新增的折旧额—该年因使用该固定资产新增的营业税金及附加$$

【例】 沪东工厂新建生产流水线一条,需要一次投入资金800万元,建设期为1年,建设期资本化利息为50万元。该生产流水线可使用9年,按直线法折旧,期满有净残值 40 万元。投入使用后,可使运营期第 1~9 年每年产品销售收入(不含增值税)增加 695 万元,每年的经营成本增加 360 万元,营业税金及附加增加 5 万元,所得税税率为 25%。

(1) 计算相关指标　　具体计算如下:

项目计算期=1+9=10(年)

固定资产原值=800+50=850(万元)

年折旧额$=\dfrac{850-40}{9}=90$(万元)

营运期第 1~9 年每年息税前利润增加额$=695-360-90-5=240$(万元)

营运期第 1~9 年每年增加的调整所得税$=240\times25\%=60$(万元)

(2) 计算建设期净现金流量　　具体计算如下:

$NCF_0=-800$(万元)

$NCF_1=0$

(3) 计算营运期所得税前净现金流量　　具体计算如下:

$NCF_{2\sim9}=240+90=330$(万元)

$NCF_{10}=240+90+40=370$(万元)

(4) 计算营运期所得税后净现金流量　　具体计算如下:

$NCF_{2\sim9}=330-60=270$(万元)

$NCF_{10}=370-60=310$(万元)

2. 完整工业投资项目净现金流量的计算　　如果完整工业投资项目的全部原始投资均在建设期内投入,那么建设期净现金流量的计算公式如下:

建设期某年净现金流量=-该年原始投资额

如果项目在营运期内不追加流动资金投资,则完整工业投资项目的营运期所得税前净现金流量的计算公式如下:

营运期某年所得税前净现金流量=该年息税前利润+该年折旧额+该年摊销额+该年回收额-该年维持营运投资额

完整工业投资项目的营运期所得税后净现金流量的计算公式如下:

营运期某年所得税后净现金流量=该年息税前利润$\times(1-$所得税税率$)$+该年折旧额+该年摊销额+该年回收额-该年维持营运投资额

【例】 光华工厂一投资项目需要原始投资 1 000 万元,其中:固定资产投资 800 万元,开办费投资 20 万元,流动资金投资 180 万元,建设期为 1 年,建设期发生与购建固定资产有关的资本化利息 50 万元。固定资产投资和开办费投资于建设起点投入,流动资金于建设期末投入。该项目寿命期为 9 年,固定资产按直线法折旧,期满有 40 万元净残值;开办费于投产当年一次摊销完毕;流动资金于终结点一次回收。投产后第 1 年获息税前利润 200 万元,第 2~7 年获息税前利润 260 万元,第 8 年和第 9 年各获息税前利润 240 万元。

(1) 计算相关指标　　具体计算如下:

项目计算期 $= 1 + 9 = 10$(年)

固定资产原值 $= 800 + 50 = 850$(万元)

固定资产年折旧额 $= \dfrac{850 - 40}{9} = 90$(万元)

(2) 计算建设期净现金流量　　具体计算如下:

$NCF_0 = -(800 + 20) = -820$(万元)

$NCF_1 = -180$(万元)

(3) 计算营运期所得税前净现金流量　　具体计算如下:

$NCF_2 = 200 + 90 + 20 = 310$(万元)

$NCF_{3\sim8} = 260 + 90 = 350$(万元)

$NCF_9 = 240 + 90 = 330$(万元)

$NCF_{10} = 240 + 90 + 40 + 180 = 550$(万元)

(4) 计算营运期所得税后净现金流量　　具体计算如下:

$NCF_2 = 200 \times (1 - 25\%) + 90 + 20 = 260$(万元)

$NCF_{3\sim8} = 260 \times (1 - 25\%) + 90 = 285$(万元)

$NCF_9 = 240 \times (1 - 25\%) + 90 = 270$(万元)

$NCF_{10} = 240(1 - 25\%) + 90 + 40 + 180 = 490$(万元)

三、投资项目决策的评价方法及其应用

(一)投资项目决策评价方法的分类

投资收益的高低是投资项目决策的核心标准。常用的投资项目决策的评价方法可分为静态评价方法和动态评价方法两类。

1. 静态评价方法　　它是指在投资项目决策中不考虑资金时间价值因素的评价方法。它包括投资回收期法和投资收益率法。

2. 动态评价方法　　它是指在投资项目决策中充分考虑资金时间价值,并将

预测的各期现金流量折算为现时价值后再进行评价的方法。它包括净现值法、获利指数法和内含报酬率法。

（二）静态评价方法和动态评价方法的具体应用

1. 静态评价方法 具体表述如下：

（1）投资回收期法 它是指根据投资项目收回投资总额所需时间的长短来评价投资项目的方法。由于投资回收期越短，投资者所承担的风险就越小，因此一般选用投资回收期短的投资项目。

投资回收期的计算，因每年净现金流量的不同而有异。在每年净现金流量相等时，其计算公式如下：

$$投资回收期 = \frac{投资总额}{年净现金流量}$$

【例】 海通公司 P 投资项目需要在建设起点一次投入全部资金 900 万元，预计投产后每年净现金流量为 300 万元，计算其投资回收期如下：

$$投资回收期 = \frac{900}{300} = 3（年）$$

当年净现金流量不等时，可通过累计净现金流量计算。

【例】 龙江公司 A 投资项目需要在建设起点一次投入全部资金 1 000 万元，投产后预计净现金流量第 1 年为 310 万元，第 2 年为 350 万元，第 3 年为 400 万元，第 4 年为 150 万元，计算其投资回收期如下：

$$投资回收期 = 2 + \frac{1\,000 - 310 - 350}{400} = 2.85（年）$$

投资回收期法具有计算简便，容易理解的优点，然而由于它只考虑整个回收期的情况，却没有考虑资金时间价值和回收期以后的现金流入，这样，投资早期收益低而后期收益高的项目往往容易被忽视，从而导致放弃长期成功的投资项目。因此，这种方法仅作为决策评价的辅助方法。

（2）投资收益率法 它是指根据投资项目运营期年均息税前利润与投资总额之比的高低评价投资项目的方法。投资收益率越高，表明投资项目的盈利能力越强。其计算公式如下：

$$投资收益率 = \frac{年均息税前利润}{投资总额} \times 100\%$$

【例】 新亚公司 C 投资项目投资总额为 800 万元，投产后预计其年息税前利润第 1 年为 100 万元，第 2 年为 140 万元，第 3 年为 125 万元，第 4 年为 115 万元。计算其投资收益率如下：

$$年均息税前利润=\frac{100+140+125+115}{4}=120（万元）$$

$$投资收益率=\frac{120}{800}=15\%$$

投资收益率法简单易算,体现了投资项目的成本与息税前利润关系的优点。但其仍存在未考虑资金时间价值的缺陷,将最后1年息税前利润的价值等同于第1年息税前利润的价值,从而影响了决策的准确性。因此,这种方法通常作为决策评价的辅助方法。

2. 动态评价方法　　具体表述如下:

(1)净现值法　　它是指通过计算投资项目的净现值来反映投资的收益额,并据以进行评价决策的方法。净现值是指在投资项目计算期内,按设定的贴现率折算的投产后各年净现金流量现值合计与投资总额的现值之间的差额。

贴现率通常采用企业的资金成本率,或者采用企业期望达到的收益率。

净现值的计算公式如下:

$$净现值(NPV)=投产后各年净现金流量现值合计-投资总额的现值$$

或

$$=\sum_{t=0}^{n}\left(\begin{array}{l}投产后第\,t\,年\\的净现金流量\end{array}\times\begin{array}{l}第\,t\,年的复\\利现值系数\end{array}\right)-\sum_{t=0}^{n}\left(\begin{array}{l}第\,t\,年的\\投资额\end{array}\times\begin{array}{l}第\,t\,年的复\\利现值系数\end{array}\right)$$

对于计算的结果,如果净现值为正数,即贴现后现金流入量大于贴现后现金流出量,表明该投资项目的收益率大于预定的贴现率,应采纳该投资项目;如果净现值为零,即贴现后现金流入量等于贴现后现金流出量,表明该投资项目的收益率相当于预定贴现率,可以采纳该投资项目,也可以否决该投资项目,企业应根据具体情况确定;如果净现值为负数,即贴现后现金流入量小于贴现后现金流出量,表明该投资项目的收益率小于预定的贴现率,应予以否决。当有多个投资项目供企业选择时,应选择净现值中正数中的最大者。

【例】　龙江公司有 A,B,C 三个投资项目,A 投资项目一次投资1 000万元,B投资项目一次投资 1 200 万元,C 投资项目初始投资 900 万元,1 年后追加投资 300 万元。A,B,C 三个投资项目的建设期均为零。第1~4年的现金净流量,A 投资项目分别为200 万元、360 万元、420 万元、250 万元;B 投资项目分别为 360 万元、480 万元、500 万元、400 万元;C 投资项目每年都为 405 万元,贴现率为 10%,计算各投资项目的净现值如下:

查复利现值系数表得,贴现率在 10% 时,第 1 年复利现值系数为 0.9091;第 2年复利现值系数为 0.8264;第 3 年复利现值系数为 0.7513;第 4 年复利现值系数为 0.6830。查年金现值系数表,得贴现率在 10% 时,3 年期年金现值系数为 3.1699。

$$\begin{matrix}\text{A 投资项目投产后各年} \\ \text{净现金流量现值合计}\end{matrix} = 200 \times 0.9091 + 360 \times 0.8264 + 420 \times 0.7513 +$$

$$250 \times 0.6830 = 965.62 (万元)$$

A 投资项目投资总额的现值 $= 1\,000 \times 1 = 1\,000 (万元)$

A 投资项目净现值 $= 965.62 - 1\,000 = -34.38 (万元)$

$$\begin{matrix}\text{B 投资项目投产后各年} \\ \text{净现金流量现值合计}\end{matrix} = 360 \times 0.9091 + 480 \times 0.8264 + 500 \times 0.7513 +$$

$$400 \times 0.6830 = 1\,372.80 (万元)$$

B 投资项目投资总额的现值 $= 1\,200 \times 1 = 1\,200 (万元)$

B 投资项目净现值 $= 1\,372.80 - 1\,200 = 172.80 (万元)$

C 投资项目投产后各年净现金流量现值合计 $= 405 \times 3.1699 = 1\,283.81 (万元)$

C 投资项目投资总额的现值 $= 900 + 300 \times 0.9091 = 1\,172.78 (万元)$

C 投资项目净现值 $= 1\,283.81 - 1\,172.73 = 111.08 (万元)$

　　计算结果表明,A 投资项目的净现值为负数,应予以否决。B,C 两个投资项目的净现值均为正数,由于 B 投资项目的净现值大于 C 投资项目,因此应选择 B 投资项目。

　　净现值法的优点是考虑了资金时间价值和项目计算期内的全部净现金流量,增强了投资经济性的评价。其缺点是无法从动态的角度直接反映各投资项目的投资收益率,当各投资项目投资额不同时,难以确定最优的投资项目。

　　(2) 获利指数法　　它是指通过计算投资项目的获利指数,以反映投资的收益水平,并据以进行评价决策的方法。获利指数又称现值指数,它是指在项目计算期内按设定的贴现率折算投产后各年净现金流量的现值合计与投资总额的现值的比率。其计算公式如下:

$$获利指数(PI) = \frac{投产后各年净现金流量的现值合计}{投资总额的现值}$$

$$= \frac{\sum\limits_{t=0}^{n}(投产后第\,t\,年的现金流量 \times 该年的复利现值系数)}{\sum\limits_{t=0}^{n}(第\,t\,年的投资额 \times 该年的复利现值系数)}$$

　　【例】　根据前例,计算龙江公司 A,B,C 三个投资项目的获利指数如下:

$$A 投资项目获利指数 = \frac{965.62}{1\,000} = 0.97$$

$$B\,投资项目获利指数=\frac{1\,372.80}{1\,200}=1.14$$

$$C\,投资项目获利指数=\frac{1\,283.81}{1\,172.73}=1.09$$

计算结果表明,A 投资项目的获利指数小于 1,表示贴现后的现金流入量小于现金流出量,该投资项目达不到预定的收益水平,应予以否决。B、C 两个投资项目的获利指数均大于 1,表示贴现后的现金流入量大于现金流出量,企业的投资可以获得预期的收益水平,由于 B 投资项目的获利系数大于 C 投资项目,表示其投资收益率最高,因此应选择 B 投资项目。

获利指数法的优点是考虑了资金时间价值,能够反映各项目的投资收益水平,因此增强了不同投资额的投资项目之间的可比性。其缺点是不能反映各投资项目可获取的收益。

(3) 内含收益率法　　它又称内部收益率法,是指计算投资项目的内含收益率,以真实反映投资获利水平,并据以进行决策的方法。内含收益率是指能够使投资项目投产后的净现金流量现值合计等于投资总额的现值的贴现率,或者说能够使投资项目的净现值等于零的贴现率。

净现值法和获利指数法虽然考虑了资金时间价值,可以说明投资项目高于或低于某一特定的投资收益率,但没有揭示投资项目本身可以达到的具体的收益率。内含收益率是根据投资项目的净现金流量计算的,是投资项目本身的投资收益率。

投资项目净现金流量的模式有每年等额流入和不等额流入两种情况,这两种情况内含报酬率的计算方法是不同的,现分别予以阐述。

第一种情况采用的方法,投资项目每年净现金流量相等的内含收益率的计算。在投资项目每年净现金流量相等的情况下,首先,预测投资项目每年的净现金流量,并据以计算年金现值系数,其计算公式如下:

$$年金现值系数=\frac{投资总额的现值}{投产后每年净现金流量}$$

其次,查阅年金现值系数表,在同期内,找出与年金现值系数相邻近的两个贴现率。再次,根据相邻近的两个贴现率和算出的年金现值系数,用内插法计算投资项目的内含收益率,其计算公式如下:

$$内含收益率=r_m+(r_{m+1}-r_m)\times\frac{C_m-C}{C_m-C_{m+1}}$$

公式中　　r_m 表示低贴现率;

　　　　　r_{m+1} 表示高贴现率;

C 表示投资项目年金现值系数；

C_m 表示低贴现率对应的年金现值系数；

C_{m+1} 表示高贴现率对应的年金现值系数。

第二种情况采用的方法，投资项目每年净现金流量不等的内含收益率的计算。在投资项目每年净现金流量不等的情况下，首先，要预测投资项目各年的净现金流量。其次，采用逐步测试的方法，届时先估计一个贴现率，再用其计算投资项目的净现值。若净现值为正数，表明估计的贴现率小于投资项目的实际内含收益率，因此应提高贴现率，再计算净现值；若净现值为负数，则表明估计的贴现率大于投资项目的实际内含收益率，因此应降低贴现率，再计算净现值；经过反复计算，找到一正一负两个最接近于零的贴现率。再次，根据所找到的两个贴现率，用内插法计算投资项目的内含收益率，其计算公式如下：

$$内含收益率 = r_m + (r_{m+1} - r_m) \times \frac{NPV_m}{NPV_m - NPV_{m+1}}$$

公式中　NPV_m 表示按低贴现率计算的净现值；

NPV_{m+1} 表示按高贴现率计算的净现值。

计算结果显示，当只有一个投资项目时，若内含收益率大于或等于企业预期的投资收益率时，应采纳该投资项目；若内含收益率小于企业的预期的投资收益率，则应予以否决该投资项目。当有多个投资项目供选择时，应采用内含收益率超过预期的投资收益率最多的投资项目。

【例】　根据前例龙江公司的资料，计算 B,C 两个投资项目的内含收益率如下：

C 投资项目投产后，每年的净现金流量均为 405 万元，因此用第一种方法。

$$C 投资项目年金现值系数 = \frac{1\ 172.73}{405} = 2.8956$$

查年金现值系数表，第 4 年与 2.8956 相邻的两个年金现值系数分别为 2.9137 和 2.8550，分别指向的贴现率为 14% 和 15%。

$$C 投资项目内含收益率 = 14\% + (15\% - 14\%) \times \frac{2.9137 - 2.8956}{2.9137 - 2.8550}$$

$$= 14\% + 0.31\% = 14.31\%$$

B 投资项目每年的净现金流量不等，因此用第二种方法，现先估计贴现率为 15%，测算后现值为正数，应提高贴现率再测算，其测算方法见图表 5-1。

图表 5-1

B 投资项目内含报酬率测算表

单位：万元

年度	净现金流量	贴现率为 15%		贴现率为 16%		贴现率为 17%	
		复利现值系数	现 值	复利现值系数	现 值	复利现值系数	现 值
0		1.0000	−1 200.00	1.0000	−1 200.00	1.0000	−1 200.00
1	360	0.8696	313.06	0.8621	310.36	0.8547	307.69
2	480	0.7561	362.93	0.7432	356.74	0.7305	350.64
3	500	0.6575	328.75	0.6407	320.35	0.6244	312.20
4	400	0.5718	228.72	0.5523	220.92	0.5337	213.48
净现值	—	—	33.46	—	8.37	—	−15.99

在图表 5-1 中，先按贴现率 15% 测算，其净值为 33.46 万元；再按贴现率 16% 测算，其净现值为 8.37 万元；接着按贴现率 17% 测算，其净值为 −15.99 万元。测算的结果表明，内含收益率在 16% 与 17% 之间。然后用内插法计算内含收益率如下：

$$B 投资项目内含收益率 = 16\% + (17\% - 16\%) \times \frac{8.37}{8.37 - (-15.99)} =$$
$$16\% + 0.34\% = 16.34\%$$

计算结果表明，B 投资项目的内含收益率为 16.34%，而 C 投资项目的内含收益率为 14.31%，因此应选择内含收益率高的 B 投资项目。

内含收益率法的优点是考虑了资金时间价值，能够反映投资项目的真实收益率，因此可比性较强。其缺点是计算较为复杂。

四、固定资产更新决策

固定资产更新是指对技术上或经济上不宜继续使用的旧资产，用新的资产更换，或用先进的技术对原有设备进行局部改造。

固定资产更新决策主要研究两个问题：一个是决定是否更新，即继续使用旧资产还是更换新资产；另一个是选择固定资产更新的时机。以下分别阐述。

（一）购置新固定资产与继续使用旧固定资产的决策

1. 新旧固定资产未来使用寿命相同情况下的更新决策　　固定资产更新决策不同于一般的投资决策。通常设备的更换并不改变企业的生产能力，不增加企业的现金流入。更新决策的现金流量主要是现金流出。即使有少量的残值变价收入，也属于支出的抵减，而非实质上的流入增加。由于只有现金流出，而没有现金流入,况且新旧固定资产预计未来的使用寿命相同。因此在分析时可以采用差量分析法,先计算这两个方案的差量现金流量,然后再根据差量现金流量计算差量现金流出量的现值。

【例】　武泰公司 4 年前以 100 000 元购入设备一台,预计使用 10 年,预计残值 5 000 元,每年运行成本 26 000 元。若目前将该设备出售,可收入现金 50 000 元。现准备用市场上生产效率更高的新设备替代老设备。新设备价值 120 000 元,预计使用 6 年,预计残值 6 000 元,每年运行成本 12 000 元,贴现率为 10%。现在在这两个方案中进行决策,计算分析如下:

(1) 以新设备为标准计算差量　　以新设备为标准,计算新旧设备的差量现金流出量如下:

$$差量投资额 = 120\,000 - 50\,000 = 70\,000(元)$$

$$差量每年运行成本 = 12\,000 - 26\,000 = -14\,000(元)$$

$$差量残值 = 6\,000 - 0^① = 6\,000(元)$$

(2) 查表计算　　查表得 6 年期 10% 贴现率的年金现值系数为 4.3553,复利现值系数为 0.9091,计算新旧设备的差量现金流出量现值如下:

$$差量现金流出量现值 = 70\,000 - 14\,000 \times 4.3553 - 6\,000 \times 0.9091 = 3\,571.20(元)$$

计算结果显示,采用新设备在 6 年的运行期间将增加现金流出净值 3 571.20 元,表明仍应采用旧设备。

2. 新旧固定资产未来使用寿命不同情况下的更新决策　　企业在考虑提前进行固定资产更新时,新固定资产的使用寿命往往比其取代的固定资产的尚可使用寿命长,在这种情况下,就需要通过比较使用新旧固定资产两个方案的平均年成本,选择成本低的方案,届时,分别计算新旧固定资产现金流出的总现值,然后分摊到每一年,再进行比较。

【例】　方泰公司 3 年前以 80 000 元购入设备一台,预计使用 8 年,预计净残值 4 000 元,每年运行成本为 30 000 元。若目前将该设备出售,可收入现金 40 000 元。现准备用市场上效率更高的新设备替代老设备,新设备价值 100 000 元,预计使用 8 年,每年运行成本为 18 000元,预计净残值 5 000 元,年贴现率为 10%。现在在这两个方案中进行决策,计算分析如下:

查表得 8 年期 10% 贴现率的年金现值系数为 5.3349,复利现值系数为 0.4665;5 年期 10% 贴现率的年金现值系数为 3.7908,复利现值系数为 0.6209。

------

① 旧设备出售后就不存在残值了。

$$新设备平均年成本 = \frac{100\,000 + 18\,000 \times 5.3349 - 5\,000 \times 0.4665}{5.3349} = 36\,307.28(元)$$

$$旧设备平均年成本 = \frac{40\,000 + 30\,000 \times 3.7908 - 4\,000 \times 0.6209}{3.7908} = 39\,896.70(元)$$

计算结果显示,采用新设备的平均年成本为 36 307.28 元,比采用旧设备的平均年成本 39 896.70 元低 3 589.42 元,因此,应采用购置新设备替换老设备的方案。

（二）固定资产经济寿命决策

固定资产经济寿命又称固定资产最优更新期,它是指能够使固定资产的平均成本达到最低水平的固定资产使用寿命。

由于固定资产的使用初期运行成本较低,以后随着设备逐渐陈旧,性能变差,维护费用、修理费用和能源消耗等会逐步增加。与此同时,固定资产的价值却逐渐减少,资产占用的资金应计利息也会逐步减少。随着时间的推移,运行成本和持有成本呈反方向变化,两者之和呈马鞍形,这样必然存在一个最经济的使用寿命,即固定资产的经济寿命,它们之间的关系如图表 5-2 所示。

图表 5-2

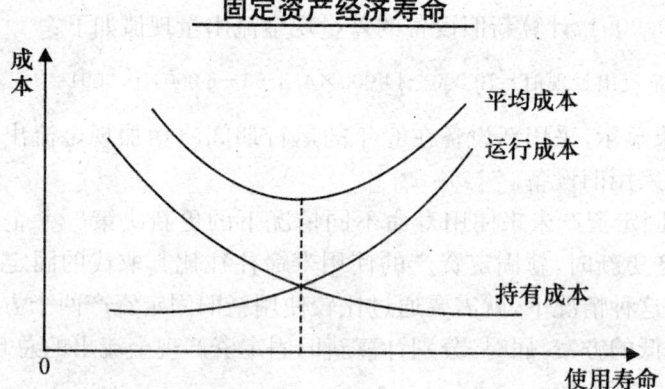

固定资产经济寿命

因此固定资产平均年成本的计算公式如下:

$$UAC = \frac{C - \dfrac{S_n}{(1+i)^n} + \sum \dfrac{C_n}{(1+i)^n}}{P/A, i, n}$$

公式中　UAC 表示固定资产平均年成本;

　　　　C 表示固定资产原值;

　　　　S_n 表示 n 年后固定资产余值(即固定资产占用的资金);

　　　　C_n 表示第 n 年运行成本;

　　　　n 表示预计使用寿命。

图表5-3

固定资产经济寿命计算表

金额单位：元

更新年限(年)	原值	余值	复利现值系数 i=10%	余值现值	运行成本	运行成本现值	更新时运行成本现值	现值总成本	年金现值系数 i=10%	平均成本
(1)	(2)	(3)	(4)	(5)=(3)×(4)	(6)	(7)=(6)×(4)	(8)=Σ(7)	(9)=(2)-(5)+(8)	(10)	(11)=(9)/(10)
1	84 000	74 000	0.9091	67 273.40	8 000	7 272.80	7 272.80	23 999.40	0.9091	26 399.08
2	84 000	64 000	0.8264	52 889.60	8 900	7 354.96	14 627.76	45 738.16	1.7355	26 354.46
3	84 000	54 000	0.7513	40 570.20	9 800	7 362.74	21 990.50	65 420.30	2.4869	26 305.96
4	84 000	44 000	0.6830	30 052.00	10 800	7 376.40	29 366.90	83 314.90	3.1699	26 283.13
5	84 000	34 000	0.6209	21 110.60	11 900	7 388.71	36 755.61	99 645.01	3.7908	26 286.01
6	84 000	24 000	0.5645	13 548.00	13 200	7 451.40	44 207.01	114 659.01	4.3553	26 326.32
7	84 000	14 000	0.5132	7 184.80	14 600	7 492.72	51 699.73	128 514.93	4.8684	26 397.78
8	84 000	4 000	0.4665	1 866.00	16 400	7 650.60	59 350.33	141 484.33	5.3349	26 520.52

【例】 西康公司有机器设备一台,原值为 84 000 元,预计可使用 8 年,预计残值 4 000 元,采用年限平均法计提折旧,8 年的运行成本依次为 8 000 元、8 900 元、9 800 元、10 800 元、11 900 元、13 200 元、14 600 元和 16 400 元,贴现率为 10%,计算该机器设备平均年成本如图表 5-3 所示。

计算结果显示,该机器设备在第 4 年的平均成本为 26 283.13 元为最低,因此其经济寿命为 4 年。

第三节　证券投资

一、证券投资概述

(一)证券投资的含义

证券是指用以证明或设定权利所做成的书面凭证,它表明证券持有人或第三者有权取得该凭证所拥有的特定权益。证券投资是指投资者将资金投资于股票、债券和基金等资产,从而获取收益的一种投资行为,它是企业投资的重要组成部分。

证券投资与固定资产投资不同。企业将资金投资于固定资产,直接用于生产经营活动,属于直接投资;而证券投资是将资金投放于有价证券等金融资产,这些资金收回后再投入生产经营活动,因此又称为间接投资。科学地进行证券投资,能增加企业收益,降低风险,有利于财务管理目标的实现。

(二)证券投资对象的分类

证券投资的对象按照投资的性质不同,可分为债券、股票和证券投资基金三类。这三类证券共有的特点是可以在证券市场上流通转让,其流动性强。

1. 债券　　它是指政府、银行或公司向社会公开筹借资金而发行的、约定在一定期限内还本付息的有价证券。按照其发行主体的不同,债券又可分为政府债券、金融债券和公司债券。

(1)政府债券　　政府债券又称国债,是指政府为解决先支后收、资金临时性短缺而由财政部发行的一种国家债务凭证。

(2)金融债券　　它是指经中央银行或政府金融管理部门批准,由银行或其他金融机构发行的债务凭证。

(3)公司债券　　它是指公司为筹集资金,经政府金融管理部门批准发行的债务凭证。

债券反映的是一种债权债务关系。债券的票面都列明了固定的利率,因此,债券收益稳定,其中政府债券由政府担保,即使是公司债券,在发行人破产时,它能先于企业股权投资收回本金,因此风险最小。

2. 股票　它是指股份有限公司经国务院证券监督机构核准,发给投资者分享股东权利和承担义务的有价证券。股票按投资者享有的权利不同,可分为普通股股票和优先股股票两种。

股票反映的是一种产权关系,投资者一旦购进公司的股票,就成了该公司的所有者。普通股股票的收益水平是随着被投资公司的经济效益的高低而上下波动的,与债券相比较,收益较高;但当被投资公司破产时,其本金收回是排在最后的,因此投资风险最大。而优先股的股利率是事先约定的,其收益通常低于普通股而高于债券,当被投资公司破产时,其本金收回排在普通股之前,因此投资风险低于普通股而高于债券。

3. 证券投资基金　它是指基金托管人经国务院证券监督机构核准,通过发行基金单位,集中投资者的资金,进行股票和债券等金融工具投资,实行利益共享,风险共担的证券。

证券投资基金反映的是一种信托关系,它不涉及所有权的转移,证券投资基金的投资在一定条件下可以赎回。证券投资基金由投资专家进行操作,按照组合投资原则进行分散投资,因此能提高投资收益,降低投资风险。证券投资基金的投资收益与投资风险介于普通股股票与债券之间。

（三）证券投资的目的
企业进行证券投资的目的主要有以下五个方面。

1. 暂时存放闲置资金　企业一般都持有一定量的证券,以替代较大量的非盈利的现金余额,并在现金流出超过现金流入时,将证券售出,以增加现金。短期证券的投资在多数情况下都是出于预防的动机,因为大多数企业都依赖银行信用来应付短期交易对现金的需要,但银行信用有时是不可靠的或不稳定的,因此,必须持有证券以防银行信用的短缺。

2. 与筹集长期资金相配合　处于成长期或扩张期的企业一般每隔一段时间就会发行长期证券(股票或企业债券)。但发行长期证券所获得的资金一般并不一次用完,而是逐渐、分次使用。这样,暂时不用的资金可投资于证券,以获取一定的收益,而当企业进行投资需要资金时,则可卖出证券,以获得现金。

3. 满足未来的财务需求　当企业在不久的将来有一笔现金需求,如建一座厂房或归还到期债务,则将现有现金投资于证券,以便到时售出,满足对现金的需要。

4. 满足季节性经营对现金的需求　从事季节性经营的企业在1年内的某些月份有剩余现金,而在另几个月则会出现现金短缺。这些企业通常在现金有剩余时购入证券,而在现金短缺时出售证券。

5. 获得对相关企业的控制权　当企业从战略上考虑要控制另外一企业时,

可以通过股票投资实现。例如,一家汽车制造企业欲控制一家钢铁公司以便获得稳定的材料供应,这时便可动用一定资金来购买钢铁企业的股票,直到其所拥有的股权能控制这家钢铁企业为止。

(四)证券投资的特征

1. 流动性强　　当企业需要现金时,可以随时将证券在金融市场上出售,其流动性明显强于实物资产。

2. 投资风险大　　由于证券的价值受政治、经济环境等各种因素的影响较大,证券投资与实物投资相比较,其具有价值不稳定、投资风险大的特点。

3. 交易成本低　　证券交易的成本明显低于实物资产。

(五)证券投资的程序

1. 选择投资对象　　企业进行证券投资时,首先要选择合适的投资对象,即选择投资于何种证券,投资于哪个企业的证券。投资对象的选择是证券投资的关键,它关系到投资的成败。投资对象选择得好,可以更好地实现投资目标;投资对象选择得不好,就有可能蒙受损失。

2. 开户与委托　　企业在进行证券买卖之前,首先要到证券营业部或证券登记机构开立证券账户。证券账户用于记载投资者进行证券买卖、拥有证券的数额和品种的情况。投资者在开户并选择好投资于哪种证券后,就可以选择合适的证券经纪人,委托其买卖证券。

3. 交割与清算　　企业委托证券经纪人买卖各种证券以后,就要及时办理证券交割与清算。证券交割与清算是指买入证券方交付价款领取证券,卖出证券方交出证券收取价款的收交活动。

4. 过户　　证券过户是指企业从交易市场买进证券后,到证券的发行公司办理变更持有人姓名的手续。证券过户一般只限于记名股票。办理过户的目的是为了保障投资者的权益。只有及时办理过户手续,才能成为新股东,享有应有的权利。

二、债券投资

(一)债券投资收益的评价

企业要进行债券投资,就必须评价债券投资的收益和风险,企业进行债券投资的目标是高收益、低风险。

通常,对于不考虑资金时间价值的各种计算收益的方法,不能将其作为投资决策的依据。比如票面利率相同的两种债券,一种每年付息,另一种到期时一次还本付息,其实际的经济利益有很大的差别,但这从票面利率上无法区分,因此票面利率不能作为评价债券收益的标准。

评价债券投资的收益水平的指标是债券价值和债券实际收益率。

1. 债券价值　　它是指债券未来现金流入的现值。债券作为一种投资，它的购买价格是债券投资的现金的流出。债券未来到期本息的收回或债券中途出售的收入是现金的流入。因此要计算债券投资价值，首先要计算债券未来现金流入的现值，只有当债券未来现金流入的现值大于债券现行的购买价格，才值得购买。

在通常情况下，债券是固定利率、每年付息一次、到期归还本金，按照这种模式，债券价值等于债券利息收入的年金现值与该债券到期收回本金的现值之和，其计算公式如下：

$$V = I \cdot \frac{1-(1+i)^{-n}}{i} + M \cdot \frac{1}{(1+i)^n}$$

公式中　V 表示债券价值；

　　　　I 表示每年的利息收入；

　　　　M 表示到期收回本金；

　　　　i 表示贴现率，通常采用市场利率或投资者期望报酬率；

　　　　n 表示债券到期年数。

对于到期一次还本付息的债券，债券价值等于债券利息收入及到期收回本金之和的现值，其计算公式如下：

$$V = (M \cdot i_0 \cdot n + M) \cdot \frac{1}{(1+i)^n}$$

公式中　i_0 表示债券票面利率。

【例】　目前市场上有两种新发行的债券，华光公司债券面值为 1 000 元，票面利率为 8%，期限为 3 年，每年付息一次，债券的市价[①]为 970 元。泰兴公司债券面值为 1 000 元，票面利率为 10%，期限为 3 年，单利计息，到期一次还本付息。债券的市价为 1 000 元，而当时的市场利率为 9%。分别计算并分析其债券价值如下：

华光公司债券价值＝(1 000×8%×2.5313)＋(1 000×0.7722)＝974.70(元)

泰兴公司债券价值＝(1 000×10%×3+1 000)×0.7722＝1 003.86(元)

以上计算结果表明，华光公司债券价值为 974.70 元，大于其购买价格 4.70 元；泰兴公司债券价值为 1 003.86 元，大于其购买价格 3.86 元，两种债券都值得购买。然而两种债券相比较，很显然，华光公司债券更值得购买。

---

① 这里是指在一级市场上新发行的债券的购买价格，若在二级市场上转让取得的债券，除了购买价格外，还应包括手续费等。

2. 债券实际收益率　　它是指债券从购买日起至到期日止所获取的收益率。债券实际收益率使未来现金流入的现值等于债券购买价格的贴现值。因此,无论是计算每年付息一次,到期还本的债券实际收益率,还是计算到期一次还本付息的债券的实际收益率,均要分别运用其债券价值的计算公式,所不同的是公式中的 V 表示债券的买进价格。在公式中不是计算 V 所代表的债券买进价值,而是计算 i 所代表的贴现率,即实际收益率。实际收益率是通过估计来测算的。当测算出来的实际收益率达到投资者预期的收益水平时,债券投资才是值得的;当测算的结果有多种债券的实际收益率达到预期的投资收益率时,在投资风险相当的前提下,应选择实际收益率高的债券进行投资。

【例】　市场上有两种新发行的债券,光明公司债券面值为 1 000 元,票面利率为 10.2%,期限为 5 年,每年付息一次,债券市价为 1 010 元。大川公司债券面值为 1 000 元,票面利率为 12.4%,期限为 5 年,到期还本付息,债券市价为 1 000 元。这两家债券发行公司的资信度高,投资风险均很小,投资企业的预期投资收益率为9.8%。分别计算并分析其债券实际收益率如下:

$$光明公司债券:1\,010 = 1\,000 \times 10.2\% \times \frac{1-(1+i)^{-5}}{i} + 1\,000 \times \frac{1}{(1+i)^5}$$

$$= 102 \times \frac{1-(1+i)^{-5}}{i} + 1\,000 \times \frac{1}{(1+i)^5}$$

设　$i=10\%$　　$102 \times \frac{1-(1+10\%)^{-5}}{10\%} + 1\,000 \times \frac{1}{(1+10\%)^5}$

$$= 102 \times 3.7908 + 1\,000 \times 0.6209 = 1\,007.56(元)$$

计算结果表明,当 $i=10\%$ 时,债券价值小于其买进价格 2.44 元(1 010 － 1 007.56),因此应进一步用 $i=9\%$ 测算,则

$$102 \times \frac{1-(1+9\%)^{-5}}{9\%} + 1\,000 \times \frac{1}{(1+9\%)^5}$$

$$= 102 \times 3.8897 + 1\,000 \times 0.6499 = 1\,046.65(元)$$

然后用内插法计算其实际收益率如下:

$$光明公司债券实际收益率 = 9\% + \frac{1\,046.65-1\,010}{1\,046.65-1\,007.56} \times 1\% = 9.94\%$$

$$大川公司债券:1\,000 = (1\,000 \times 12.4\% \times 5 + 1\,000) \times \frac{1}{(1+i)^5} = 1\,620 \times \frac{1}{(1+i)^5}$$

设　$i=10\%$

则　　　　　　　　$1\,620 \times \frac{1}{(1+10\%)^5} = 1\,620 \times 0.6209 = 1\,005.86(元)$

计算结果表明,当 $i=10\%$ 时,债券价值大于其买进价格,应进一步用 $i=11\%$ 测算,则

$$1\,620\times\frac{1}{(1+11\%)^5}=1\,620\times0.5935=961.47(元)$$

然后用内插法计算其实际收益率如下：

$$大川公司债券实际收益率=10\%+\frac{1\,005.86-1\,000}{1\,005.86-961.47}\times1\%=10.13\%$$

计算结果表明，光明公司债券的实际收益率为9.94%，大川公司债券的实际收益率为10.13%。虽然两种债券都超过了企业预期的投资收益率，且投资风险都很小，显然投资大川公司债券更有利。

（二）债券投资的风险

尽管债券的利率一般是固定的，债券投资仍然和其他投资一样是有风险的。债券投资的风险包括违约风险、利率风险、购买力风险、变现力风险和期限风险。

1. 违约风险　　它是指投资者因债券发行人无法按时支付债券利息或偿还本金而承担的风险。

财政部发行的国债，由于有政府担保，所以没有违约风险。除中央政府以外的地方政府和公司发行的债券则或多或少地有违约风险。因此，信用评估机构要对中央政府以外部门发行的债券进行评价，以反映其违约风险程度。

2. 利率风险　　它是指由于利率变动引起债券市价下跌，从而使投资者遭受损失的风险。由于债券价格会随利率变动，即使没有违约风险的国债也会有利率风险。

银行利率上升，则债券市价下跌；银行利率下降，则债券市价上升。债券持有的期限越长，其利率风险就越大。因此，长期债券的利率通常比短期债券高。减少利率风险的办法是分散债券的到期日。

3. 购买力风险　　它是指由于通货膨胀而使投资者在债券出售或到期收回现金时的实际购买力下降而承担的风险。

在通货膨胀期间，购买力风险对于投资者相当重要。一般来说，预期报酬率会上升的资产，其购买力风险会低于报酬率固定的资产。例如，房地产、普通股等投资受到的影响较小，而长期固定的债券收益受到的影响较大，前者更适合作为减少通货膨胀损失的避险工具。

4. 变现力风险　　它是指投资者无法在短期内以合理的价格出售债券收回现金而承担的风险。这就是说，如果投资者遇到另一个更好的投资机会，他想出售现有债券以便再投资，但短期内找不到愿意出合理价格的买主，要把价格降得很低才能找到买主，或者要花很长时间才能找到买主，他不是丧失新的机会就是蒙受降价损失。

5. 期限风险　　它是指由于债券期限长而给投资者带来的风险。债券投资到期日越长,投资者遭受的不确定性因素就越多,承担的风险就越大。例如,同一家公司发行的 3 年期债券要比发行 1 年期债券的风险大,这便是证券的期限风险。

（三）债券投资的优缺点

1. 债券投资的优点　　其主要表现在以下三点。

（1）本金安全性高　　债券投资与股票投资相比,债券投资风险比较小。政府发行的债券有国家财力作后盾,其本金的安全性非常高,通常视为无风险证券。公司债券的持有者拥有优先求偿权,即当公司破产时,优先于股东分得公司资产,因此,其本金损失的可能性小。

（2）收入稳定性强　　债券票面一般都标有固定利率,债券的发行人有按时支付利息的法定义务。因此,在正常情况下,投资债券都能获得比较稳定的收入。

（3）市场流动性好　　许多债券都具有较好的流动性。政府及大公司发行的债券一般都可在金融市场上迅速出售,流动性很好。

2. 债券投资的缺点　　其主要表现在以下两点。

（1）购买力风险较大　　债券的面值和利率在发行时就已确定,如果投资期间的通货膨胀率比较高,则本金和利息的购买力将不同程度地受到侵蚀,在通货膨胀率非常高时,投资者虽然名义上有收益,但实际上却有损失。

（2）没有经营管理权　　投资债券只是获得收益的一种手段,投资人无权对债券发行公司施以影响和控制。

三、股票投资

（一）股票投资的有关概念

股票有优先股与普通股之分,这里仅仅阐述普通股投资。

1. 股票价值　　购入股票可在预期的未来获得现金流入。股票的未来现金流入包括两个部分:每期预期股利和出售时得到的价格收入。

股票价值是指其预期的未来现金流入的现值。有时为了和股票的市价相区别,将股票的预期未来现金流入的现值称为股票的内在价值。它是股票的真实价值,也叫理论价值。

2. 股票价格　　股票本身是没有价值的,仅是一种凭证。它之所以有价格,可以买卖,是因为它能给持有人定期带来收益,股票价格主要由预期股利和当时的市场利率决定,即股利的资本化价值决定了股票价格。此外,股票价格还受整个经济环境变化和投资者心理等复杂因素的影响。

股市上的价格分为开盘价、收盘价、最高价和最低价等,投资者在进行股票评价时主要使用收盘价。

股票的价格会随着经济形势和公司的经营状况而升降,总的长期趋势是上升。

3. 股利　　它是股息和红利的总称。股利是公司从其净利润中分配给股东的,是公司对股东投资的一种报酬。股利是股东所有权在分配上的体现。股份公司的分配问题主要是股利分配。

4. 股票预期报酬率　　评价股票价值使用的报酬率是预期的未来的报酬率,而不是过去的实际报酬率。

股票预期报酬率由预期股利收益率和预期资本利得收益率两部分组成。预期股利收益率是指预期 1 年后股利收入与股票现在市价的比率;预期资本利得收益率是指预计 1 年后股票市价同现在股票市价之差与股票目前市价的比率。因此股票投资期望报酬率的计算公式如下:

$$R=\frac{D_1}{P_0}+\frac{P_1-P_0}{P_0}=\frac{D_1+P_1-P_0}{P_0}$$

公式中　　R 表示股票预期报酬率;

　　　　D_1 表示预期 1 年的股利收入;

　　　　P_0 表示股票买入价格;

　　　　P_1 表示股票预计 1 年后股票市价[①]。

投资者只有在当股票预期报酬率等于或高于其期望报酬率时,他才愿意进行投资。

【例】　华西股份有限公司股票现在每股市价为 10 元,预计年股利额为 1 元,预计 1 年后股票市价为 10.20 元。计算其股票预期报酬率如下:

$$R=\frac{1+10.20-10}{10}=12\%$$

(二) 股票价值的评价

股票评价的主要方法是计算其价值,然后将其与股票市价相比较,视其低于、高于或等于市价的情况,决定买入、卖出或继续持有。

1. 持有一段时期准备出售的股票价值　　这类股票价值的现金流入由持有期间的股利收入和出售股票收入两个部分组成。在每年股利收入基本不变的情况下,其股票价值的计算公式如下:

$$V=D\cdot\frac{1-(1+R)^{-n}}{R}+P_n\cdot\frac{1}{(1+R)^n}$$

公式中　　V 表示股票价值;

　　　　D 表示每年股利收入;

---

① 为了便于阐述,凡涉及的股票市价均指股票在证券市场上的牌价,在实际工作中若购进股票,除了购买价格外,还应包括手续费和税金等交易费用;若出售股票,应将出售股票价格减去手续费和税金等交易费用。

R 表示贴现率（投资者期望报酬率）；

P_n 表示预期 n 年后股票市价。

【例】 中岳股份有限公司的股票市价为 12.70 元,预计每股每年平均分派股利 1.20 元,预计 5 年后出售时市价为 15 元,公司期望报酬率为 12%。计算其股票价值如下：

$$V=1.20\times\frac{1-(1+12\%)^{-5}}{12\%}+15\times\frac{1}{(1+12\%)^5}=$$
$$1.20\times3.6048+15\times0.5674=12.84(元)$$

计算结果表明,中岳股份有限公司股票价值为 12.84 元,高于其股票市价,可以获取 12% 以上的期望报酬率。若股票价值低于市价 12.70 元,就达不到期望报酬率,不值得投资。

2. 长期持有的股票价值　　投资企业为了控制被投资公司,股票将会在被投资公司的存续期间被其长期持有,届时投资公司的现金流入是各年的股利收入,因此其股票价值为源源不断股利收入的现值之和。计算出来的股票价值若等于或者大于股票市价,表明进行投资将可达到期望报酬率,因此可以投资;反之,若小于股票市价,将达不到期望报酬率,则不值得投资。由于各种股票的成长性不同,其股票价值的计算方法也各异,现分别予以阐述。

(1) 零成长的股票价值　　零成长股票是指生产经营状况稳定的股份有限公司,其每年股利基本保持不变的股票。零成长的股票价值即股利的永续年金现值,其计算公式如下：

$$V=\frac{D}{R}$$

【例】 天成股份有限公司经营比较平稳,预计每年平均分配股利为 0.66 元,期望报酬率为 11%。计算长期持有的该股票的股票价值如下：

$$V=\frac{0.66}{11\%}=6(元)$$

(2) 固定成长的股票价值　　固定成长股票是指生产经营状况和每年股利均能按一定比例增长的股票,其股票价值的计算公式如下：

$$V=\frac{D}{R-g}$$

公式中 g 表示每年股利增长率。

【例】 天平股份有限公司股票每股股利为 0.60 元,预计每年增长 2%,期望报酬率为 12%。计算该股票的投资价值如下：

$$V = \frac{0.60 \times (1 + 2\%)}{12\% - 2\%} = 6.12(元)$$

当已知股票目前的市价,要计算股票预期报酬率时,其计算公式如下:

$$R = \frac{D}{V} + g$$

【例】　泰康股份有限公司股票每股市价为 6 元,本年度股利为 0.60 元,预计每年增长 2%,计算该股票下年度预期报酬率如下:

$$R = \frac{0.60}{6} + 2\% = 12\%$$

(3) 非固定成长的股票价值　　企业的生产经营往往一段时期零成长或成长较慢,另一段时期成长较快,其股利也随之波动,届时需要分段计算股票价值。因此,非固定成长股票价值的计算,实际上是固定成长股票价值计算的分段运用。

【例】　维海股份公司属创建初期,每股股利为 0.50 元,预计前两年每年增长 2%,以后每年增长 4%,期望报酬率为 12%。计算其股票价值如下:

计算前两年的股利现值:

第 1 年股利现值 $= (0.50 \times 102\%) \times \dfrac{1 - (1 + 12\%)^{-1}}{12\%} = 0.51 \times 0.8929 = 0.46(元)$

第 2 年股利现值 $= (0.50 \times 102\%^2) \times \dfrac{1 - (1 + 12\%)^{-2}}{12} = 0.52 \times 0.7972 = 0.41(元)$

前两年股利现值合计　　　　　　　　　　　　　　　　　　　　0.87(元)

计算第 2 年年末股票价值:

$$V_2 = \frac{D_3}{R - g_3} = \frac{D_2 \times (1 + g_3)}{R - g_3} = \frac{0.52 \times 104\%}{12\% - 4\%} = 6.76(元)$$

计算股票价值:

$$V = 0.87 + 6.76 = 7.63(元)$$

我们研究的股票投资预期报酬率和股票价值,由于所采用的数据都是假设的,因此不可能非常准确,往往与以后的实际发展情况有一定的差异。但是,这种方法是根据股票价值的差别来进行投资决策的,预测的误差只会影响其绝对值,而不会影响股票投资的优先次序。由于不可预见和被忽略的因素对于所有的股票都是相同的,因此,这种方法在股票投资决策中仍发挥着重要的作用。

3. 用市盈率确定股票的价值　　市盈率是指普通股每股市价与每股收益的比率。其反映了普通股每股市价为每股收益的倍数。市盈率的计算公式如下:

$$市盈率 = \frac{股票市价}{每股收益}$$

【例】 武宁纸业股份有限公司股票市价为 6.80 元,每股收益为 0.40 元,计算其市盈率如下:

$$市盈率 = \frac{6.80}{0.40} = 17(倍)$$

计算结果表明,武宁纸业股份有限公司股票的市盈率为 17 倍,反映了投资者愿意用投资收益的 17 倍的现金来投资该公司的股票,这是市场对武宁纸业股份有限公司股票的评价。

通常,成长性好,有发展前景行业的股票市盈率较高;而成长性差,发展前景渺茫行业的市盈率较低,因此,股票价值也可以用该股票所处行业前 3 年的平均市盈率来确定,然后将股票价值与目前股票市价进行比较,来进行投资决策,采用市盈率计算股票价值的计算公式如下:

$$股票价值 = 行业平均市盈率 \times 该股票每股收益$$

【例】 续前例,目前造纸业股份有限公司前 3 年的平均市盈率为 18 倍,计算武宁纸业股份有限公司股票价值如下:

$$股票价值 = 0.40 \times 18 = 7.20(元)$$

计算结果表明,武宁纸业股份有限公司股票价值为 7.20 元,而其市价仅为 6.80 元,低于其股票价值。若在投资风险不大于造纸业其他公司投资风险的情况下,是可以考虑进行投资的。

通常认为,股票的市盈率比较高,表明投资者对公司的未来充满信心,愿意为每 1 元盈利多付买价。这种股票的风险比较小。但是,当股市受到不正常因素干扰时,某些股票的市价被哄抬到不应有的高度,市盈率也会很高,这时的风险就会很大。

股票的市盈率比较低,表明投资者对公司的未来缺乏信心,不愿意为每 1 元盈利多付买价。这种股票的风险比较大。

(三)股票投资的优缺点

1. **股票投资的优点** 其主要表现在以下三点。

(1)投资收益高 普通股股票的价格虽然变动频繁,但从长期看优质股股票的价格总是上涨的居多,只要选择得当,都能取得优厚的投资收益。

(2)购买力风险低 普通股股票的股利不固定,在通货膨胀率比较高时,由于物价普遍上涨,股份公司盈利增加,股利的支付也随之增加。因此,与固定收益证券相比,普通股能有效地降低购买力风险。

（3）拥有经营控制权　　普通股股东属股份公司的所有者,有权监督和控制企业的生产经营情况,因此,欲控制一家企业,最好是收购这家企业的股票。

2. 股票投资的缺点　　其主要表现在以下三点。

（1）求偿权居后　　普通股股票对企业资产和盈利的求偿权均居于最后。企业破产时,持有普通股股票的股东原来的投资可能得不到全额补偿,甚至一无所有。

（2）价格不稳定　　普通股股票的价格受众多因素影响,很不稳定。政治因素、经济因素、投资者心理因素、企业的盈利情况和风险情况,都会影响股票价格,这也使股票投资具有较高的风险。

（3）收入不稳定　　普通股股利的多少,视企业经营状况和财务状况而定,其有、无、多、寡,均无法律上的保证,其收入的风险也远远大于固定收益证券。

四、基金投资

（一）投资基金的分类

投资基金按变现方式不同可分为封闭式基金和开放式基金两类。

1. 封闭式基金　　它是指基金的发起人在设立基金时,限定了基金单位的发行总额,筹集到发行总额后,基金即宣告成立,并进行封闭,在一定时期内不再接受新的投资。基金单位的流通采取在交易所上市的办法,在二级市场上进行竞价交易的一种基金。

2. 开放式基金　　它是指基金发起人在设立基金时,基金单位的总数是不固定的,可视经营策略和发展需要追加发行。投资者可根据市场状况和各自的投资决策,要求发行机构按现期净资产值扣除手续费赎回股份或受益凭证,或者再买入股份或受益凭证,增加基金单位份额的持有比例。

（二）投资基金的价值与报价

投资基金的估价涉及三个概念,即基金的价值、基金单位净值和基金报价。

基金的价值取决于基金净资产的现有价值。由于投资基金不断变换投资组合,未来的收益较难预测,再加上资本利得是投资基金的主要收益来源,变幻莫测的证券价格使得对资本利得的准确预计非常困难,因此基金的价值主要由基金现有市场价值决定。

基金单位净值是指在某一时点每一基金单位（或基金股份）所具有的市场价值。它是评价基金价值最直观的指标,其计算公式如下:

$$基金单位净值 = \frac{基金净资产价值总额}{基金单位总份数}$$

基金净资产价值总额等于基金资产总额减去基金负债总额;基金负债包括以基金名义对外融资的借款以及应付给投资者的分红和应付给基金管理人的经理

费等。

【例】 大华基金持有甲、乙、丙三种股票的数量分别为 30 万股、60 万股和 110 万股,每股市价分别为 25 元、18 元和 12 元。该基金银行存款为 900 万元;该基金的负债为应付给基金管理人经理费 100 万元、应付给投资者的分红 350 万元;已售出的基金单位为 3 000 万份。计算该基金单位净值如下:

$$基金单位净值 = \frac{30 \times 25 + 60 \times 18 + 110 \times 12 + 900 - 100 - 350}{3\ 000} = 1.20(元)$$

基金报价理论上是由基金的价值决定的。基金单位净值高,基金的交易价格也高。封闭式基金在二级市场上竞价交易,其交易价格由供求关系和基金业绩决定,围绕基金单位净值上下波动;开放式基金的柜台交易价格则完全以基金单位净值为基础,通常有两种报价形式:认购价和赎回价。

$$基金认购价 = 基金单位净值 + 基金认购费$$
$$基金赎回价 = 基金单位净值 - 基金赎回费$$

(三)基金收益率

基金收益率是反映基金增值情况的指标,它通过基金净资产的价值变化来衡量。基金净资产的价值是以市价计量的,基金净资产的市场价值增加,意味着基金的投资收益增加,基金投资者的权益也随之增加。基金收益率的计算公式如下:

$$基金收益率 = \frac{年末持有份数 \times 基金单位净值年末数 - 年初持有份数 \times 基金单位净值年初数}{年初持有份数 \times 基金单位净值年初数}$$

$$基金净资产价值总额 = 基金资产市场价值 - 负债总额$$

持有份数是指基金单位的持有份数。年初的基金单位净值相当于购买基金的本金投资,基金收益率也就相当于一种简便的投资报酬率。

【例】 天华基金公司发行开放式基金,2014 年有关资料如图表 5-4 所示。

图表 5-4

基金年初与年末的有关资料

金额单位:万元

项　目 日　期	基金资产 账面价值	负债账面 价值	基金资产 市场价值	基金单位
1 月 1 日	1 350	500	2 000	1 200 万份
12 月 31 日	1 600	600	2 580	1 500 万份

基金收取的认购费为基金净值的 6‰,赎回费为基金净值的 4‰。

(1) 计算基金年初的各项指标　　计算如下：

$$年初基金净资产价值总额＝2\,000－500＝1\,500(万元)$$

$$年初基金单位净值＝\frac{1\,500}{1\,200}＝1.25(元)$$

$$年初基金认购价＝1.25＋1.25×6‰＝1.257\,5(元)$$

$$年初基金赎回价＝1.25－1.25×4‰＝1.245(元)$$

(2) 计算基金年末的各项指标　　计算如下：

$$年末基金净资产价值总额＝2\,580－600＝1\,980(万元)$$

$$年末基金单位净值＝\frac{1\,980}{1\,500}＝1.32(元)$$

$$年末基金认购价＝1.32＋1.32×6‰＝1.327\,9(元)$$

$$年末基金赎回价＝1.32－1.32×4‰＝1.314\,7(元)$$

(3) 计算 2014 年基金收益率　　计算如下：

$$2014\,年基金收益率＝\frac{1\,500×1.32－1\,200×1.25}{1\,200×1.25}＝32\%$$

(四) 基金投资的优缺点

1. 基金投资的优点　　能不承担太大风险而获得较高收益。投资基金具有专家理财和资金规模的两大优势，回旋余地大。因此能在不承担太大风险的情况下获得较高的收益。

2. 基金投资的缺点　　其主要表现为以下两点。

(1) 无法获得很高的投资收益　　在投资基金投资组合的过程中，降低风险的同时也丧失了获得巨大收益的机会。

(2) 投资人可能承担较大的风险　　在证券投资市场整体大幅下跌的情况下，投资人可能承担较大的风险。

思 考 题

一、简答题

1. 什么是投资？试述投资的意义。

2. 试述投资的分类。

3. 试述投资的程序。

4. 什么是投资项目？它包括哪些内容？

5. 试述投资项目的现金流入量和现金流出量包括的内容。

6. 静态评价方法有哪两种方法？分述这两种方法的定义和优缺点。

7. 分述净现值法和获利指数法的定义和优缺点。

8. 什么是内含收益率法？试述其优缺点。

9. 试述企业应怎样进行固定资产经济寿命决策？

10. 试述证券投资对象的分类。

11. 试述证券投资的程序。

12. 什么是债券价值？它与债券购买价格有何区别与联系？

13. 试述债券投资的风险。

14. 试述债券投资的优缺点。

15. 什么是股票预期报酬率？它由哪两个部分组成？

16. 试述基金投资的优缺点。

二、名词解释题

1. 直接投资	2. 间接投资
3. 项目计算期	4. 建设期
5. 营运期	6. 建设投资
7. 现金流量	8. 动态评价方法
9. 净现值	10. 获利指数
11. 内含收益率	12. 固定资产经济寿命
13. 证券投资	14. 债券
15. 政府债券	16. 股票
17. 证券投资基金	18. 债券实际收益率
19. 股票价值	20. 股利
21. 预期股利收益率	22. 预期资本利得收益率
23. 零成长股票	24. 市盈率
25. 封闭式基金	26. 开放式基金

三、是非题

1. 对内投资是指企业将资金投放于为取得本企业生产经营使用的固定资产、无形资产和其他资产而形成的投资。 （　　）

2. 固定资产原值应等于固定资产投资。 （　　）

3. 流动资金投资是指项目投产前分次或一次投放于流动资产项目的投资增加额。 （　　）

4. 项目总投资是指反映投资项目总体规模的价值指标,它等于原始投资与建设期资本化利息之和。 （　　）

5. 现金流量按现金的流向不同,可分为现金流入量、现金流出量和净现金流

量。　　　　　　　　　　　　　　　　　　　　　　　　　　　（　　）

6. 完整工业投资项目的现金流出量包括建设投资、流动资金投资、经营成本、维持营运投资额和调整所得税。　　　　　　　　　　　　　　　（　　）

7. 静态评价方法是指在投资项目决策中不考虑资金时间价值因素的评价方法。　　　　　　　　　　　　　　　　　　　　　　　　　　（　　）

8. 获利指数法考虑了资金时间价值，能够反映各投资项目的投资收益水平和各投资项目可获取的收益。　　　　　　　　　　　　　　　（　　）

9. 能够使投资项目的净现值等于零的贴现率是内含收益率。　（　　）

10. 固定资产更新是指对技术上或经济上不宜继续使用的旧资产用新的资产进行更换。　　　　　　　　　　　　　　　　　　　　　　（　　）

11. 在购置新固定资产与继续使用旧固定资产的决策时，可以采用差量分析法。　　　　　　　　　　　　　　　　　　　　　　　　　　（　　）

12. 固定资产在使用过程中随着时间的推移，运行成本和持有成本呈反方向变化，两者之和呈马鞍形，这样就存在了固定资产的经济寿命。　（　　）

13. 证券是指用以证明或设定权利所做成的书面凭证，它表明证券持有人或第三者有权取得该凭证所拥有的特定权益。　　　　　　　　（　　）

14. 证券投资的对象按照投资的性质不同，可分为债券和股票两类。（　　）

15. 股票反映的是一种产权关系，投资者一旦购进公司的股票，就成了公司的所有者。　　　　　　　　　　　　　　　　　　　　　　（　　）

16. 优先股的收益通常低于普通股收益而高于债券收益，其风险也低于普通股风险而高于债券风险。　　　　　　　　　　　　　　　　（　　）

17. 证券投资基金反映的是一种信托关系，它不涉及所有权的转移，证券投资基金的投资在一定条件下可以赎回。　　　　　　　　　　　（　　）

18. 企业进行债券投资的目标是低收益、低风险。　　　　　　（　　）

19. 由于债券的票面上列有利率，因此票面利率可以作为评价债券收益的依据。　　　　　　　　　　　　　　　　　　　　　　　　　　（　　）

20. 对于每年付息一次，到期归还本金的债券，其债券价值等于债券利息收入的现值与该债券到期收回本金的现值之和。　　　　　　（　　）

21. 当测算的结果为：有多种债券的实际收益率达到预期的投资收益率时，应选择实际收益率高的债券进行投资。　　　　　　　　　　（　　）

22. 企业无论进行哪一种债券投资，均存在一定的违约风险。　（　　）

23. 在通常情况下，银行利率上升，则有价证券市价下降；银行利率下降，则有价证券市价上升。　　　　　　　　　　　　　　　　（　　）

24. 股票价值是指其预期的未来获得的现金流入量。　　　　　（　　）

25. 长期持有股票的价值为源源不断的股利收入之和。　　　　（　）

26. 股票价值也可以根据该股票所处行业前3年的平均市盈率来确定。

　　　　　　　　　　　　　　　　　　　　　　　　　　　　（　）

27. 基金单位净值是指在某一时期每一基金单位(或基金股份)所具有的市场价值。　　　　　　　　　　　　　　　　　　　　　　　（　）

四、单项选择题

1. 从投资项目的角度看,原始投资包括_____。

　　A. 固定资产投资和无形资产投资　　B. 建设投资和流动资金投资

　　C. 建设投资和无形资产投资　　　　D. 建设投资和其他资产投资

2. 在投资项目的建设起点到终结点之间的时间间隔是_____。

　　A. 建设期　　B. 营运期　　C. 项目计算期　　D. 达产期

3. 当投资项目的净现值大于零时,其获利指数_____。

　　A. 小于零　　B. 大于零　　C. 小于1　　D. 大于1

4. 当投资项目的净现值大于零时,其内部收益率_____。

　　A. 小于零　　　　　　　　　　B. 大于零

　　C. 大于预期的投资收益率　　　D. 大于1

5. 具有考虑了资金时间价值和项目计算期内的全部净现金流量的优点,而无法从动态的角度直接反映各投资项目的投资收益率的投资决策方法是_____。

　　A. 投资收益率法　　B. 净现值法　　C. 获利指数法　　D. 内含收益率法

6. 具有能反映投资项目的真实报酬率的优点而计算较为复杂的缺点的投资决策方法是_____。

　　A. 投资收益率法　　B. 净现值法　　C. 获利指数法　　D. 内含收益率法

7. 在投资项目决策评价时,选用数值小的指标是_____。

　　A. 投资回收期　　B. 净现值　　C. 投资收益率　　D. 获利指数

8. _____投资风险最小。

　　A. 债券　　B. 普通股股票　　C. 优先股股票　　D. 证券投资基金

9. 债券的购买价格是_____。

　　A. 债券价值　　　　　　　　B. 债券投资的现金流出

　　C. 债券投资收回的现金流入　　D. 债券投资的现金流入

10. 违约风险最小的是_____。

　　A. 政府债券　　B. 金融债券　　C. 企业债券　　D. 证券投资基金

11. 购买力风险最大的是_____。

　　A. 普通股股票　　B. 优先股股票　　C. 证券投资基金　　D. 债券

12. 长期持有的零成长的股票价值即股利的_____现值。

A. 普通年金　　B. 即付年金　　　C. 永续年金　　　D. 递延年金

13. 投资者在进行股票评价时主要使用股市上的_____。

A. 开盘价　　　B. 收盘价　　　　C. 最高价　　　　D. 最低价

五、多项选择题

1. 按投资行为的介入程度不同可分为_____。

A. 初创投资　　B. 后续投资　　　C. 直接投资　　　D. 间接投资

2. 投资项目与其他形式的投资相比较,具有投资内容独特、投资数额多、_____的特点。

A. 投资风险大　B. 影响时间长　　C. 发生频率低　　D. 变现能力弱

3. 建设投资包括_____。

A. 固定资产投资　　　　　　　B. 无形资产投资

C. 其他资产投资　　　　　　　D. 流动资金投资

4. 完整工业投资项目的现金流入量包括_____。

A. 营业收入　　　　　　　　　B. 回收固定资产余值

C. 回收无形资产余值　　　　　D. 回收流动资金

5. 动态评价方法主要有_____。

A. 投资收益率法　　　　　　　B. 内含收益率法

C. 净现值法　　　　　　　　　D. 获利指数法

6. 完整工业投资项目营运期某年所得税前净现金流量应考虑的因素有该年息税前利润、该年折旧额、_____。

A. 所得税税率　　　　　　　　B. 该年摊销额

C. 该年回收额　　　　　　　　D. 该年维持营运投资额

7. 获利指数法的优点有_____。

A. 增强了不同投资额的投资项目之间的可比性

B. 能够反映投资项目的真实收益率

C. 考虑了资金时间价值

D. 能够反映各投资项目的投资收益水平

8. _____仅能作为决策评价的辅助方法。

A. 净现值法　　B. 投资回收期法　C. 获利指数法　　D. 投资收益率法

9. 证券投资的目的主要有获得对相关企业的控制权、满足季节性经营对现金的需求、_____等。

A. 获得丰厚的投资收益　　　　B. 与筹集长期资金相配合

C. 暂时存放闲置资金　　　　　D. 满足未来的财务需求

10. 证券投资具有_____的特征。

A. 流动性强　　B. 投资风险大　　C. 投资收益高　　D. 交易成本低

11. 债券投资存在着利率风险、_____等风险。

A. 违约风险　　B. 变现力风险　　C. 购买力风险　　D. 期限风险

12. 债券投资具有本金安全性高、_____等优点。

A. 有优先求偿权　　　　　　B. 收入稳定性强

C. 市场流动性好　　　　　　D. 投资风险小

13. 普通股股票投资具有_____的优点。

A. 投资收益高　　　　　　　B. 购买力风险低

C. 拥有经营控制权　　　　　D. 拥有表决权

14. 基金负债包括_____。

A. 以基金名义对外融资的借款　　B. 应付给投资者的分红

C. 应付给基金管理人的经理费　　D. 以基金名义对外融资发行的债券

练 习 题

习 题 一

一、目的　练习投资项目相关指标和净现金流量的计算。

二、资料

1. 江海公司准备新建一条生产线，需要在建设起点一次投入固定资产投资250万元，在建设期末投入无形资产投资25万元。建设期为1年，建设期资本化利息为12万元，全部计入固定资产原值。流动资金投资合计为30万元。

2. 安泰工厂新建一条生产流水线，需要一次投入资金750万元。建设期为1年，建设期资本化利息为40万元。该生产流水线可使用8年，按直线法折旧，期满有净残值30万元。投入使用后，可使运营期第1~8年每年产品销售收入(不含增值税)增加800万元，每年的经营成本增加419万元，营业税金及附加增加6万元，所得税税率为25%。

3. 浦江公司一投资项目需要原始投资1 100万元，其中：固定资产投资850万元，开办费投资30万元，流动资金投资220万元。建设期为1年，建设期发生与购建固定资产有关的资本化利息64万元。固定资产和开办费于建设期起点投入，流动资金于建设期末投入。该项目寿命期为10年，固定资产按直线法折旧，期满有34万元净残值。开办费于投产当年一次摊销完毕；流动资金于终结点一次回收。投产后第1年获息税前利润220万元，第2~8年获息税前利润258万元，第9年和第10年各获息税前利润236万元。

三、要求

1. 根据"资料1",计算该公司的固定资产原值以及建设投资、原始投资和项目总投资。

2. 根据"资料2",计算该工厂的相关指标以及建设期净现金流量、营运期所得税前净现金流量和营运期所得税后净现金流量。

3. 根据"资料3",计算该公司的相关指标以及建设期净现金流量、营运期所得税前净现金流量、营运期所得税后净现金流量。

习 题 二

一、目的 练习静态评价方法。

二、资料 南方工厂R投资项目预计现金流出量为1500万元,预计现金净流量第1年为280万元,第2年为310万元,第3年为350万元,第4年为320万元,第5年为250万元,第6年为200万元;预计息税前利润第1年为331万元,第2年为366万元,第3年为413万元,第4年为379万元,第5年为296万元,第6年为237万元。

三、要求 分别计算R投资项目的投资回收期和投资收益率。

习 题 三

一、目的 练习动态评价方法。

二、资料 南桥工厂有A,B,C三个投资项目,A投资项目一次投资2000万元;B投资项目初始投资1000万元,1年后追加投资1000万元;C投资项目一次投资1600万元。第1~4年的净现金流量,A投资项目每年均为745万元;B投资项目分别为600万元、800万元、750万元和500万元;C投资项目分别为450万元、550万元、600万元和400万元。贴现率为10%。

三、要求 分别用净现值法、获利指数法和内含收益率法对A、B、C三个投资项目进行决策选择。

习 题 四

一、目的 练习固定资产更新决策。

二、资料 东吴公司有关的资料如下:

1. 该公司4年前以120000元购入设备,预计使用10年,预计残值6000元,每年运行成本35000元。若目前将该设备出售,可收入现金70000元,现准备用市场上生产效率更高的新设备替代老设备,新设备价值150000元,预计使用10年,每年运行成本20000元,预计净残值7500元,年贴现率为10%。

2. 该公司有设备一台,原值 100 000 元,预计可以使用 8 年,预计残值 4 000 元。采用年限平均法计提折旧,8 年的运行成本依次为 10 000 元、11 000 元、12 000 元、13 100 元、14 400 元、15 800 元、17 300 元和 19 000 元,贴现率为 10%。

三、要求

1. 根据"资料 1",进行购置新设备与继续使用旧设备决策。

2. 根据"资料 2",计算设备平均年成本,并据以进行固定资产经济寿命决策。

习 题 五

一、目的　练习债券投资的评价。

二、资料

1. 目前市场上有两种新发行的债券,光启公司债券面值为 1 000 元,票面利率为 9.2%,期限为 4 年,单利计息,到期一次还本付息,债券市价为 1 000 元;华安公司债券面值为 1 000 元,票面利率为 8.4%,期限为 4 年,每年付息一次,债券的市价为 1 005 元。当时的市场利率为 8%。

2. 目前市场上有两种新发行的债券,永新公司债券面值为 1 000 元,票面利率为 11%,期限为 3 年,单利计息,到期一次还本付息,债券市价为 1 000 元;泰昌公司债券面值为 1 000 元,票面利率为 10.1%,期限为 3 年,每年付息一次,债券市价为 1 005 元,投资公司预期的投资收益率为 9.6%。

三、要求

1. 根据"资料 1",用债券价值来评价长期债券投资。

2. 根据"资料 2",用债券实际收益率来评价长期债券投资。

习 题 六

一、目的　练习股票投资的评价。

二、资料

1. 定北股份有限公司现在股票市价为 8 元,预计年股利额为 0.60 元,预计 1 年后股票市价为 8.15 元。

2. 南丰股份有限公司的股票市价为 10.80 元,预计每股每年平均分派股利 0.70 元,预计 4 年后出售时市价为 14 元,公司期望报酬率为 10%。

3. 明华股份有限公司经营比较平稳,预计每年平均分配股利为 0.75 元,公司期望报酬率为 10%。

4. 庆丰股份有限公司股票每股股利为 0.60 元,预计每年增长 2.5%,公司期望报酬率为 11%。

5. 北新股份有限公司属创建初期,每股股利为 0.40 元,预计前 2 年每年增长

3%,以后每年增长 4%,公司期望报酬率为 10%。

6. 华光股份有限公司股票每股市价为 8 元,本年度股利为 0.72 元,预计每年增长 2%。

7. 长城电子股份有限公司股票市价为 12 元,每股收益为 0.60 元,目前电子业股份有限公司前 3 年的平均市盈率为 22 倍。

三、要求

1. 根据"资料 1",计算股票预期报酬率。

2. 根据"资料 2",计算股票价值。

3. 根据"资料 3"、"资料 4"和"资料 5",计算长期持有这些股票的股票价值。

4. 根据"资料 6",计算股票下年度预期报酬率。

5. 根据"资料 7",计算股票价值。

习 题 七

一、目的 练习基金各项指标的计算。

二、资料

1. 天原基金持有 A,B,C 三种股票的数量分别为 25 万股、50 万股和 100 万股,每股市价分别为 30 元、24 元和 20 元。该基金的银行存款为 1 000 万元;负债为:应付给基金管理人经理费 120 万元,应付给投资者的分红 380 万元。已售出的基金单位为 3 500 万份。

2. 华昌基金发行开放式基金,2014 年有关资料如图表 5-5 所示。基金收取的认购费为基金净值的 6‰,赎回费为基金净值的 4‰。

图表 5-5

基金年初与年末的有关资料

金额单位:万元

项 目 日 期	基金资产 账面价值	负债账面 价值	基金资产 市场价值	基金单位
1 月 1 日	1 620	608	2 400	1 400 万份
12 月 31 日	1 960	700	3 150	1 750 万份

基金收取的认购费为基金净值的 6‰,赎回费为基金净值的 4‰。

三、要求

1. 根据"资料 1",计算基金单位净值。

2. 根据"资料 2",分别计算年初和年末基金单位净值、认购价和赎回价以及 2014 年基金收益率。

第六章 营运资金

第一节 营运资金概述

一、营运资金的涵义

营运资金又称循环资金,是指一个企业维持日常经营所需要的资金,它是流动资产减去流动负债后的差额。

在企业的流动资产中,来源于流动负债的部分,由于面临债权人的短期求偿权而无法供企业在较长期限内自由运用。只有扣除流动负债以后剩余的流动资产,即营运资金,才能为企业提供一个宽裕的自由使用期间。

营运资金是企业流动资产的一个有机组成部分,因其具有较强的流动性而成为企业日常生产经营活动的润滑剂和衡量企业短期偿债能力的重要指标。企业在日常经营活动中持有一定量的营运资金非常重要。

二、营运资金的特点

营运资金的特点体现在流动资产和流动负债的特点上,现分述之。

(一)流动资产的特点

1. 投资回收期短　投资于流动资产的资金一般在 1 年或一个营业周期内收回,对企业影响的时间比较短。

2. 流动性强　随着生产经营活动的开展,流动资产从货币形态通过购进过程,表现为材料形态;材料投入生产后通过生产过程又转变为在产品形态;产品验收入库后,又转变为产成品形态;产成品通过销售过程又转变为货币形态。因此,流动资产的流动性强。

3. 具有并存性　在循环周转过程中,各种不同形态的流动资产在空间上同时并存,在时间上依次继起。因此,合理地配置流动资产各项目的比例,是保证流动资产得以顺利周转的必要条件。

4. 具有波动性　流动资产易受到企业内外环境的影响,其资金占用量的波动往往很大,财务人员应有效地预测和控制这种波动,以防止其影响企业正常的生产经营活动。

(二)流动负债的特点

1. 速度快　申请短期借款往往比申请长期借款更容易,更便捷,通常在较短时间内就能获得。

2. 弹性大 与长期债务相比,短期借款给债务人更大的灵活性。

3. 成本低 在正常情况下,短期负债筹资所发生的利息支出低于长期负债筹资的利息支出。

4. 风险高 尽管短期债务的成本低于长期债务,但由于偿还期短,其风险高于长期债务。

三、营运资金的周转

营运资金周转是指企业的营运资金从现金投入生产经营开始,至最终转化为现金的过程。营运资金周转通常与现金周转密切相关,现金的周转过程主要包括以下三个方面:① 存货周转期,它是指将原材料转化成产成品并出售所需要的时间。② 应收账款周转期,它是指将应收账款转换为现金所需要的时间。③ 应付账款周转期,它是指从收到尚未付款的材料开始到现金支出之间所占用的时间。

现金循环周期的变化会直接影响所需营运资金的数额。存货周转期和应收账款周转期越长,应付账款周转期越短,营运资金数额就越大;反之,存货周转期和应收账款周转期越短,应付账款周期越长,营运资金额就越小。此外,营运资金周转的数额还受到偿债风险、收益要求和成本约束等因素的制约。为提高营运资金周转效率,企业的营运资金应维持在既没有过度资本化又没有过量交易的水平上。过度资本化是指一个企业的营运资金远远超过其经营规模实际需要的营运资金水平。过量交易是指一个企业主要靠流动负债来支持其存货和应收账款,而出现投放在营运资金上的长期资金不足的情况的交易。

第二节 现金的管理

一、企业持有现金的动机

现金是指企业在生产经营过程中停留在货币形态的资金。它包括库存现金、银行存款和其他货币资金。

现金是企业流动资产中流动性最强、最有活力的非盈利性资产。

企业持有现金主要有以下三个动机。

(一)交易动机

交易动机是指企业在正常生产经营秩序下,应当保持一定的现金支付能力的动机。企业需要有现金支付购买原材料的价款、支付职工薪酬等各种费用、交纳税款、偿付到期债务和发放现金股利等,以满足日常生产经营活动的需要,并通过销售活动,售出商品收回现金。企业通过购进、生产和销售三个过程,使现金得以增值。然而,企业的现金收入与现金支出不可能同步进行,况且企业为了在推销产品时增强竞争力,往往为客户提供商业信用,因此,企业应持有一定数额的现金,以保证在现金收支暂时不平衡时,不影响日常各项经济往来的结算。

（二）预防动机

预防动机是指企业为了应付突发事件而需要保持一定数额的现金支付能力的动机。企业预测的现金持有额通常是指正常生产经营情况下的现金需要额。然而,企业预计的现金流量往往会发生偏差,况且由于市场行情的瞬息万变和其他各种不测因素,如水灾、火灾和生产事故等,往往会使现金收支失去平衡,所以,企业如持有预防意外情况的现金,将能更好地应付各种突发事件的发生。确定用于预防动机的现金需要额取决于以下三个方面:一是企业对现金流量预测的准确程度;二是企业临时举债能力的强弱;三是企业愿意承担现金短缺风险的程度。倘若企业预测现金流量的准确性较高,临时举债的能力较强,愿意承担现金短缺的风险较大时,用于预防动机的现金可以少一些;倘若企业预测现金流量的准确性较低,临时举债能力较弱,愿意承担现金短缺的风险较小时,用于预防动机的现金可以多一些。

（三）投机动机

投机动机是指企业为了抓住各种稍纵即逝的市场机会,获取较大利益而持有一定数额的现金的动机。企业应持有一定数额的现金,在预期有价证券行情将上涨时,及时予以购进;或者在相关行业的某些企业宣告破产后,以较低的价格出售存货或设备时,企业就可以抓住这一有利时机,予以购进,从中获取短期投资收益或较优惠的存货成本以及低价的固定资产等。

二、现金管理的目的

现金管理的目的,首先,是使企业严格按照国家的方针政策和财经制度,有计划地组织现金的收支活动。其次,做好现金流入与现金流出的预测工作和日常管理工作,使企业持有适量的现金。由于现金是能够直接充当支付手段的资产,而其盈利能力又较低,因此,既要避免为保持企业较强的支付能力和偿债能力、维护企业良好的市场信誉而拥有过多的现金,进而影响企业的经营规模和盈利能力的情况发生;又要避免片面强调经营规模和盈利能力,将过多的现金购置存货而丧失应有的支付能力和偿债能力,进而影响企业的市场信誉的情况发生。再次,有利于保护现金的安全。由于现金流动频繁,又具有广泛的流通性,容易被不法分子挪用和贪污,而通过对现金的管理可以堵塞漏洞和弊端。

三、现金预算的编制

现金预算是指反映企业预算期内由于生产经营活动、投资活动和筹资活动而引起的现金流入量、现金流出量以及现金多余或短缺额和现金融通情况的预算。通过现金预算以规划和控制企业的现金流量,提高现金的运用效率。现金预算的编制主要采取现金收支法。

现金收支法是指以预算期内可能发生的现金流入量和现金流出量为依据来编

制现金预算表的方法。用现金收支法编制的现金预算表，由经营活动产生的现金流入量、经营活动产生的现金流出量、经营活动产生的现金净流量、现金净流量、现金多余或不足额和现金融通六个部分组成。

1. 经营活动生产的现金流入量　　预算期内经营活动产生的现金流入的来源主要有销售商品、提供劳务收到的现金、收到的税费返还和收到的其他与经营活动有关的现金等三个方面。

（1）销售商品、提供劳务收到的现金　　它是指预算期内销售产品和提供劳务收到的现金，前期销售产品和提供劳务预算期内收到的现金、销售产品实际收到的增值税额，以及本期预收的账款。销售产品收到的现金，可以根据预测的产品销售额区分各种产品销售中现销与赊销各自所占的比例，再分析以赊销方式实现的销售与其货款回笼之间的间隔时间，并考虑赊销产品将会出现的现金折扣和坏账损失等因素后确定。预算期内实际收到的增值税额可以根据销售产品和提供加工、修理和修配劳务①确定的预算期收入的现金，乘以相应的增值税税率确定。预算期内若有预收账款的，还要加上预收账款。预算期内提供劳务收到的现金确定的方法与销售产品收到的现金确定的方法相比较，除了不存在发生现金折扣因素外，也要考虑现销与赊销的比例和坏账损失及预收账款的因素。

【例】　沪光公司 2014 年 9 月份完成销售产品收入 90 万元，预计 10 月、11 月份销售产品收入分别为 100 万元和 80 万元，其中现销为 60%、赊销为 40%、赊销期为 1 个月；赊销产品中有 10% 的货款在当月回笼，享有现金折扣 1%；赊销产品货款中的坏账损失率为 5‰。2015 年 9 月份完成运输业务收入 5 万元，预计 10 月、11 月份运输业务收入分别为 6 万元和 5.2 万元，其中现销为 80%、赊销为 20%，坏账损失率为 5‰。该公司无出口产品，其销售产品的增值税税率为 17%。预测 10 月、11 月份销售产品、提供劳务收到的现金如下：

10 月份收回 9 月份赊销产品收入＝90×40%(1－10%)－90×40%×5‰＝32.22(万元)
10 月份收回现销产品收入＝100×60%＝60(万元)
10 月份收回本月份赊销产品收入＝100×40%×10%(1－1%)＝3.96(万元)
10 月份销售产品收到的现金＝32.22＋60＋3.96＝96.18(万元)
10 月份销售产品实际收到的增值税额＝96.18×17%＝16.35(万元)
10 月份提供劳务收到的现金＝5×20%－5×20%×5‰＋6×80%＝5.79(万元)
10 月份销售产品、提供劳务收到的现金＝96.18＋16.35＋5.79＝118.32(万元)
11 月份收回 10 月份赊销产品收入＝100×40%×(1－10%)－100×40%×5‰＝35.8(万元)
11 月份收回现销产品收入＝80×60%＝48(万元)
11 月份收回本月份赊销产品收入＝80×40%×10%(1－1%)＝3.17(万元)

---

① 根据税法规定，提供加工、修理和修配劳务应交纳增值税，而其他劳务的提供则应交纳营业税。

11月份销售产品收到的现金＝35.8＋48＋3.17＝86.97(万元)

11月份销售产品实际收到的增值税额＝86.97×17％＝14.78(万元)

11月份提供劳务收到的现金＝6×20％－6×20％×5‰＋5.2×80％＝5.35(万元)

11月份销售产品、提供劳务收到的现金＝86.97＋14.78＋5.35＝103.10(万元)

（2）收到的税费返还　　它是指预算期内实际收到返还的增值税额和其他税费。返还的增值税额可以根据预算期内出口产品收入的现金乘以相应的减税率确定。

【例】　沪光公司无出口产品，也无其他增值税额的退回。

（3）收到的其他与经营活动有关的现金　　它是指预算期内，除了上述现金来源以外的与经营活动有关的其他的现金收入。可以根据预算期内预计的罚款现金收入、没收包装物押金收入、流动资产损失中获得赔偿的现金收入以及收取出租或出借包装物的押金等确定。

2. 经营活动产生的现金流出量　　预算期内经营活动产生的现金流出的渠道主要有购买商品、接受劳务支付的现金，支付给职工以及为职工支付的现金，支付的各项税费和支付的其他与经营活动有关的现金等四个方面。

（1）购买商品、接受劳务支付的现金　　它是指预算期内购买商品和接受劳务而支付的现金，预算期内支付前期购进商品、接受劳务的未付款项和预算期内预付的账款，以及企业购进商品等实际以现金支付的能够抵扣销项税额的进项税额。这里所指的商品是广义的商品，包括原材料、库存商品、包装物和低值易耗品等存货。购买商品支付的现金可以根据预测的存货采购额，区分各种存货采购中付现与赊购各自所占的比例，再分析以赊购方式购入的存货与支付其货款之间的间隔时间，并考虑赊购存货将会享有的现金折扣，如在预算期内有预付账款的，还要加上预付账款等因素后确定。预算期内企业以现金支付购买商品而发生的增值税进项税额可以根据已确定的预算期购买商品支付的现金，乘以相应的增值税税率确定。预算期内接受劳务支付的现金确定的方法，与购买商品支付的现金确定的方法相比较，除了不存在享有现金折扣的因素外，也要考虑付现与赊购的比例及预付账款的因素。

【例】　沪光公司2014年9月份完成存货采购额72万元，预计10月、11月份存货采购额分别为80万元和60万元，其中付现为55％，赊购为45％，赊购期为1个月；在赊购存货中，有20％在当月份支付，享有现金折扣1.5％。预测10月、11月份购买存货支付的现金如下：

10月份支付9月份赊购存货款＝72×45％×(1－20％)＝25.92(万元)

10月份采购存货付现款＝80×55％＝44(万元)

10月份支付本月份赊购存货款＝80×45％×20％×(1－1.5％)＝7.09(万元)

10月份购买存货支付的现金＝25.92＋44＋7.09＝77.01(万元)

10月份购买存货以现金支付的增值税进项税额＝77.01×17％＝13.09(万元)

10月份购买存货支付的含进项税额的现金＝77.01＋13.09＝90.10(万元)

11月份支付10月份赊购存货款＝80×45％×（1－20％）＝28.80（万元）

11月份采购存货付现款＝60×55％＝33（万元）

11月份支付本月份赊购存货款＝60×45％×20％×（1－1.5％）＝5.32（万元）

11月份购买存货支付的现金＝28.8＋33＋5.32＝67.12（万元）

11月份购买存货以现金支付的增值税进项税额＝67.12×17％＝11.41（万元）

11月份购买存货支付的含进项税额的现金＝67.12＋11.41＝78.53（万元）

（2）支付给职工以及为职工支付的现金　　它是指在预算期内实际支付给职工以及为职工支付的现金。可以根据预计支付给职工的工资、奖金、各种津贴和补贴以及为职工计提并支付的职工福利费、工会经费、职工教育经费、社会保险费和住房公积金。

（3）支付的各项税费　　它是指预算期内将支付给税务部门的各种税费。它主要包括增值税额、所得税额、营业税额、消费税额、城市维护建设税额和教育费附加等。

增值税额可以根据预算期内预测的产品销售额和提供加工、修理和修配劳务收入额乘以相应的增值税税率求得的增值税销项税额、减去预算期内预测的存货采购额乘以相应的增值税税率求得的增值税进项税额后的确定。增值税额是在次月交给税务部门的，比如预算期10月份的数额要根据报告期9月份的资料进行预测，以此类推进行计算。

【例】　沪光公司购进货物的增值税税率也是17％，根据前面有关增值税的例子计算以现金支付的增值税额如下：

10月份实际交纳给税务部门的增值税额＝90×17％－72×17％＝3.06（万元）

11月份实际交纳给税务部门的增值税额＝100×17％－80×17％＝3.40（万元）

所得税额可以根据预算期内已确定的利润总额乘以所得税率确定。税款通常是在次月交给税务部门的，比如预算期10月份的所得税额要根据报告期9月份的利润总额来预测，以此类推进行计算。

【例】　沪光公司2014年9月份利润总额为10万元，预计10月份利润总额为11万元，所得税税率为25％，预测10月、11月份支付的所得税额如下：

10月份支付的所得税额＝10×25％＝2.50（万元）

11月份支付的所得税额＝11×25％＝2.75（万元）

营业税是根据预算期内提供的应税劳务额或销售不动产额、无形资产额乘以相应的营业税税率确定。消费税的计税方法有从价定率和从量定额两种。倘若实行从价定率，应根据预算期内应税产品的销售额乘以相应的消费税税率确定；倘若实行从量定额的，则应根据预算期内应税产品的销售量，乘以相应的单位税额确定。城市维护建设税和教育费附加是根据预算期内已确定的本企业应交税务部门的增值税、营业税和消费税之和，分别乘以城市维护建设税率和教育费附加率确定。税款和教育费附加通常是在次月交纳给税务部门的，比如预算期10月份的数额要根据报告期9月份的资料预测，以此类推进行计算。

【例】 沪光公司没有交纳消费税的业务。2014 年 9 月运输业务收入 5 万元，10 月预计运输业务收入 6 万元，该业务收入的营业税税率为 5%；预测 10 月、11 月份应付税务部门增值税额分别为 3.06 万元和 3.40 万元，城市维护建设税税率为 7%，教育费附加率为 3%。预测 10 月，11 月份支付的营业税额、城市维护建设税额和教育费附加如下：

10 月份支付的营业税额＝5×5%＝0.25(万元)
10 月份支付的城市维护建设税额和教育费附加＝(3.06+0.25)×(7%+3%)＝0.33(万元)
11 月份支付的营业税额＝6×5%＝0.30(万元)
11 月份支付的城市维护建设税额和教育费附加＝(3.40+0.30)×(7%+3%)＝0.37(万元)

根据前面计算的预算期交纳的增值税额、所得税额、营业税额、城市维护建设税额和教育费附加，计算预算期支付的各项税费如下：

10 月份支付的各项税费＝3.06+2.50+0.25+0.33＝6.14(万元)
11 月份支付的各项税费＝3.40+2.75+0.30+0.37＝6.82(万元)

(4) 支付其他与经营活动有关的现金　　它是指在预算期内除了支付上述第 (1)、第 (2)、第 (3) 三个渠道以外的与经营活动有关的其他现金支出。可以根据预算期内预计的差旅费、业务招待费、保险费、修理费、捐赠现金支出、罚款现金支出及上述第 (1)、第 (2)、第 (3) 三个渠道以外的期间费用的现金支出、营业外现金支出和租入或借入包装物的押金支出等确定。

3. 经营活动产生的现金净流量　　它是指预算期内经营活动产生的现金流入量与经营活动产生的现金流出量之间的差额。若现金流入量小于现金流出量则用负号表示。

4. 现金净流量　　它是指预算期内经营活动产生的现金净流量加上投资和筹资活动产生的现金流入量，减去投资和筹资活动产生的现金流出量后取得的。

(1) 投资和筹资活动产生的现金流入量　　预算期内投资和筹资活动产生的现金流入的来源主要有：收回投资收到的现金，取得投资收益收到的现金，处置固定资产、无形资产和其他长期资产收回的现金净额，吸收投资收到的现金和借款收到的现金等五个方面。

(2) 投资和筹资活动产生的现金流出量　　预算期内投资和筹资活动产生的现金流出的渠道主要有：购建固定资产、无形资产和其他长期资产支付的现金，投资支付的现金，偿还债务支付的现金，分配股利、利润或偿付利息支付的现金和支付其他与筹资活动有关的现金等五个方面。

5. 现金多余或不足额　　它是指现金净流量加上期初现金余额，减去现金最低需要额后的余额。余额为正数，表示现金多余额；若余额为负数，表示现金不足额。

(1) 期初现金余额　　预算期期初现金余额即报告期期末现金余额。

(2) 现金最低需要额　　它是指为了防止企业销售收入的被动性以及各种不

测因素的影响而使现金预算具有一定的弹性,企业必须保留的现金余额。

6. 现金融通　　它是指对预算期企业现金多余或不足的情况,采取措施,予以调节的方法。当出现现金多余时,可用以归还银行借款或购买有价证券进行短期投资,以充分利用现金;当出现现金不足时,则应向银行借款或转让有价证券予以弥补。

用现金收支法编制的现金预算表的格式如图表 6-1 所示。

图表 6-1

现 金 预 算 表

编制单位:沪光公司　　　　　　2014 年　　　　　　　　　单位:万元

项 目	10 月份	11 月份	12 月份
一、经营活动产生的现金流入量	120.57	111.24	
其中:销售商品提供劳务收到的现金	118.32	107.10	
收到其他与经营活动有关的现金	2.25	4.14	
二、经营活动产生的现金流出量	118.73	102.65	
其中:购买商品、接受劳务支付的现金	91.12	79.29	
支付给职工以及为职工支付的现金	9.98	8.61	(略)
支付的各项税费	6.14	6.82	
支付其他与经营活动有关的现金	11.49	7.93	
三、经营活动产生的现金净流量	1.84	8.59	
加:投资、筹资活动产生的现金流入量	9.76	2.10	
其中:收回投资收到的现金	2.00		
取得投资收益收到的现金	0.56	0.10	
处置固定资产、无形资产和其他长期资产收到的现金净额	1.20		
吸收投资收到的现金	6.00		
借款收到的现金		2.00	
减:投资、筹资活动产生的现金流出量	22.40	3.44	
其中:购建固定资产、无形资产和其他长期资产支付的现金	6.00	1.10	
投资支付的现金	10.00		
偿还债务支付的现金	3.60	2.34	(略)
分配股利、利润或偿付利息支付的现金	2.80		
支付其他与筹资活动有关的现金			
四、现金净流量	-10.80	7.25	
加:期初现金余额	9.88	16.00	
减:现金最低需要额	16.00	16.00	
五、现金多余或短缺额	-16.92	7.25	
六、现金融通	16.92	-7.25	
其中:筹集银行借款	15.00		
转让有价证券	1.92		
归还银行借款		-5.00	
进行证券投资		-2.25	

四、最佳现金持有量的确定

最佳现金持有量是指所花费的代价最低，却能给企业带来最大的经济效益的现金持有量。由于现金是非盈利性资产，因此当企业持有的现金高于最佳现金持有量时，将会影响企业的经济效益。但是，当企业持有的现金低于最佳现金持有量时，将会影响企业资金的正常周转，增加其财务风险。

（一）持有现金的成本

企业持有现金的成本由机会成本、管理成本、短缺成本和转换成本组成。

1. 机会成本　　现金的机会成本是指企业因持有现金而丧失的其他形式的投资的收益。因此机会成本通常以企业的投资报酬率来表示，也可以以有价证券利率或资金成本率来表示。企业的现金持有量越多，其机会成本也就越大；反之，企业的现金持有量越少，其机会成本也就越小。

2. 管理成本　　现金的管理成本是指持有现金而发生的管理费用，如管理人员工资和安全措施费等。这些费用是现金的管理成本。管理成本是一种固定成本，与现金持有量之间无明显的比例关系。

3. 短缺成本　　现金的短缺成本是指企业因缺少必要的现金，不能应付业务开支所需，而使企业蒙受的损失或为此付出的代价。它包括丧失购买能力成本，如企业因缺少现金而不能及时购买原材料，使生产中断造成的停工损失；失去优惠折扣和信用成本，如因企业缺少现金，无力提前付款，而丧失了供货方提供的现金折扣，甚至不能在信用期内付款，影响了企业的信誉。企业的现金持有量越多，其短缺成本就越少；反之，企业的现金持有量越少，其短缺成本就越大。

4. 转换成本　　现金的转换成本是指企业因买卖有价证券而发生的交易费用，即现金同有价证券之间相互转换的成本。例如，委托买卖股票的佣金、印花税和过户费等费用以及委托转让债券的佣金等费用。企业的现金持有量越多，有价证券变现的次数就越少，其转换成本也就越小；反之，企业的现金持有量越少，有价证券变现的次数就越多，其转换成本也就越大。

（二）确定最佳现金持有量的方法

确定最佳现金持有量的方法主要有成本分析模式和存货模式。

1. 成本分析模式　　它是指根据持有现金的有关成本，分析预测其总成本最低时现金持有量的方法。

成本分析模式确定最佳现金持有量，只考虑因持有一定量的现金而产生的机会成本和短缺成本，而不考虑转换成本和管理成本。机会成本系因持有现金而丧失的再投资收益，其与现金持有量成正比例变动关系，机会成本的计算公式如下：

机会成本＝平均现金持有量×投资报酬率(或有价证券利率)

短缺成本与现金持有量呈反方向变动关系。现金成本与现金持有量之间的关系如图表 6-2 所示。

图表 6-2

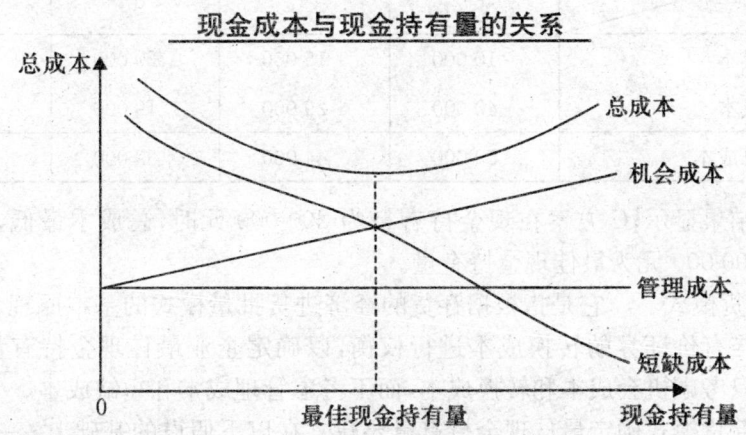

图表 6-2 显示,由于各项成本与现金持有量的变动关系不同,使总成本曲线呈抛物线形,抛物线的最低点,即为总成本最低点,该点所对应的现金持有量即为最佳现金持有量。

在实际工作中,运用成本分析模式确定最佳现金持有量时,应先分别计算出各种方案的机会成本和短缺成本之和,从中选出的相关总成本之和最低的现金持有量即为最佳现金持有量。

【例】 长江公司有 A,B,C,D 四种现金持有量备选方案,机会成本率为 10%,其他相关成本资料如图表 6-3 所示。

图表 6-3

现金持有量备选方案

单位:元

项 目 \ 方 案	A	B	C	D
现金持有量	100 000	150 000	200 000	250 000
短缺成本	40 000	29 000	19 000	16 000

根据上列资料编制该企业最佳现金持有量计算表如图表 6-4 所示。

图表 6-4

最佳现金持有量计算表

单位：元

项 目 \ 方 案	A	B	C	D
机会成本	10 000	15 000	20 000	25 000
短缺成本	40 000	29 000	19 000	16 000
相关总成本	50 000	44 000	39 000	41 000

计算结果显示，C 方案在现金持有量为 200 000 元时，总成本最低，为 39 000 元，因此 200 000 元为最佳现金持有量。

2. 存货模式　　它是指根据存货的经济进货批量模式的基本原理，将现金的机会成本与有价证券的转换成本进行权衡，以确定企业最佳现金持有量的方法。这种方法只考虑机会成本和转换成本，而不考虑管理成本和短缺成本。

运用存货模式确定最佳现金持有量要建立在以下假设的基础上：一是企业在一定时期内现金需要量比较均匀，并且可以预测；二是企业所需现金均可通过有价证券变现取得；三是有价证券的利率或报酬率已知；四是已知每次将有价证券变现的交易费用。

企业期初持有的现金最高量，通过一段时期的生产经营、投资和筹资等各种经济活动，到期末现金持有量降为零。这时，就通过转让有价证券进行补充，以恢复下一周期的现金持有量，再用于各种经济活动。如此不断地进行循环周转，从而形成了现金流动，其流动模式如图表 6-5 所示。

图表 6-5

现金流动模式

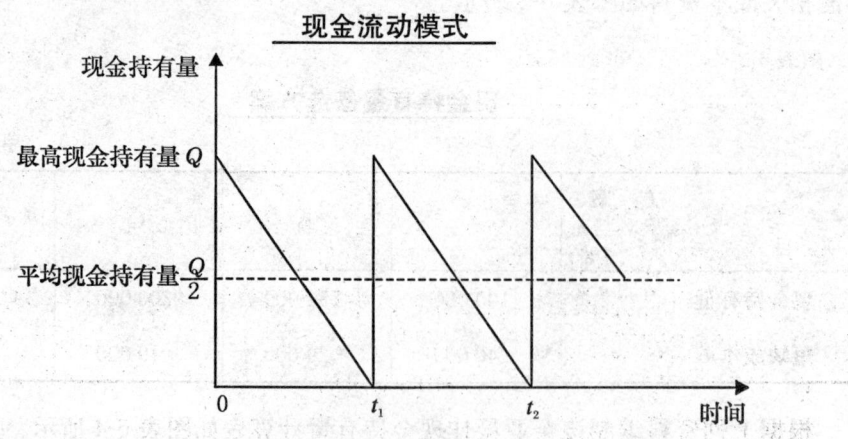

根据现金流动模式及运用存货模式的四点假设,持有现金相关总成本的计算公式如下:

$$持有现金相关总成本=机会成本+转换成本$$

$$机会成本=\frac{Q}{2} \cdot K$$

$$转换成本=\frac{T}{Q} \cdot F$$

公式中　T 表示预算期现金需要总量;

　　　　Q 表示现金持有量;

　　　　R 表示投资报酬率或有价证券利率;

　　　　F 表示有价证券每次变现的交易费用。

在总成本中,机会成本与现金持有量成反比关系,而与转换成本成正比关系,为了求得总成本最低时的现金持有量,可以用下列方法计算。

$$TC'=\frac{Q}{2} \cdot K+\frac{T}{Q} \cdot F \tag{1}$$

令　　　　　　　　　　$TC'=0$

则　　　　　　　　$\left(\frac{Q}{2} \cdot K+\frac{T}{Q} \cdot F\right)'=0$

$$\frac{K}{2}-\frac{T}{Q^2} \cdot F=0$$

$$Q^2=\frac{2TF}{K}$$

$$Q'=\sqrt{\frac{2TF}{K}} \tag{2}$$

将公式(2)代入公式(1)得:

$$TC'=\sqrt{2TFK} \tag{3}$$

公式中　Q' 表示最佳现金持有量;

　　　　TC' 表示最佳现金持有量总成本。

【例】　开泰公司预计下月份现金需要总量为 18 万元,有价证券每次变现的交易费用为0.04万元,有价证券月报酬率为 1%。分别计算其最佳现金持有量、最佳现金持有量总成本和有价证券的变现次数如下:

$$最佳现金持有量=\sqrt{\frac{2 \times 18 \times 0.04}{1\%}}=12(万元)$$

$$最佳现金持有量总成本=\sqrt{2\times18\times0.04\times1\%}=0.12(万元)$$

$$有价证券的变现次数=\frac{18}{12}=1.5(次)$$

存货模式是建立在能够预测现金流量的基础上的,然而在实际工作中,现金流量很难准确预测,因此计算的结果可以作为判断最佳现金持有量的基本标准,再根据历史经验,适当增加一定的余量。

五、现金的日常管理

企业在确定了最佳现金持有量后,还应采取各种措施,加强现金的日常管理,以保证现金的安全和完整,最大限度地发挥其效用。现金日常管理的基本内容主要包括以下两个方面。

(一)现金收入的管理

为了提高现金的使用效率,加速现金周转,企业应尽量加速账款的收回。一般来说,企业账款的收回需要经过四个时点,即客户开出付款票据、企业收到票据、票据交存银行和企业收到现金。

企业账款收回的时间包括票据邮寄时间、票据在企业停留时间以及票据结算的时间。前两个阶段所需时间的长短不但与客户、企业和银行之间的距离有关,而且与收款的效率有关。在实际工作中,缩短这两段时间的方法一般有邮政信箱法和银行业务集中法等。

1. 邮政信箱法　　邮政信箱法又称锁箱法,它是指企业在各主要城市租用专门的邮政信箱,授权当地银行每日开启信箱,取得客户票据后,立即予以结算,并将款项电汇划拨企业所有地银行,以加速现金回笼的方法。采用邮政信箱法,客户将票据直接寄给客户所在地的邮箱而不是企业总部。这不但缩短了票据邮寄时间,还免除了企业办理收账和货款存入银行等手续,因而缩短了票据邮寄以及在企业的停留时间。但采用这种方法成本较高,因为被授权开启邮政信箱的当地银行除了要求扣除相应的补偿性余额外,还要收取办理额外服务的劳务费,导致现金成本增加。因此,是否采用邮政信箱法,需视提前回笼现金产生的收益与增加的成本的大小而定。

2. 银行业务集中法　　它是指企业通过建立多个收款中心来加速现金回笼的方法。采用银行业务集中法,企业指定一个主要开户行(通常是总部所在地)为集中银行,并在收款额较集中的若干地区设立若干个收款中心,客户收到账单后直接汇给当地收款中心,中心收款后立即存入当地银行;当地银行在进行票据交换后立即转给企业总部所在银行。这种方法可以缩短客户邮寄票据所需时间和票据托收所需时间,也就缩短了现金从客户到企业的中间周转时间。但是,采用这种方法须在多处设立收账中心,从而增加了相应的费用支出。因此,企业应在权衡利弊得失的基础上,作出是否采用银行业务集中法的决策。

此外,还可以采取电汇、大额款项专人处理和企业内部往来多边结算,集中轧抵、减少不必要的银行账户等方法加速现金回笼。

(二) 现金支出的管理

与现金收入的管理相反,现金支出管理的主要任务是尽可能延缓现金的支出时间。当然,这种延缓必须是合理合法的,否则企业延期支付账款所得到的收益将远远低于由此而遭受的损失。延期支付账款的方法主要有以下三种。

1. 合理利用"浮游量"　　现金的"浮游量"是指企业账户上存款余额与银行账户上所示的存款余额之间的差额。有时,企业账户上的存款余额已为零或负数;而银行账户上的该企业的存款余额还有很多,这是因为有些企业已经开出的付款票据尚处在传递过程中,银行尚未付款出账。企业通过正确预测"浮游量"并加以利用,可以适当地减少现金持有量。

2. 推迟付款时间　　企业应在不影响信誉的情况下,尽可能推迟应付款项的支付时间。例如,供货方提供现金折扣或商业信用时,企业可以将付款日安排在折扣期或信用期的最后一天。

3. 采用汇票付款　　企业在使用支票付款时,只要受票人将支票存入银行,付款人就要无条件地付款。但汇票不是"见票即付"的付款方式,在受票人将汇票送达银行后,银行要将汇票送交付款人承兑,并由付款人将一笔相当于汇票金额的资金存入银行,银行才会付款给受票人,这样就有可能合法地延期付款。

第三节　应收账款的管理

一、应收账款的功能

应收账款是指企业因赊销产品、材料和提供劳务等业务,应向购货单位及接受劳务单位收取的款项。

应收账款的功能是指应收账款在企业生产经营中所具有的作用。它主要有以下两项功能。

(一) 促进销售

企业销售产品时有现销方式与赊销方式。现销方式最大的优点是立即收回账款。这样既能避免坏账损失,又能及时地将收回的账款投入再生产,因此,这种方式是企业最期望的销售方式。

然而,在竞争激烈的市场经济条件下,由于采取赊销方式,企业在销售产品的同时,向买方提供了商业信用,这对于购货方来说具有极大的吸引力。因此,赊销是一种重要的促销手段,对于企业销售产品、开拓并占领市场具有重要的意义。

（二）减少存货

赊销可以加速产品销售的实现，加快产成品向销售收入的转化速度，从而对降低存货中的产成品数量有着积极的影响。这有利于缩短产成品的库存时间，降低产成品存货的管理费用、仓储费用和保险费用等各方面的支出。因此，当产成品存货较多时，企业可以采用较为优惠的信用条件进行赊销，尽快地实现产成品存货向销售收入的转化，变持有产成品存货为持有应收账款，以节约各项存货支出。

二、应收账款的成本

应收账款的成本是指企业在采取赊销方式促进销售的同时，因持有应收账款而付出的一定代价。它包括机会成本、管理成本和坏账成本。

（一）机会成本

应收账款的机会成本是指由于企业将资金投放于应收账款而丧失的其他收入，如投资于债券，就会有利息收入。应收账款机会成本的大小与企业维持赊销业务所需要的资金和资金成本率（或有价证券利率）有密切的关系，其计算公式如下：

$$应收账款机会成本 = 维持赊销业务所需要的资金 \times 资金成本率$$

$$\frac{维持赊销业务}{所需要的资金} = \frac{应收账款}{平均余额} \times \frac{变动成本}{销售收入} = \frac{应收账款}{平均余额} \times 变动成本率$$

$$\frac{应收账款}{平均余额} = \frac{年赊销额}{360 天} \times \frac{平均收}{账天数} = \frac{平均每日}{赊 销 额} \times \frac{平均收}{款天数}$$

【例】 天恒公司预测年赊销额为 2 520 000 元，应收账款平均收账天数为 55 天，变动成本率为 60%，资金成本率为 10%。计算其应收账款机会成本如下：

$$应收账款平均余额 = \frac{2\,520\,000}{360} \times 55 = 385\,000（元）$$

$$维持赊销业务所需要的资金 = 385\,000 \times 60\% = 231\,000（元）$$

$$应收账款机会成本 = 231\,000 \times 10\% = 23\,100（元）$$

计算结果显示，企业投放 231 000 元的资金，可维持 2 520 000 元的赊销业务，相当于垫支资金近 11 倍。这一较高的倍数主要取决于应收账款的收账速度。通常，应收账款平均收账天数越多，维持相同赊销额所需要的资金就越大。而应收账款机会成本在很大程度上取决于企业维持赊销业务所需要的资金。

（二）管理成本

应收账款的管理成本是指企业对应收账款进行管理而发生的费用。它主要有调查客户信用情况的费用、收集各种信息的费用和逾期催收账款的费用。企业的应收账款越多，投入调查客户信用、收集信息以及催收账款的人力、物力和财力也就越多，从而其管理成本也就越大。

（三）坏账成本

应收账款的坏账成本是指由于债务人破产、解散以及其他各种原因而无法收回应收账款所造成的损失。坏账成本对企业来说是一种不可避免的成本,应收账款金额越大,逾期拖欠越久,坏账成本就越大。

三、信用标准的确定

信用标准是指客户获得企业商业信用所应具备的最低条件,通常以预期的坏账损失率表示。影响信用标准的因素有:同行业竞争对手的情况、企业承担风险的能力和客户的资信程度。如果企业将信用标准定得过高,将使不少客户因信用品质达不到所设定标准而被企业拒之门外,这样虽然降低了违约风险和收账费用,却不利于企业市场竞争能力的提高和销售收入的扩大;反之,如果企业将信用标准定得过低,虽然有利于企业扩大销售,提高了市场竞争力,但会导致坏账损失和收账费用的增加。因此,企业应在权衡成本与收益的基础上确定适当的信用标准。

(一)设定信用等级的评价标准

以具有代表性的、能够说明付款能力和财务状况的若干比率,如流动比率、速动比率、应收账款平均收账天数、存货周转率、产权比率和赊购付款履约情况等,作为信用风险指标,根据近几年内最坏年景的情况,分别找出信用好和信用差两类客户的上述比率的平均值,以此作为比较其他客户的信用标准。

【例】 海丰公司确定其信用标准如图表 6-6 所示。

图表 6-6

信 用 标 准 表

财 务 指 标	信 用 标 准	
	信用好	信用差
流动比率(%)	230	150
速动比率(%)	120	85
现金比率(%)	40	22
产权比率(%)	140	250
已获利息倍数	3.5	1.60
有形净值负债率(%)	150	280
应收账款平均收账天数(天)	25	45
存货周转率(次)	8	5
总资产报酬率(%)	25	12
赊购付款履约情况	及时	拖欠

（二）将客户的指标值与设定信用等级的评价标准相比较

利用客户的财务报表数据，计算其各项指标值，与设定的信用等级评价标准相比较。比较的方法是：若客户的某项指标值等于或低于差的信用标准，该客户的拒付风险系数（即坏账损失率）增加 10 个百分点；若客户的某项指标值介于好与差的信用标准之间，该客户的拒付风险系数增加 5 个百分点；若客户的某项指标值等于或高于好的信用标准时，则该客户的这项指标无拒付风险，最后将客户的各项指标的拒付风险系数相加，作为该客户发生坏账损失的总比率。

【例】 海丰公司 A 客户的各项指标值及根据其信用标准确定的拒付风险系数编制 A 客户信用状况评价表如图表 6-7 所示。

图表 6-7

A 客户信用状况评价表

财 务 指 标	指标值	拒付风险系数（%）
流动比率（%）	240	0
速动比率（%）	122	0
现金比率（%）	42	0
产权比率（%）	140	0
已获利息倍数	3.2	5
有形净值负债率（%）	136	0
应收账款平均收账天数（天）	24	0
存货周转率（次）	7.5	5
总资产报酬率（%）	26	0
赊购付款履约情况	及时	0
累计拒付风险系数	—	10

图表 6-7 显示，A 客户除已获利息倍数、存货周转率两项指标介于信用好与信用差之间，各发生拒付风险系数 5% 外，其余各项指标均等于或高于信用好的标准值，其累计拒付风险系数为 10%，那么 A 客户预期可能发出的坏账损失率为 10%。

（三）确定各客户的信用等级

根据拒付风险系数的分析资料，按照客户的累计拒付风险系数自小到大进行排序，再结合企业承受违约风险的能力及市场竞争的需要，划分客户的信用等级，如累计拒付风险系数在 5% 以内的为 A 级客户，在 5%～10% 之间的为 B 级客户等等。对于不同信用等级的客户，采取不同的信用对策，包括拒绝或接受客户信用订单,以及给予不同的信用优惠条件或附加某些限制条款。

四、信用条件的决策

信用条件是指企业接受客户信用订单时所提出的付款要求。它主要包括信用期限,折扣期限和现金折扣率。信用条件的表现方式如"2/10,n/30",它表示如客户在发票开出后 10 天内付款,可享受 2％ 的现金折扣;如放弃现金折扣,必须在 30天内付清款项。10 天为折扣期限,30 天为信用期限,2％ 为现金折扣率。

信用期限是指企业允许客户从购货至支付货款间隔的时间。延长信用期限可以扩大销售量,增加盈利。但延长信用期限,会增加应收账款平均收账天数,从而增加机会成本,并且会增加坏账损失和收账费用。因此,企业是否给客户延长信用期限,取决于延长信用期限增加的边际收入是否大于增加的边际成本。

企业为了加速资金周转,及时收回账款,减少坏账损失,在延长信用期限时,采取了优惠措施,对于提前偿付账款的客户给予一定的现金折扣。向客户提供现金折扣能加速账款的收回,降低了机会成本和坏账损失率,但却会相应地增加现金折扣成本。企业给客户怎样的现金折扣和折扣期限,应在提供现金折扣后降低的机会成本和坏账成本与现金折扣成本之间进行分析权衡。

虽然企业在信用管理政策中,已对可接受的信用风险水平作了规定,当企业的生产经营环境发生变化时,就需要对信用管理政策用的某些规定进行修改和调整,并对改变条件的各种备选方案进行认真评价。

【例】 天成公司预测 2014 年度赊销额为 2 700 万元;其信用条件是"n/30";变动成本率为 60％,资金成本为 10％。其收账政策不变,固定成本总额也不变。现准备了 A,B,C 三个信用条件的备选方案如图表 6-8 所示。

图表 6-8

信用条件备选方案表

金额单位:万元

方案 信用条件 项　目	A方案 n/30	B方案 n/45	C方案 n/60
年赊销额	2 700	3 000	3 150
应收账款平均收账天数(天)	30	45	60
应收账款平均余额	2 700÷360×30＝225	3 000÷360×45＝395	3 150÷360×60＝525
维持赊销业务所需资金	225×60％＝135	375×60％＝225	525×60％＝315
坏账损失/年赊销额(%)	1	1.5	3
坏账损失	2 700×1％＝27	3 000×1.5％＝45	3 150×3％＝94.50
收账费用	15	25	40

根据上列资料编制信用条件分析评价表如图表 6-9 所示。

图表 6-9

信用条件分析评价表

金额单位：万元

信用条件 方案 项 目	A 方案 n/30	B 方案 n/45	C 方案 n/60
年赊销额	2 700.00	3 000.00	3 150.00
变动成本	1 620.00	1 800.00	1 890.00
信用成本前收益	1 080.00	1 200.00	1 260.00
减：信用成本	55.50	92.50	166.00
其中：应收账款机会成本	$135 \times 10\% = 13.50$	$225 \times 10\% = 22.50$	$315 \times 10\% = 31.50$
坏账损失	27.00	45.00	94.50
收账费用	15.00	25.00	40.00
信用成本后收益	1 024.50	1 107.50	1 094.00

通过对 A,B,C 三个方案的分析评价后,显示 B 方案(n/45)的获利最大,它比 A 方案(n/30)多收益 83 万元,比 C 方案(n/60)多收益 13.5 万元,因此,应选择 B 方案。

五、收账政策的确定

收账政策是指企业针对客户违反信用条件,拖欠甚至拒付账款所采取的收账策略与措施。通常履约付款是客户的义务和责任,债权人有权通过法律途径要求客户履约付款。然而客户拖欠账款有各种各样的原因,品质良好的客户也可能因某种原因而无法按期付款。如果企业向法院起诉,不仅要花费大量的诉讼费,其效果也未必理想。因此,企业如果与客户商量折中的方案,也许能收回大部分账款。

企业发生账款被客户拖欠时,应重新对违约客户的资信等级进行调查、评价,将信用品质差的客户从信用名单中删除,对其所拖欠的款项可先通过信函、电讯或者派员前往等方式进行催讨,态度可以逐渐强硬,并提出警告,直至通过法院裁决。对于信用记录一向正常的客户,在去电、去函的基础上,可以派员前往与客户进行协商,达成谅解妥协。如双方无法取得谅解,也只能付诸法律裁决。

企业对拖欠的应收账款无论采取哪种方式进行催收,均会发生一定的收账费用,如收款所花费的邮电通讯费、派专人收款的差旅费和法律诉讼费等。通常,收账费用越高,收回的账款就越多,平均收款期也会相应缩短,应收账款占用的资金和坏账损失也就越小。但这些关系并不一定是线性关系,因为收账部门最初支付的收账费用。只是提醒催促对方付款,它会相应地缩短平均收款期,减少应收账款占用的资金,但与坏账损失的降低关系不大;随着收账费用的逐渐增加,平均收款期会继续缩短,应收账款占用的资金会继续减少,坏账损失就会随之降低;当收账费用达到一定限度后,再追加收账费用,对进一步减少坏账损失的影响将变得相当微弱。因此,企业在制定收账政策时,就需要在增加收账费用与减少应收账款机会成本和减少坏账损失之间进行权衡。

【例】 江宁公司 2015 年决定在 2014 年收账政策的基础上,加强收账力度,新制定 A、B 两个收账政策的方案。原收账政策和新收账政策方案的资料如图表6-10 所示。

图表6-10

原收账政策和新收账政策方案的资料

项　　　　目	原收账政策	新收账政策(A 方案)	新收账政策(B 方案)
收账费用(万元)	60	100	135
应收账款平均收账天数(天)	48	36	27
坏账损失占赊销额的百分比(%)	1.8	1	0.8
变动成本率(%)	60	60	60

该公司的资金利润率为 10%,2015 年的赊销额为 6 000 万元。根据上列资料计算,采用原收账政策和采用 A,B 两项新收账政策的各项指标,编制收账政策分析评价如图表6-11 所示。

图表6-11

收账政策分析评价表

金额单位:万元

项　　　　目	原收账政策	新收账政策(A 方案)	新收账政策(B 方案)
赊销额	6 000	6 000	6 000
应收账款平均收账天数(天)	48	36	27
应收账款平均余额	$6\,000 \times \dfrac{48}{360} = 800$	$6\,000 \times \dfrac{36}{360} = 600$	$6\,000 \times \dfrac{27}{360} = 450$
应收账款占用资金	$800 \times 60\% = 480$	$600 \times 60\% = 360$	$450 \times 60\% = 270$
应收账款机会成本	$480 \times 10\% = 48$	$360 \times 10\% = 36$	$270 \times 10\% = 27$
坏账损失	$6\,000 \times 1.8 = 108$	$6\,000 \times 1\% = 60$	$6\,000 \times 0.8\% = 48$
收账费用	60	100	135
收账总成本	216	196	210

分析评价结果显示,A 方案的收账政策最佳,它虽然比原收账政策增加了40

万元的收账费用,却降低了应收账款机会成本12万元,减少了坏账损失48万元,增减相抵后,使收账总成本比原收账政策节约了20万元;A方案的收账政策比B方案的收账政策总成本也少14万元。

第四节 存货的管理

一、存货的功能

存货是指企业在正常生产经营过程中持有以备出售的产成品或商品,处在生产过程中的在产品,在生产过程或提供劳务过程中耗用的材料和物料等。它是流动资产中盈利能力最强的资产,然而却是流动性最弱的资产。

存货的功能是指存货在企业生产经营过程中所具有的作用,它主要表现在以下四个方面。

(一)防止停工待料

适量的原材料存货和在产品、半成品存货是企业生产正常进行的前提和保障。从企业外部来看,供货方的生产和销售往往会因某些原因而暂停或推迟,从而影响企业材料的及时采购、入库和投产。从企业的内部来看,有适量的半成品储备,能使各生产环节的生产调度更加合理,各生产工序步调更为协调,联系更为紧密,不至于因等待半成品而影响生产。因此,适量的存货能有效防止停工待料事件的发生,维持生产的连续性。

(二)适应市场变化

存货储备能增强企业在生产和销售方面的机动性以及适应市场变化的能力。企业有了足够的库存产成品,就能有效地供应市场,满足客户的需要。相反,若某种畅销产品库存不足,将会错失目前的或未来的销售良机,并有可能因此而失去客户。

(三)降低进货成本

很多企业为扩大销售规模,对购货方提供较优厚的商业折扣待遇。商业折扣是指购货达到一定数量时,供货方在价格上给予相应的折扣优惠。企业采取批量集中进货,可获得较多的商业折扣。此外,通过增加每次购货数量,减少购货次数,可以降低采购费用支出。即便在推崇以零存货为管理目标的今天,仍有不少企业采取大批量购货方式,原因就在于这种方式有助于降低购货成本。

(四)维持均衡生产

对于那些所生产产品属于季节性产品,生产所需材料的供应具有季节性的企业,为实行均衡生产,降低生产成本,就必须适当储备一定的半成品存货或保持一定的原材料存货。否则,这些企业若按照季节变动组织生产活动,难免会产生忙时超负荷运转,闲时生产能力得不到充分利用的情形,这也会导致生产成本的提高,其他企业在生产过程中,同样会因为各种原因导致生产水平的高低变化。拥有合理的存货可以缓冲这种变化对企业生产活动及盈利能力的影响。

二、存货的成本

为充分发挥存货的固有功能,企业必须储备一定的存货,但也会由此而发生各项支出,这就是存货成本。存货成本包括以下三项内容。

(一)进货成本

进货成本是指存货的取得成本,它由存货的进价成本和进货费用两个部分构成。其中,进价成本又称购置成本,是指存货本身的价值,它等于采购单价与采购数量的乘积。在一定时期,进货总量既定的条件下,无论企业采购次数如何变动,存货的进价成本通常是保持相对稳定的(假设物价不变且无采购数量折扣),因而属于决策无关成本。进货费用又称订货成本,是指企业为组织进货而开支的费用,如与材料采购有关的办公费、差旅费、邮资、电话电报费、运输费、检验费和入库搬运费等支出。进货费用有一部分与订货次数无关,如专设采购机构的基本开支等,这类固定性进货费用属于决策的无关成本;另一部分与订货次数有关,如差旅费、邮资、电话和电报费等费用与进货次数成正比例变动,这类变动性进货费用属于决策的相关成本。

(二)储存成本

储存成本是指企业为持有存货而发生的费用。它主要包括:存货资金占用费(以贷款购买存货的利息成本)或机会成本(以现金购买存货而同时损失的证券投资收益等)、仓储费用、保险费用和存货残损、霉变损失等。储存成本可以按照与储存数额的关系分为变动性储存成本和固定性储存成本两类。其中,固定性储存成本与存货储存数额的多少没有直接的联系,如仓库折旧费、仓库职工的固定月工资等,这类成本属于决策的无关成本;而变动性储存成本则随着存货储存数额的增减成正比例变动,如存货资金的应计利息、存货残损霉变损失以及存货的保险费用等,这类成本属于决策的相关成本。

(三)缺货成本

缺货成本是指因存货不足而给企业造成的损失。它包括由于材料供应中断造成的停工损失、成品供应中断导致延误发货的信誉损失及丧失销售机会的损失等。缺货成本能否作为决策的相关成本,应视企业是否允许出现存货短缺的不同情形而定。若允许缺货,则缺货成本便与存货数量反向相关,即属于决策相关成本;反之,若企业不允许发生缺货情形,此时缺货成本为零,也就无需加以考虑。

三、存货的控制

存货管理的目的就是控制存货水平,使存货能为企业带来最大的效益。通常企业的存货越充足,对生产经营活动的顺利进行就越有保证。然而,存货越充足,其持有的成本也越高。因此,企业在确定存货持有量时,必须在效益与成本之间进行权衡,并对存货持有量进行有效控制,控制的方法主要有经济批量法。

经济批量法是指能够使一定时期存货的总成本达到最低点的存货进货量的方法。

（一）经济进货批量模型

经济进货批量是指能够使一定时期存货的总成本达到最低点的进货数量。决定存货经济进货批量的成本因素主要包括变动性进货费用,简称进货费用;变动性储存成本,简称储存成本,以及允许缺货时的缺货成本。不同的成本项目与进货批量呈现不同的变动关系。减少进货批量,增加进货次数,在影响储存成本降低的同时,也会导致进货费用与缺货成本的提高;相反,增加进货批量,减少进货次数,尽管有利于降低进货费用与缺货成本,但同时会影响储存成本的提高。因此,如何协调各项成本之间的关系,使其总和保持最低水平,是企业组织进货过程需解决的主要问题。

经济进货批量模型是以如下假设为前提的:一是企业一定时期的进货总量可以较为准确地予以预测;二是存货的耗用或者销售比较均衡;三是存货的价格稳定,且不存在商业折扣,进货日期完全由企业自行决定,并且每当存货量降为零时,下一批存货均能马上一次到位;四是仓储条件及所需现金不受限制;五是不允许出现缺货情形;六是所需存货市场供应充足,不会因买不到所需存货而影响其他方面。

由于企业不允许缺货,即每当存货数量降至零时,下一批订货便会随即全部购入,故不存在缺货成本。因此与存货订购批量和批次直接相关的就只有进货费用和储存成本两项。经济进货批量模型的计算公式如下:

$$存货总成本＝进货费用＋储存成本$$

$$TC=\frac{A}{Q}\cdot B+\frac{Q}{2}\cdot C$$

公式中　　TC 表示存货总成本;

　　　　　Q 表示经济进货批量;

　　　　　A 表示年进货总量;

　　　　　B 表示每次进货费用;

　　　　　C 表示单位存货年储存成本。

需要说明的是,公式中已经剔除了与存货控制决策无关的各种固定成本。上列公式经推导后,可得经济进货批量的计算公式如下:

$$Q=\sqrt{\frac{2AB}{C}}$$

这一计算公式还可以演变为其他的计算公式如下：

$$TC=\sqrt{2ABC}$$

$$W=P\cdot\sqrt{\frac{AB}{2C}}$$

公式中　W 表示经济进货批量平均占用资金；
　　　　P 表示进货单价。

$$N=\sqrt{\frac{AC}{2B}}$$

公式中　N 表示年度最佳进货批次。

【例】 天华公司 A 材料全年进货总量为 72 000 千克,进货单价为 2 元,每次进货费用为 200 元,每千克 A 材料的年储存成本为 0.80 元,分别计算 A 材料的经济进货批量、存货总成本、经济进货批量平均占用资金和年度最佳进货批次如下：

$$Q=\sqrt{\frac{2\times72\,000\times200}{0.80}}=6\,000（千克）$$

$$TC=\sqrt{2\times72\,000\times200\times0.80}=4\,800（元）$$

$$W=2\times\sqrt{\frac{72\,000\times200}{2\times0.80}}=6\,000（元）$$

$$N=\sqrt{\frac{72\,000\times0.80}{2\times200}}=12（次）$$

计算结果显示,A 材料的经济进货批量为 6 000 千克,存货总成本为 4 800 元,经济进货批量平均占用资金为 6 000 元,年度最佳进货批次为 12 次。

（二）经济进货批量模型的扩展

存货的经济进货批量模型是在前述各假设条件下建立的,但在实际工作中,能够满足这些假设条件的情况是极少的。为了使模型更接近于实际情况,具有较高的实用性,需逐一放宽假设,同时改进模型。

1. 享受商业折扣的经济进货批量模式　当供货方根据购货进货批量大小给予一定比例的商业折扣,在计算经济进货批量时,既要考虑存货的进货费用和储存成本,又要考虑存货的进价成本,因为这时的存货进价成本已经与进货数量的大小有了直接的联系,成为存货控制决策的相关成本。届时存货总成本的计算公式如下：

存货总成本＝进价成本＋进货费用＋储存成本

实行商业折扣的经济进货批量模型具体确定步骤是：首先，按照经济进货批量模型确定经济进货批量；其次，计算按经济进货批量进货时的存货总成本；再次，计算按给予商业折扣的进货批量进货时的存货总成本；最后，比较不同进货批量的存货总成本，与最低存货总成本相对应的进货批量，就是实行商业折扣的最佳经济进货批量。

【例】 上例中，若供货方规定 A 材料的进货批量达到 7 200 千克时，可享受 1‰ 的商业折扣；进货批量达到 9 000 千克时，可享受 1.2‰ 的商业折扣，确定在有商业折扣情况下的经济进货批量如下：

在不享受商业折扣，A 材料的经济进货批量为 6 000 千克时：

$$进价成本＝72\,000×2＝144\,000（元）$$

$$年进货费用及储存成本＝\frac{72\,000}{6\,000}×200＋\frac{6\,000}{2}×0.8＝4\,800（元）$$

$$存货总成本＝144\,000＋4\,800＝148\,800（元）$$

若进货批量提高到 7 200 千克，享受 1‰ 商业折扣时：

$$进价成本＝72\,000×2×(1－1‰)＝142\,560（元）$$

$$年进货费用及储存成本＝\frac{72\,000}{7\,200}×200＋\frac{7\,200}{2}×0.8＝4\,880（元）$$

$$存货总成本＝142\,560＋4\,880＝147\,440（元）$$

若进货批量提高到 9 000 千克，享受 1.2‰ 商业折扣时：

$$进价成本＝72\,000×2×(1－1.2‰)＝142\,272（元）$$

$$年进货费用及储存成本＝\frac{72\,000}{9\,000}×200＋\frac{9\,000}{2}×0.8＝5\,200（元）$$

$$存货总成本＝142\,272＋5\,200＝147\,472（元）$$

计算结果表明，A 材料的经济进货批量为 7 200 千克，届时总成本最低，为 147 440 元。

2. 保险储备量的确定　　保险储备量是指企业为了防止到货延误及耗用或销售量增加等不确定因素所引起的增加的储备量。因为在实际生产经营活动中，供货方的交货日期不可能固定不变，每日的耗用或销售量也时常上下波动，所以，企业需要有保险储备量，以防这些不确定因素引起停工待料或商品脱销，从而影响企业的生产经营活动。

保险储备量的确定要适当，倘若保险储备量过大，虽然将会减少缺货成本，却会增加储存成本。因此，存货短缺所发生的成本与保险储备量的储存成本之和的最低点即为最佳保险储备量。

　　【例】　前例中,A 材料的经济采购批量为 7 200 千克,年进货 10 个批次,其在一定时期内订货至到货间隔天数的不确定概率和耗用量的不确定概率分别如图表 6-12、图表 6-13 所示。

图表 6-12

订货至到货间隔天数的不确定概率表

订货至到货间隔天数(天)	4	5	6	7	8
概率	0.03	0.08	0.75	0.10	0.04

图表 6-13

A 材料耗用量不确定概率表

耗用量(千克)	6 600	6 900	7 200	7 500	7 800
概率	0.05	0.10	0.70	0.11	0.04

　　根据图表 6-12,计算防止到货延误的保险储备量如下:

　　　　防止到货延误保险储备量=[(7−6)×0.10+(8−6)×0.04]×200=36(千克)

　　从图表 6-13 分析中可以看出,以 7 200 千克作为每批次的进货量,将没有保险储备量,以 7 500 千克作为每批次的进货量,将有 300 千克保险储备量;以 7 800 千克作为每批次的进货量,将有 600 千克保险储备量。若每千克的缺货成本为 1.20元,根据这三种情况计算防止耗用量上升的保险储备量如下:

　　(1) 进货批量为 7 200 千克时　　此时没有保险储备量,因此无储存成本,计算其缺货成本如下:

　　　　缺货成本=[(7 500−7 200)×10×0.11+(7 800−7 200)×10×0.04]×1.2=684(元)

　　(2) 进货批量为 7 500 千克时　　此时有 300 千克保险储备量,计算其储存成本和缺货成本如下:

　　　　　　储存成本=300×0.8=240(元)

　　　　　　缺货成本=(7 800−7 500)×10×0.04×1.2=144(元)

　　(3) 进货批量为 7 800 千克时　　此时有 600 千克保险储备量,无短缺成本,计算其储存成本如下:

　　　　　　储存成本=600×0.8=480(元)

计算的结果表明,为防止耗用量上升,保险储备量为 300 千克时缺货成本与储存成本总额最低。为防止到货延误的保险储备量与为防止耗用量上升的保险储备量之和构成了最佳保险储备量。

$$最佳保险储备量＝36＋300＝336(千克)$$

3. 再订货点的确定　　再订货点是指企业为了保持存货的正常周转,在再次订货时必须持有的储备量。企业存货的购进、储存、耗用或销售是一个连续不断的周转过程,企业不可能等到存货全部耗用或销售完毕后再去订货,务必保持一定的储备量,以满足进货期间产品生产或销售的需要。再订货点的确定要适当,倘若过大,存货平均储备量就会增加,将会造成年储存成本上升;倘若过小,将会造成停工待料或商品脱销,损失就会更大。在确定再订货点时,除了要考虑订货日至到货日的间隔天数外,还要考虑保险储备量,其计算公式如下:

$$再订货点＝\frac{平均每天耗用}{量 或 销 售 量}\times\frac{订货至到货}{间 隔 天 数}+\frac{保\quad险}{储备量}$$

【例】　上例中,若 A 材料平均每天耗用量为 200 千克,订货至到货期的间隔天数为 6 天,保险储备量为 336 千克,计算其再订货点如下:

$$再订货点＝200\times6＋336＝1\,536(千克)$$

计算结果表明,当 A 材料结存量为 1 536 千克时,应按 7 200 千克的经济进货批量立即发出订货单,至第 6 天后 A 材料正好降至 336 千克保险储备量时,就能收到新购入的 A 材料。

四、存货的日常管理

企业在存货的日常管理中,要建立和健全存货的收入、发出和保管的各项规章制度,定期清查存货,做到账实相符,并应防止存货发生霉烂变质和损坏短缺等事故。企业存货的品种和规格复杂繁多,有的品种规格不多,但价格却很昂贵;有的品种规格很多,但价格却很低廉,如果对存货不分主次,显然将会事倍功半。所以,可以采取科学的 ABC 分类管理法。

ABC 分类管理法是指将各种存货按其品种和金额的大小进行分类,分别重点、次重点和一般,有区别地实施管理的方法。

(一)ABC 三类存货的分类方法

1. A 类存货　　A 类存货的品种在全部存货中约占 5%～10%,而金额却在全部存货中占 70%～80%。

2. B 类存货　　B 类存货的品种在全部存货中约占 10%～20%,而金额也在全部存货中占 10%～20%。

3. C类存货　　C类存货的品种在全部存货中约占70%~80%,而金额仅在全部存货中占5%~10%。

企业应根据期末各种存货结存金额的大小编制存货品种和结存金额分类表。

【例】 中原公司将1 600种原材料按年末结存金额的大小编制的分类表如图表6-14所示。

图表6-14

原材料品种和结存金额分类表

金额单位:元

期末原材料结存金额	原材料品种	占全部原材料品种的比重(%)	原材料结存额	占全部原材料资金的比重(%)
8万元以上	20	1.25	5 532 000	32.31
6万元以上,8万元以下	41	2.56	3 485 000	20.36
4万元以上,6万元以下	67	4.19	3 316 000	19.37
2万元以上,4万元以下	68	4.25	1 498 000	8.75
1万元以上,3万元以下	71	4.44	852 000	4.98
7千元以上,1万元以下	101	6.31	807 000	4.71
4千元以上,7千元以下	145	9.06	695 000	4.06
1千元以上,4千元以下	300	18.88	533 000	3.11
1千元以下	785	49.06	402 000	2.35
合　　计	1 600	100.00	17 120 000	100.00

将上列九类原材料按ABC分类法编制原材料品种及金额比重表如图表6-15所示。

图表6-15

原材料品种及金额比重表

类　别	原材料品种	比重(%)	原材料结存额(元)	比重(%)
A	128	8.00	12 333 000	72.04
B	240	15.00	3 157 000	18.44
C	1 232	77.00	1 630 000	9.52
合　计	1 600	100.00	17 120 000	100.00

从图表 6-15 中可以看出,A 类原材料的品种仅占全部原材料的 8%,而结存额却占全部原材料的 72.04%;B 类原材料的品种占全部原材料的 15%,其结存额占全部原材料的 18.44%;C 类原材料的品种占全部原材料的 77%,而结存额仅占全部原材料的 9.52%。因此,企业应根据这三类原材料的特点,采取不同的管理方法。

（二）ABC 三类存货的特点与管理方法

企业应根据各类存货的特点,采用不同的管理方法。

1. A 类存货的特点与管理方法　　A 类存货具有品种少,而金额大的特点。企业应集中主要力量进行周密的规划和严格的管理。首先,要计算确定每种 A 类存货的经济进货批量和最佳保险储备量,在保证生产和销售的前提下,使存货占用的资金压缩到最低水平;其次,要及时登记 A 类存货收入、发出和结存的数量,当账面结存降低到再订货点时,应及时通知采购部门组织进货。

2. B 类存货的特点与管理方法　　B 类存货具有品种较多,金额也不大的特点。企业在管理上可以采取分类管理,按存货的类别进行控制,实行一般管理,定期检查。

3. C 类存货的特点与管理方法　　C 类存货具有品种繁多,而金额却很小的特点。企业在管理上可以采用总金额控制法,根据历史资料分析后,按经验适当调整进货批量和进货批次。

思 考 题

一、简答题

1. 试述现金循环周转的变化与营运资金的关系。

2. 试述现金管理的目的。

3. 按现金收支法编制的现金预算表由哪六个部分组成?其中前两个部分又可细分为几个方面?

4. 企业持有现金的成本由哪些内容组成?

5. 最佳现金持有量有哪些确定方法?并分别说明其定义。

6. 试述现金的日常管理。

7. 应收账款的成本由哪些内容组成?并分别说明其定义。

8. 什么是信用条件和信用期限?

9. 存货成本包括哪些内容?

10. 决定存货经济进货批量的成本因素主要有哪些?

11. 经济进货批量模型是以哪些假设为前提的?

12. 什么是 ABC 分类管理法？并说明其分类的方法。

13. 谈谈 ABC 三类存货的特点与管理方法。

二、名词解释题

1. 营运资金
2. 营运资金周转
3. 现金
4. 现金预算
5. 现金收支法
6. 现金最低需要额
7. 最佳现金持有量
8. 机会成本
9. 管理成本
10. 短缺成本
11. 转换成本
12. 信用标准
13. 收账政策
14. 经济进货批量
15. 保险储备量
16. 再订货点

三、是非题

1. 营运资金是指一个企业维持生产经营活动所需要的资金,它是流动资产减去流动负债后的差额。 （　　）

2. 现金的周转过程主要包括存货周转期、应收账款周转期和应付账款周转期。 （　　）

3. 现金是企业流动资产中流动性最强、最有活力的非盈利性资产。 （　　）

4. 确定用于预防动机的现金需要额取决于企业对现金流量预测的准确程度和企业临时举债能力的强弱。 （　　）

5. 销售商品、提供劳务收到的现金是指预算期内销售产品和提供劳务收到的现金以及前期销售产品和提供劳务预算期内收到的现金。 （　　）

6. 现金预算表中支付给职工以及为职工支付的现金可以根据预算期内预计支付给职工的工资、奖金、各种津贴和补贴确定。 （　　）

7. 现金融通是指对预算期企业现金多余或不足的情况,采取措施,予以调节的方法。 （　　）

8. 企业的现金持有量越多,其转换成本也就越大。 （　　）

9. 确定最佳现金持有量,企业可以任意选用成本分析模式或存货模式。 （　　）

10. 应收账款具有促进销售和减少存货的功能。 （　　）

11. 应收账款机会成本的大小与应收账款平均余额和资金成本率有密切的关系。 （　　）

12. 企业应在权衡成本与收益的基础上确定适当的信用标准。 （　　）

13. 企业是否给客户延长信用期限取决于延长信用期限增加的收入是否大于增加的成本。 （　　）

14. 收账政策是指企业针对客户违反信用条件所采取的收账策略与措施。　　　　　　　　　　　　　　　　　（　　）

15. 企业在制定收账政策时,需要在增加收账费用和减少坏账损失之间进行权衡。　　　　　　　　　　　　　　　　　（　　）

16. 进货费用分为变动性进货费用和固定性进货费用两类,前者属于决策的相关成本;后者属于决策的无关成本。　　　　　　　　（　　）

17. 变动性储存成本有存货资金的应计利息、存货残损、霉变损失和存货的保险费用等,属于决策的相关成本。　　　　　　　　（　　）

18. 决定存货进货批量的成本因素主要包括变动性进货费用和变动性储存成本。　　　　　　　　　　　　　　　　　　　（　　）

19. 享受商业折扣的经济进货批量模式的存货总成本由进货成本、进货费用和储存成本构成。　　　　　　　　　　　　　　（　　）

20. 平均每天耗用量或销售量、订货至到货间隔天数和保险储备量这三项资料是计算再订货点的依据。　　　　　　　　　　（　　）

21. A类存货具有品种少、金额大的特点,企业应集中主要力量对其进行周密和严格的管理。　　　　　　　　　　　　　　（　　）

四、单项选择题

1. 预算期内预计发生的_____不能列入现金预算表中"收到其他与经营活动有关的现金"项目中去。

    A. 捐赠现金收入　　　　　　　　B. 罚款现金收入

    C. 出售固定资产现金收入　　　　D. 收取包装物押金

2. 企业因现金持有量不足,造成信用危机而给企业带来的损失,属于现金的_____。

    A. 机会成本　　　B. 转换成本　　　C. 管理成本　　　D. 短缺成本

3. 现金支出管理中的现金"浮游量"是指_____。

    A. 企业账户上的存款余额

    B. 银行账户上所示的存款余额

    C. 企业账户上的存款余额与银行账户上所示的存款余额之间的差额

    D. 企业账户上的存款余额与银行账户上所示的存款余额之和

4. 应收账款机会成本在很大程度上取决于企业_____。

    A. 资金成本率　　　　　　　　　B. 维持赊销业务所需要的资金

    C. 年赊销额　　　　　　　　　　D. 应收账款平均余额

5. 应收账款的_____是指由于企业将资金投放于应收账款而丧失的其他收入。

A. 机会成本　B. 管理成本　　C. 坏账成本　　D. 短缺成本

6. 企业给客户怎样的现金折扣和折扣期限,应在提供现金折扣后降低的_____与现金折扣成本之间进行分析权衡。

A. 机会成本和收账费用　　　B. 机会成本和管理成本

C. 管理成本和坏账成本　　　D. 机会成本和坏账成本

7. _____在计算过程中要运用进价成本。

A. 经济进货批量模型

B. 享受商业折扣的经济进货批量模式

C. 保险储备量的确定

D. 再订货点的确定

8. ABC 分类管理法将各种存货按_____的大小进行分类。

A. 品种　　　B. 金额　　　C. 数量和金额　　D. 品种和金额

五、多项选择题

1. 流动资产具有流动性强、_____的特点。

A. 并存性　　B. 波动性　　　C. 弹性大　　　D. 投资回收期短

2. 流动负债具有成本低、_____的特点。

A. 速度快　　B. 风险高　　　C. 弹性大　　　D. 归还期短

3. 企业持有现金主要有_____。

A. 交易动机　B. 投机动机　　C. 预防动机　　D. 投资动机

4. 通过现金预算可以_____。

A. 确定现金需要量　　　　　B. 规划企业的现金流量

C. 控制企业的现金流量　　　D. 提高现金的运用效率

5. 成本分析模式确定最佳现金持有量不考虑的因素是_____。

A. 机会成本　B. 管理成本　　C. 转换成本　　D. 短缺成本

6. 以存货模式确定最佳现金持有量应考虑的因素有_____。

A. 机会成本　B. 管理成本　　C. 转换成本　　D. 短缺成本

7. 现金支出管理中延期支付账款的方法主要有_____。

A. 合理利用"浮游量"　　　B. 延缓票据的结算时间

C. 推迟付款时间　　　　　　D. 采用汇票付款

8. 应收账款的成本包括_____。

A. 机会成本　B. 管理成本　　C. 转换成本　　D. 坏账成本

9. 影响信用标准的因素有_____。

A. 同行业竞争对手的情况　　B. 预期的坏账损失率

C. 企业承担风险的能力　　　D. 客户的资信程度

10. 信用条件主要包括_____。

    A. 信用期限 B. 折扣期限   C. 现金折扣率   D. 商业折扣率

11. 延长信用期限会_____。

    A. 扩大销售量 B. 增加收账费用 C. 增加机会成本 D. 增加坏账损失

12. 存货的功能主要表现在维持均衡生产、_____。

    A. 防止停工待料   B. 适应市场变化

    C. 防止市场脱销   D. 降低进货成本

13. 存货成本包括的内容有_____。

    A. 进货成本 B. 进货费用   C. 储存成本   D. 缺货成本

14. 经济进货批量模型的存货总成本由_____构成。

    A. 进货费用 B. 进价成本   C. 缺货成本   D. 储存成本

练 习 题

习 题 一

一、目的   练习现金预算的编制。

二、资料   永安股份有限公司有关资料如下：

1. 2014 年 9 月末现金余额为 12.60 万元,2014 年 10～11 月份现金最低需要量为 15 万元。

2. 2014 年 9 月份销售产品收入为 100 万元,预计 10 月、11 月份销售产品收入分别为 110 万元和 90 万元,其中现销为 70%,赊销为 30%。赊销产品的赊销期为 1 个月,赊销产品中有 20% 的货款在当月份回笼,享有现金折扣 1%,赊销产品货款中的坏账损失率为 4‰。2014 年 9 月份运输业务收入为 6 万元,预计 10 月、11 月份运输业务收入分别为 8 万元和 7 万元,其中现销为 70%,赊销为 30%,坏账损失率为 4‰。

3. 购进和销售存货的增值税税率均为 17%。

4. 预计罚款现金收入等与经营活动有关的其他现金收入 2014 年 10 月份为 2.78 万元,11 月份为 2.62 万元。

5. 2014 年 9 月份完成存货采购额 80 万元,预计 10 月、11 月份存货采购额分别为 88 万元和 70 万元,其中付现为 60%,赊购为 40%。赊购存货的赊购期为 1 个月,赊购存货有 25% 在当月支付,享有现金折扣 1%。

6. 预计 2014 年 10 月、11 月份支付给职工以及为职工支付的现金分别为 10.82 万元和 10.25 万元。

7. 该公司的运输业务应交纳营业税,营业税税率为 5%,城市维护建设税税率为 7%,教育费附加率为 3%,所得税税率为 25%,2014 年 9 月份利润总额为 14 万元,预测 10 月份利润总额为 15 万元。

8. 预计差旅费、业务招待费、保险费、修理费和捐赠现金支出等与经营活动有关的其他现金支出 2014 年 10 月、11 月份分别为 10.96 万元和 9.22 万元。

9. 预计 2014 年 10 月份出售固定资产收入现金为 3.20 万元,发行股票收入现金为 10 万元,取得债券利息收入现金为 0.30 万元,购建固定资产支出现金为 11 万元,购买债券支出现金为 5 万元。

10. 预计 2014 年 11 月份以现金方式收回股权投资和债权投资额 4.50 万元,取得股利收入 0.60 万元,支付现金股利 10 万元,偿还债券到期额 12 万元,支付债券利息 0.55 万元。

11. 现金若有多余额时,归还银行借款;现金若发生不足额时,先向银行借款筹集资金 15 万元,若现金仍不足,则转让有价证券。

三、要求 用现金收支法编制 2014 年 10 月、11 月份现金预算表。

习 题 二

一、目的 练习最佳现金持有量的确定。

二、资料

1. 卢湾公司有 A,B,C,D 四种现金持有方案,机会成本为 12.5%,其他有关成本资料如图表 6-16 所示。

图表 6-16

现金持有方案

单位:万元

项 目 \ 方 案	A	B	C	D
现金持有量	70 000	90 000	120 000	150 000
短缺成本	13 500	7 000	3 300	0

2. 江南公司预计下月份现金需要总量为 16 万元,有价证券每次变现的交易费用为 0.04 万元,有价证券月报酬率为 0.9%。

三、要求

1. 根据"资料 1",计算最佳现金持有量及其总成本。

2. 根据"资料 2",计算最佳现金持有量和有价证券的变现次数。

习 题 三

一、目的　练习客户拒付风险系数的计算。

二、资料

1. 东昌公司确定该公司信用标准表如图表 6-17 所示。

图表 6-17

信 用 标 准 表

指　　　　标	信　用　标　准	
	信　用　好	信　用　差
流动比率(%)	250	150
速动比率(%)	125	75
现金比率(%)	40	22
产权比率(%)	120	250
已获利息倍数	3.6	2
有形净值负债率(%)	175	290
应收账款平均收账天数(天)	27	50
存货周转率(次)	7.2	4.2
总资产报酬率(%)	27	14
赊购付款履约情况	及时	拖欠

2. 该公司 E 客户的流动比率为 255%,速动比率为 128%,现金比率为 38%,产权比率为 115%,已获利息倍数为 3.8,有形净值负债率为 180%,应收账款平均收账天数为 26 天,存货周转率为 7.5 次,总资产报酬率为 27%,赊购能及时履约付款。

三、要求　计算 E 客户的拒付风险系数。

习 题 四

一、目的　练习信用条件的分析评价。

二、资料

1. 大江公司预测 2015 年赊购额为 2 880 万元,其信用条件是"n/30",变动成本率为 60%,资金成本为 10%。该公司准备了三个信用条件的备选方案,有关资料如图表 6-18 所示。

图表6-18

信用条件备选方案表

金额单位：万元

方案 信用条件 项目	A方案 n/30	B方案 n/45	C方案 n/60
年赊销额	2 880	3 240	3 420
应收账款平均收账天数(天)	30	45	60
应收账款平均余额			
维持赊购业务所需资金			
坏账损失/年赊销额(%)	1	1.5	3
坏账损失			
收账费用	18	30	55

2. 大江公司以"资料1"分析评价选择的方案为基础，准备了D方案，将赊销条件改为"2/10,1/20,n/45"，估计约有45%客户(按赊销额计算)会利用2%的折扣；25%的客户会利用1%的折扣。坏账损失率降为0.6%，收账费用降至16万元。

三、要求

1. 根据"资料1"，对A、B、C三个备选方案进行分析评价。

2. 在根据"资料1"，分析评价的基础上，结合"资料2"，对备选方案作进一步的分析评价。

习 题 五

一、目的 练习收账政策的确定。

二、资料 卢湾公司2015年决定在2014年原收账政策的基础上加强收账的力度，新制定的A、B两个方案收账政策和原收账政策比较如图表6-19所示。

图表6-19

原收账政策及新收账政策方案资料

项 目	原收账政策	新收账政策 (A方案)	新收账政策 (B方案)
收账费用(万元)	80	120	180
应收账款平均收账天数(天)	60	45	30
坏账损失占赊销收入百分比(%)	2.1	1.5	1
变动成本率(%)	60	60	60

该公司的资金利润率为 12%,2015 年的赊销额为 7 200 万元。

三、要求 根据上列资料进行收账政策的评价。

习 题 六

一、目的 练习经济进货批量模型。

二、资料 隆兴股份有限公司甲材料全年进货总量为 90 000 千克,进货单价为 5 元,每次进货费用为 200 元,每千克甲材料的储存成本为 1 元。

三、要求 计算经济进货批量、存货总成本、经济进货批量平均占用资金和年度最佳进货批次。

习 题 七

一、目的 练习享受商业折扣的经济进货批量的计算。

二、资料 隆兴股份有限公司购进的甲材料,供货方规定购货批量达到 7 500 千克时,可享受 2% 的商业折扣;达到 9 000 千克时,可享受 2.2% 的商业折扣。

三、要求 根据本习题和习题六的有关资料,计算享受商业折扣条件下的经济进货批量、进货费用及储存成本和存货总成本。

习 题 八

一、目的 练习再订货点的确定。

二、资料 隆兴股份有限公司的有关资料如下:

1. P 材料的经济进货批量为 480 吨,年进货 12 批次,该材料在一定时期内订货至到货间隔天数不确定概率和耗用量的不确定概率如图表 6-20、图表 6-21 所示。

图表 6-20

订货至到货间隔天数不确定概率表

订货至到货的间隔天数(天)	4	5	6	7
概率	0.06	0.80	0.08	0.06

图表 6-21

P 材料耗用量不确定概率表

耗用量(千克)	440	460	480	500	520
概率	0.07	0.08	0.72	0.08	0.05

2. P 材料每吨的年储存成本为 800 元,而其缺货成本为 1 000 元。

3. P 材料每天耗用量为 15 吨,订货至到货的间隔天数为 5 天。

三、要求

1. 根据"资料 1"、"资料 2",确定最佳保险储备量。

2. 根据"资料 1"、"资料 2"计算的结果和"资料 3",确定再订货点。

习 题 九

一、目的 练习 ABC 分类的方法。

二、资料 长城股份有限公司将 1 800 种原材料按年末结存金额的大小分类如图表 6-22 所示。

图表 6-22

原材料品种和结存金额分类表

金额单位:元

期末原材料 结存金额	原材料 品种	占全部原材料 品种的比重 (%)	原材料 结存额	占全部原材料 资金的比重 (%)	归入 类别
6 万元以上	20		8 321 000		
4 万元以上,6 万元以下	52		2 866 000		
2 万元以上,4 万元以下	77		2 680 000		
1 万元以上,2 万元以下	79		1 186 000		
8 千元以上,1 万元以下	92		828 000		
6 千元以上,8 千元以下	116		781 000		
4 千元以上,6 千元以下	155		702 000		
2 千元以上,4 千元以下	254		635 000		
2 千元以下	955		501 000		
合　　计	1 800		18 500 000		

三、要求 运用 ABC 分类法编制原材料品种及金额比重表。

第七章 收益分配

第一节 收益分配概述

一、收益分配的含义

收益分配是指企业将净利润在投资者、经营者以及其他有特殊贡献的职工、企业留存之间进行的合理、有效的分配。

收益分配管理,从企业外部看,体现了国家引导和监督企业合理确定对经营成果分配的办法和标准,以保证企业之间、职工之间应有的公平,保护分配主体的合法权益,保障国家财经法规的有效执行和经济秩序的正常运转。从企业内部看,则体现着企业是否遵守了国家有关收益分配的规定;是否贯彻了多贡献多回报的分配原则;是否实施了公平和效率的分配原则;有无个别分配主体侵害其他分配主体利益的不公平现象。

二、收益分配的原则

企业的收益分配作为一项重要的财务活动,应当遵循以下原则。

(一)依法分配原则

企业的收益分配必须依法进行。为了规范企业的收益分配行为,维护各利益相关者的合法权益,国家颁布了相关法规。这些法规规定了企业收益分配的基本要求、一般程序和重要比例,企业应当认真执行,不得违反。

(二)分配与积累并重原则

企业的收益分配必须坚持分配与积累并重。企业通过经营活动获取收益,既要保证企业简单再生产的持续进行,又要不断积累企业扩大再生产的财力基础。恰当地处理分配与积累的关系,留存一部分净收益以供未来分配之需,能够增强企业抵抗风险的能力,同时,也可以提高企业经营的稳定性与完全性。

(三)兼顾各方面利益原则

企业的收益分配必须兼顾各方面的利益。企业是经济社会的基本单元,企业的收益分配直接关系到各方面的切身利益。企业的投资者依法享有净收益的分配权。企业的债权人,在向企业投入资金的同时也承担了一定的风险,企业的收益分配中应当体现出对债权人利益的充分保护,不能伤害债权人的利益。企业的员工是企业净收益的直接创造者,企业的收益分配,应当考虑到员工的长远利益。因此,企业进行收益分配时,应当统筹兼顾,维护各利益相关团体的合法权益。

(四)投资与收益对等原则

企业进行收益分配应当体现"谁投资谁受益",收益大小与投资比例相对等,这是正确处理投资者利益的关键。企业在向投资者分配收益时,应本着平等一致的原则,按照投资者投资额的比例进行分配,不允许任何一方随意多分多占。从根本上实现收益分配中的公开、公平与公正,保护投资者的利益,提高投资者的积极性。

三、确定收益分配政策时应考虑的因素

企业在确定收益分配政策时,应当考虑以下四个方面的因素。

(一)法律因素

为了保护债权人和股东的利益,我国法律、法规对公司的收益分配作出了以下三个规定。

1. 资本保全约束　　资本保全约束规定,公司不能用资本(包括实收资本或股本和资本公积)发放现金股利,资本保全的目的在于维持公司资本的完整性,保护公司完整的产权基础,以保障债权人的利益。

2. 资本积累约束　　资本积累约束规定,公司必须按照一定的比例和基数提取各种公积金,股利只能从企业的可供分配利润中支付。企业当期的净利润按照规定提取各种公积金后和过去累积的留存收益形成企业的可供分配利润。另外,在进行利润分配时,一般应当贯彻"无利不分"的原则,即当公司出现年度亏损时,一般不进行利润分配。

3. 偿债能力约束　　偿债能力约束要求规定,公司考虑现金股利分配对偿债能力的影响,确定在分配现金股利后仍能保持较强的偿债能力,以维护公司的信誉和借贷能力,从而保证公司的正常资金周转。

(二)公司因素

公司出于短期经营和长期发展的考虑,在确定收益分配政策时,应当考虑以下各项因素,来确定收益分配政策。

1. 现金流量　　保证公司正常的经营活动对现金的需求是确定收益分配政策的最重要的限制因素。公司在进行收益分配时,不仅仅是以公司的净利润为依据,还必须充分考虑企业的现金流量。由于会计规范的要求和核算方法的选择,有的项目增加了公司的净利润,但并未增加可供公司支配的现金流量,公司在确定收益分配政策时,应当充分考虑这方面的因素。

2. 资产的流动性　　公司现金股利的支付能力,在很大程度上受其资产变现能力的限制。较多地支付现金股利,会减少公司的现金持有量,使资产的流动性降低,而保持一定的资产流动性是公司正常运转的基础和必备条件。如果公司的资产有较强的变现能力,现金的来源较充裕,则它的股利支付能力也比较强。

3. 盈利的稳定性 公司的收益分配政策在很大程度上会受其盈利稳定性的影响。通常，一个公司的盈利越稳定，则其股利支付水平也就越高。

4. 投资需求 公司的收益分配政策应当考虑未来投资需求的影响。如果一个公司有较多的投资机会，对资金的需求量大，那么，它就可能会考虑采用低股利支付水平的分配政策。相反，如果公司的投资机会较少，那么就有可能倾向于采用较高的股利支付水平的分配政策。

5. 筹资能力 公司收益分配政策受其筹资能力的限制。如果公司具有较强的筹资能力，随时能筹集到所需要的资金，那么公司具有较强的股利支付能力。

6. 筹资成本 留存收益筹资同发行新股或举债筹资相比，由于不需要支付筹资费用，因此具有筹资成本低的优点。同时，留存收益筹资，增加了公司权益资本的比重，降低了财务风险，便于低成本取得债务资本。

7. 股利政策惯性 通常，公司不宜经常改变其收益分配政策。公司在确定收益分配政策时，应当充分考虑股利政策调整有可能带来的负面影响。如果公司历年采取的股利政策具有一定的连续性和稳定性，那么重大的股利政策调整有可能对公司的声誉、股票价格、负债能力、信用等多方面产生影响。

8. 其他因素 公司收益分配政策的确定还会受其他因素的影响，如上市公司所处行业也会影响其股利政策：朝阳行业一般处于调整成长期，甚至能以数倍于经济发展速度的水平发展，因此就可能进行较高比例的股利支付；而夕阳产业则由于处在发展的衰退期，会随着经济的高增长而萎缩，就难以进行高比例的分红。另外，公司可能有意多发股利使股价上升，使已发行的可转换债券尽快地实现转换，从而达到调整资本结构的目的或达到兼并、反收购的目的等。

（三）股东因素

股东在控制权、收入、税赋、风险及投资机会等方面的考虑也会对公司的收益分配政策产生影响。

1. 控制权 以现有股东为基础组成的董事会，在长期的经营中可能形成了一定的有效控制格局，他们往往会将股利政策作为维持其控制地位的工具。当公司因有利可图的投资机会筹集所需资金，而外部又无适当的筹资渠道可以利用时，为避免由于增发新股，可能会有新的股东加入公司而打破原有的控制格局，现有股东就会倾向于较低的股利水平，以便从内部的留存收益中取得所需资金。

2. 稳定的收入 有的股东依赖公司发放的现金股利维持生活，他们往往要求公司能够支付稳定的股利，反对公司留存过多的收益。另外，有些股东认为留存收益使公司股票价格上升而获得资本利得具有较大的不确定性，取得现实的股利比较可靠，因此，这些股东也会倾向于多分配股利。

3. 税赋　　公司的股利政策会受股东对税赋因素考虑的影响。由于股利收入的税率要高于资本利得的税率,很多股东会由于对税赋因素的考虑而偏好于低股利支付水平,因为低股利政策会使他们获得更多纳税上的好处。

4. 投资机会　　股东的外部投资机会也是公司制定分配政策必须考虑的一个因素。如果公司将留存收益用于再投资的所得报酬,低于股东个人单独将股利收入进行其他投资所得的报酬,则股东倾向于多发放股利,这对股东更为有利。

(四)债务契约与通货膨胀

1. 债务契约　　股利支付水平越高,留存收益越少,公司的破产风险就越大。债权人为了保护自己的利益不受损害,通常会在公司借款合同、债务契约中加入关于借款公司股利政策的条款,如营运资金低于某一特定金额时,不得发放股利等,以限制公司股利的发放。

2. 通货膨胀　　通货膨胀会带来货币购买力水平下降、固定资产重置和资金来源不足等问题,届时公司往往不得不考虑留用一定的利润,以便弥补通货膨胀所造成的资金缺口。因此,在通货膨胀时期公司通常会采取偏紧的收益分配政策。

第二节　股利政策

一、股利政策的含义

股利政策是指公司在法律允许的范围内是否发放股利、发放股利的数额和时机的方针及对策。

股利政策的最终目标是使公司价值最大化。股利往往可以向市场传递一些信息,股利发放的多少、是否稳定、是否增长等,往往是大多数投资者推测公司经营状况、发展前景优劣的依据。因此,股利政策关系到公司在市场上、在投资者中间的形象,成功的股利政策有利于提高公司的市场价值。

二、股利政策的种类

在实际工作中,可供公司选择的股利政策主要有剩余股利政策,固定或稳定增长的股利政策、固定股利支付率政策和低正常股利加额外股利政策等。

(一)剩余股利政策

剩余股利政策是指公司生产经营所获得的净利润首先应当满足公司的资金需求,如果还有剩余,则分派现金股利;如果没有剩余,则不分派现金股利。剩余股利政策的依据是:在完全理想状态下的资本市场中,上市公司的股利政策与公司普通股每股市价无关,公司派发现金股利的高低不会给股东的财富价值带来实质性的影响,投资者对于净利润的留存或发放并无偏好,公司决策者不必考虑公司的分红模式,公司的股利政策只需随公司的筹资和投资方案的制定而自然确定。另外,很多公司有最佳目标资本结构,公司的股利政策应为达到最佳资本结构服务。

综上所述,根据剩余股利政策,公司确定其股利分派额的步骤为:① 根据公司的投资计划确定公司的最佳资本预算。② 根据公司的目标资本结构及最佳资本预算,预计公司资金需求中所需要的权益资本数额。③ 尽可能用留存收益来满足资金需求中所需增加的股东权益数额。④ 留存收益在满足公司股东权益增加的需求后,如有剩余再用来发放现金股利。

【例】 武康公司 2014 年净利润为 1 850 万元,2015 年的投资计划需要资金 2 000 万元,公司的目标资本结构为:权益资本占 55%,债务资本占 45%。

(1)计算权益资本额和发放现金股利 根据目标资本结构的要求,计算该公司投资计划所需要的权益资本额和 2015 年可以发放的现金股利如下:

公司投资计划所需要的权益资本额＝2 000×55%＝1 100(万元)

公司 2015 年可以发放的现金股利＝1 850－1 100＝750(万元)

(2)确定每股普通股可分派现金股利 该公司当年的普通股为5 000万股,按照剩余股利政策,确定每股普通股可分派的现金股利如下:

$$每股可分派的现金股利＝\frac{750}{5\,000}＝0.15(元)$$

剩余股利政策的优点是,留存收益优先保证再投资的需要,有助于降低再投资的资金成本,保持最佳资本结构,实现公司价值的长期最大化。其缺点是,公司现金股利的发放额会每年随投资机会和盈利水平的波动而波动,不利于投资者安排收入与支出,也不利于公司树立良好的形象。

(二)固定或稳定增长股利政策

固定或稳定增长股利政策是指公司将每年派发的股利额固定在某一特定水平或者在这基础上维持某一固定比率逐年稳定增长。只有在确信公司未来的盈利增长不会发生逆转时,公司才会宣布实施固定或稳定增长的股利政策。不少公司为了避免通货膨胀对股东收益的影响,达到吸引投资的目的,实行稳定增长的股利政策。公司在支付某一固定股利的基础上,还制定了目标股利增长率,依据公司的盈利水平按目标股利增长率逐步提高公司的股利支付水平。

采取固定或稳定增长股利政策,要求公司对未来的盈利和支付能力能作出较为准确的判断。通常公司确定的固定股利额不宜太高,要留有余地,以免公司日后陷入无力支付的被动局面。

固定或稳定增长股利政策的优点是,可以传递给股票市场和投资者一个公司经营状况稳定、管理层对未来充满信心的信号。这样,有利于公司在资本市场上树立良好的形象、增强投资者信心,进而有利于稳定公司股价;有利于吸引进行长期投资的股东。其缺点是,该政策下的股利分派只升不降;在公司发展的过程中,难免会出现经营状况不佳或暂时的困难时期,如果执行这一政策派发的现金股利额大于公司实现的净利润,则必将侵蚀公司的留存收益,影响公司的后续发展,给公司的财务运作带来很大的压力,最终影响公司正常的生产经营活动。

（三）固定股利支付率政策

固定股利支付率政策是指公司将每年净利润的某一固定百分比作为分派给股东现金股利的分派标准。这一百分比称为股利支付率。股利支付率一经确定,不得随意变更。固定股利支付率越高,公司留存的净利润就越少。采用这种股利政策,只要公司的净利润确定后,所派发的现金股利也就相应确定了。

固定股利支付率政策的优点是,股利与公司盈利紧密地配合,体现了多盈多分、少盈少分、无盈不分的股利分配原则;公司每年按固定的比例从净利润中支付现金股利。从公司支付能力的角度看,这是一种稳定的股利政策。其缺点是,当公司每年的净利润出现波动时,随其波动的现金股利很容易给投资者带来公司经营状况不稳定、投资风险较大的不良印象;当公司实现的盈利较多,而现金流量状况不好时,却还要按固定比率分派现金股利,这将会给公司造成较大的财务压力;采取固定股利支付政策,公司丧失了利用股利政策的财务方法,缺乏财务弹性;合适的固定股利支付率的确定难度大。

（四）低正常股利加额外股利政策

低正常股利加额外股利政策是指公司事先设定一个较低的正常股利额,每年除了按正常股利向股东分派现金股利外,还要在公司盈利情况较好、资金较为充裕的年度向股东发放高于每年度正常股利的额外股利。这种股利政策既保持了固定股利政策对股东投资收益有保障的优点,又弥补了固定股利政策对公司造成财务压力的不足,因此在资本市场上受到投资者和公司的欢迎。

低正常股利加额外股利政策的优点是,公司在股利发放上具有一定的灵活性,由于公司每年固定分派的股利维持在较低的水平上,在公司盈利较少或需要用较多的留存收益进行投资时,公司仍然能够按照已承诺的股利水平分派股利,这有助于维持公司股票现有的价格。而公司盈利状况较好,并有剩余现金时,可以在正常股利的基础上再分派额外股利,而分派额外股利的信息则有助于公司股票价格的上扬,增强投资者的信心。其缺点是,由于各年度公司的盈利波动使得额外股利不断变化,或时有时无。这容易给投资者造成公司收益不稳定的感觉;当公司在较长时期持续发放额外股利后,一旦取消了额外股利,可能会使股东认为这是公司财务状况恶化的表现,进而可能会引起公司股价下跌的不良后果。

第三节 收益分配程序与股利分配方案

一、收益分配程序

我国《公司法》规定,公司年度的净利润应按照下列顺序分配。

1. **弥补以前年度亏损** 公司当年实现的净利润首先应按照规定弥补以前年度发生的亏损。公司实现的净利润在以前年度亏损未弥补完之前,不得提取法定公积金。

2. **提取10%法定公积金** 将本年净利润扣除弥补以前年度亏损后的余额,计提10%比例的法定公积金,累计提取的法定公积金总额达到注册资本50%以后,可以不再提取。

3. **提取任意公积金** 公司提取法定公积金后,公司章程对提取任意公积金有规定的,按公司章程的规定提取任意公积金;公司章程没有规定的,可以根据股东大会决议所定的比例提取任意公积金。

4. **向投资者分配利润** 公司应当按照"同股同权,同股同利"的原则,向投资者分配利润。公司以前年度的未分配利润,可以并入本年度利润一并进行分配。在弥补公司以前年度亏损和提取法定公积金之前,公司不得向投资者分配利润。此外,公司持有的本公司的股份不得分配利润。

二、股利分配方案的确定

公司确定股利分配方案需要考虑选择股利政策、确定股利支付水平和确定股利支付形式三个方面的内容。

(一)选择股利政策

股利政策不仅会影响股东的利益,也会影响公司的正常营运以及未来的发展,因此,需要制定恰当的股利政策。由于各种股利政策各有利弊,所以公司在进行股利政策决策时,要综合考虑公司面临的各种影响因素,适当遵循收益分配的各项原则,以保证不偏离公司的目标。

各个公司均有初创阶段,快速发展阶段,稳定增长阶段、成熟阶段和衰退阶段等发展历程。在不同的发展阶段,公司所面临的财务、经营等问题都会有所不同,因此,公司在制定股利政策时,还要与其所处的发展阶段相适应。

在公司初创阶段,其特点是公司经营风险高,有投资需求但筹资能力差,宜采取剩余股利政策;在公司快速发展阶段,其特点是公司发展快速,投资需求大,宜采取低正常股利加额外股利政策;在公司稳定增长阶段,其特点是公司业务稳定增长,投资需求减少,净现金流量增加,每股净收益呈上升趋势,宜采取固定或稳定增长的股利政策;在公司成熟阶段,其特点是公司盈利水平稳定,公司已积累了一定的留存收益,宜采取固定股利支付率政策;在公司衰退阶段,其特点是公司业务锐减,盈利能力和现金获得能力下降,宜采取剩余股利政策。

(二)确定股利支付水平

股利支付水平通常用股利支付率来反映。股利支付率是指当年发放的股利与当年净利润的比率。低股利支付率政策虽然有利于公司对收益的留存,有利于公司扩大投资规模和未来的持续发展,但在资本市场上会大大降低对投资者的吸引力,进而影响公司未来的增资扩股;而高股利支付率政策有利于增强公司股票的吸引力,有助于公司在公开市场上筹集资金,但由于留存收益少,又会给公司资金周转带来影响,加重公司的财务负担。

公司是否对股东发放股利以及股利支付率的高低,取决于对下列因素的权衡:公司所处的成长周期,公司的投资机会,公司的筹资能力及资金成本,公司的资本结构,借款协议及法律限制,股东偏好及通货膨胀等。

(三)确定股利支付形式

股份有限公司支付给股东股利,按其支付的形式不同主要可分为现金股利和股票股利两种。

1. 现金股利   它是指以现金支付的股利。这是股利支付最常见的形式。公司发放现金股利,将同时减少资产负债表上的留存收益和现金,因此,公司选择支付现金股利时,除了要有足够的留存收益外,还要有足够的现金。而充足的现金往往会成为公司发放现金股利的主要制约因素。

2. 股票股利   它是指公司的增发股票的方式所支付的股利。股票股利对公司来说,并没有现金流出公司,也不会导致公司的财产减少,而只是将公司的留存收益转化为股本。但股票股利会增加流通在外的股票数量,同时降低股票的每股价值。股票股利不会改变公司的股东权益总额,但会改变股东权益的构成。

【例】 江陵公司在 2014 年 2 月 28 日发放股票股利前,其资产负债表上股东权益各项目的余额如下(单位:万元):

股本(普通股 2 500 万股,每股面值 1 元)	2 500
资本公积	6 300
盈余公积	1 200
未分配利润	2 000
股东权益总额	12 000

该公司宣告发放 20% 的股票股利。现有股东每持 10 股,即可获得赠送的 2 股普通股。共发放股票股利 500 万股。随着股票股利的发放,未分配利润项目中有 500 万元的资金要转移到股本项目中去,因而股本项目内原来的 2 500 万元增加到

3 000万元,而未分配利润项目的余额则由原来的2 000万元减少至1 500万元,但该公司的股东权益总额并未发生变化,仍然为12 000万元。股票股利发放后,该公司资产负债表上股东权益各项目的余额如下(单位:万元):

股本(普通股3 000万股,每股面值1元)	3 000
资本公积	6 300
盈余公积	1 200
未分配利润	1 500
股东权益总额	12 000

如果A股东在发放股票股利前持有江陵公司的普通股5 000股,那么他拥有的股权比例如下:

$$A 股东拥有的股权比例 = 5\ 000 \div 25\ 000\ 000 = 0.02\%$$

A股东收到20%的股票股利后,他持有股票的数量增加到6 000股(5 000＋5 000×20%),他拥有的股权比例仍为0.02%(6 000÷30 000 000)。

上例表明,由于公司的净资产不变,而股票股利发放前后每一位股东的持股比例也不发生变化,那么他们各自持股所代表的净资产也不会改变。

从表面上看,除了所持股数同比例增加之外,股票股利似乎并没有给股东带来直接收益。事实上并非如此,因为市场和投资者普遍认为公司发放股票股利,往往预示着公司会有较大的发展和成长,这样的信息传递不仅会稳定股票价格,甚至可能会使股票价格上升。此外,如果股东将股票股利出售,变为现金收入,还会给其带来资本利得的纳税上的好处。

从公司的角度来看,股票股利的优点主要有:发放股票股利既不需要向股东支付现金,又可以在心理上给股东以从公司取得投资回报的感觉;公司通过发放股票股利来适当降低股票的价格水平,以促进公司股票的交易和流通;发放股票股利可以传递公司未来发展前景良好的信息,增强投资者的信心;股票股利降低了每股的市价,会吸引更多的投资者成为公司的股东,可以使股权更为分散,有效地防止公司被恶意控制。

三、股利的发放

公司在选择了股利政策、确定了股利支付水平和形式后,应当进行股利发放。公司股利的发放必须遵循相关的要求,按照日程安排进行。通常股利的支付按照下列的日程进行。

1. 预案公布日　　上市公司分派股利,首先由公司董事会制定股利分派预案,包括本次分派股利的数量和形式,股东大会召开的时间、地点及表决方式等,这些内容由公司董事会向社会公开发布。

2. 宣布日 公司董事会制定的分派股利预案必须经过股东大会讨论。只有讨论通过以后，才能公布正式分派股利方案及实施的日期。

3. 股权登记日 它是指由公司在宣布分派股利方案时确定的一个具体日期。凡是在这指定日期收盘之前取得了公司股票，成为公司在册股东的投资者都可以作为股东享受公司分派的股利。在这指定日期之后取得股票的股东则无权享受已宣布的分派股利。

4. 除息日 它是指股票的所有权和领取股息的权利的分离日。在除息日，股利权利不再从属于股票，所以在除息日购入公司股票的投资者不再享有已宣布发放的股利。此外，由于失去了"附息"的权利，除息日的股价会下跌，下跌的幅度约等于发放的股息。

5. 股利发放日 它是指公司按公布的分派股利方案向股权登记日的在册股东实际支付股利的日期。

思 考 题

一、简答题

1. 试述收益分配管理。
2. 试述收益分配管理的基本原则。
3. 什么是股利政策？它有哪些种类？
4. 采取剩余股利政策确定其股利分派额有哪些步骤？
5. 低正常股利加额外股利政策有哪些优缺点？
6. 试述收益分配的程序。
7. 公司有哪些发展阶段？各个发展阶段有哪些特点？宜采取什么股利政策？
8. 什么是股票股利？从公司的角度看，它有哪些优点？

二、名词解释题

1. 收益分配
2. 剩余股利政策
3. 固定或稳定增长股利政策
4. 固定股利支付率政策
5. 低正常股利加额外股利政策
6. 股利支付率
7. 股权登记日
8. 股利发放日

三、是非题

1. 收益分配是指企业将净利润在投资者、经营者以及企业留存之间进行的合理、有效的分配。　　　　　　　　　　　　　　　　　　　（　　）

2. 资本保全约束规定公司不能用资本（包括实收资本和资本公积）发放股利，以保障债权人的利益。　　　　　　　　　　　　　　　　　（　　）

3. 公司在确定收益分配政策时,应当考虑法律因素、公司因素、股东因素以及债务契约与通货膨胀等因素。 （　　）

4. 公司出于短期经营和长期发展的考虑,应当考虑现金流量、资产的流动性、盈利的稳定性、投资需求、筹资能力、筹资成本和其他因素。 （　　）

5. 股利政策的关键问题是确定分配和留存的比例。 （　　）

6. 采取固定股利支付率政策,要求公司对未来的盈利和支付能力作出较为准确的判断。 （　　）

7. 公司当年实现的净利润首先应按照规定弥补以前年度亏损。 （　　）

8. 公司以前年度的未分配利润,可以并入本年度利润一并进行分配。
（　　）

9. 在公司快速发展阶段,其特点是公司发展快速,每股净收益呈上升趋势,宜采取固定或稳定增长的股利政策。 （　　）

10. 股票股利不会改变公司的股东权益总额,也不会改变股东权益的构成。
（　　）

11. 股票股利除了使股东所持股数同比例增加之外,并没有给股东带来收益。
（　　）

12. 除息日是指股票的所有权和领取股息的权利的分离日。 （　　）

四、单项选择题

1. 投资机会属于_____。
   A. 法律因素　　　　　　　　　　B. 公司因素
   C. 股东因素　　　　　　　　　　D. 债务契约与通货膨胀

2. 现金流量应归入_____。
   A. 法律因素　　　　　　　　　　B. 公司因素
   C. 股东因素　　　　　　　　　　D. 债务契约与通货膨胀

3. _____是确定收益分配政策的最重要的限制因素。
   A. 投资需求　　B. 筹资能力　　C. 资金成本　　D. 现金流量

4. 在通货膨胀时期公司通常采取_____的收益分配政策。
   A. 较松　　　　B. 较紧　　　　C. 偏松　　　　D. 偏紧

5. _____的优点是留存收益优先保证再投资的需要,有助于降低再投资的资金成本,保持最佳资本结构,实现企业价值的长期最大化。
   A. 剩余股利政策　　　　　　　　B. 固定或稳定增长的股利政策
   C. 固定股利支付率政策　　　　　D. 低正常股利加额外股利政策

6. 在公司_____,其特点是公司盈利水平稳定,公司已积累了一定的留存收益。

A. 快速发展阶段　　　　　　　　B. 稳定增长阶段

C. 成熟阶段　　　　　　　　　　D. 衰退阶段

7. 公司累计计提的法定公积金总额达到注册资本_____以后,可以不再提取。

　　A. 10%　　　　　B. 25%　　　　　C. 50%　　　　　D. 60%

五、多项选择题

1. 公司的收益分配作为一项重要的财务活动,应当遵循_____。

　　A. 分配与积累并重原则　　　　B. 依法分配原则

　　C. 投资与收益对等原则　　　　D. 兼顾各方利益原则

2. 公司确定收益分配政策时的法律因素主要体现在_____等方面。

　　A. 资本保全约束　　　　　　　B. 偿债能力约束

　　C. 资本积累约束　　　　　　　D. 股利分配约束

3. 公司确定收益分配政策时应考虑的股东因素包括控制权、_____等。

　　A. 投资机会　　B. 资产的流动性　　C. 税赋　　　　D. 稳定的收入

4. 公司确定股利分配方案需要考虑_____等方面的内容。

　　A. 选择股利政策　　　　　　　B. 确定股利支付水平

　　C. 确定股利发放日　　　　　　D. 确定股利支付形式

5. 在公司_____,宜采取剩余股利政策。

　　A. 初创阶段　　　　　　　　　B. 稳定增长阶段

　　C. 成熟阶段　　　　　　　　　D. 衰退阶段

6. 低股利支付政策_____。

　　A. 有利于公司对收益的留存

　　B. 有利于增强公司股票的吸引力

　　C. 有利于扩大投资规模和未来的持续发展

　　D. 有助于公司在公开市场上筹集资金

7. 高股利支付政策_____。

　　A. 有利于公司对收益的留存

　　B. 有利于增强公司股票的吸引力

　　C. 有利于扩大投资规模和未来的持续发展

　　D. 有助于公司在公开市场上筹集资金

8. 发行股票股利的优点有可以在心理上给股东以从公司取得投资回报的心理感觉、_____等。

　　A. 增强投资者的信心　　　　　B. 促进公司股票的交易和流通

　　B. 增加股东权益总额　　　　　D. 有效地防止公司被恶意控制

练 习 题

习 题 一

一、目的　练习剩余股利政策的应用。

二、资料　申江公司采取剩余股利政策。2014 年实现净利润 2 730 万元，2015 年的投资计划需要资金 3 000 万元，公司的目标资本结构为权益资本占 60%，债务资本占 40%，该公司的普通股为 6 000 万股。

三、要求　计算该公司投资方案所需要的权益资本额和每股普通股可以发放的现金股利。

习 题 二

一、目的　练习对股票股利的分析。

二、资料

1. 2014 年 3 月 31 日，天宝公司有关账户余额为：股本 3 000 万元（系普通股 3 000 万股，每股面值 1 元），资本公积 6 900 万元，盈余公积 1 600 万元，未分配利润 2 500 万元。4 月 25 日，该公司宣告发放股票股利，原股东每持 10 股，即可获得赠送的 3 股普通股，共发放股票股利 900 万股，每股面值 1 元，这样未分配利润项目要转入股本项目 900 万元。

2. 2014 年 4 月 25 日，新光公司从年初至今持有天宝公司普通股 20 万股。

三、要求

1. 根据"资料 1"，分析股票股利对股东权益的影响。

2. 根据"资料 2"，计算新光公司将分得股票股利的数量，并分析股票股利对股东持股的影响。

第八章 财务分析

第一节 财务分析概述

一、财务分析的意义

财务分析是指以企业财务报表及其他相关资料为主要依据,对企业的财务状况、经营成果和现金流量进行的评价和剖析,它反映企业在营运过程中的利弊得失和发展趋势,从而为改进企业财务管理工作和优化经济决策提供重要的财务信息。

财务分析是评价企业财务状况、衡量经营业绩和现金流量的重要依据;是挖掘潜力、改进工作、实现理财目标的重要手段;是合理实施各种投资决策的重要步骤。

二、财务分析的需求者和财务分析的内容

财务分析的需求者包括企业所有者、企业债权人、企业经营决策者和政府等。不同主体出于不同的利益考虑,对财务分析信息有着各自不同的要求。

企业所有者作为投资人,关心其资本的保值、增值状况和企业发展趋势,因此较为重视企业盈利能力和发展能力指标。

企业债权人因不能分享企业剩余收益,所以更关注的是其投资的安全性,因此也更重视企业偿债能力指标。

企业经营决策者必须面对企业经营理财的各个方面,对包括偿债能力,营运能力、盈利能力和发展能力在内的全部信息,予以详尽的了解和掌握。

政府兼具多重身份,既是宏观经济管理者,又是国有企业的所有者和重要的市场参与者,因此政府对企业财务分析的关注点因所具身份不同而异。

财务分析的内容包括偿债能力分析、营运能力分析、盈利能力分析和发展能力分析,四者是相辅相成的关系。

三、财务分析的方法

财务分析的方法主要有趋势分析法、比率分析法和因素分析法。

（一）趋势分析法

趋势分析法是指通过对比两期或连续数期财务报表中相同指标,确定其增减变动的方向、数额和幅度,来说明企业财务状况或经营成果的变动趋势的方法。

对于不同时期财务指标的对比,可以有以下两种方法。

1. 定基动态比率　　它是指以某一时期的数额为固定的基期数额而计算出

来的动态比率,其计算公式如下:

$$定基动态比率=\frac{分析期数额}{固定基期数额}\times100\%$$

2. 环比动态比率　它是指以每一分析期的前期数额为基期数额而计算出来的动态比率。其计算公式如下:

$$环比动态比率=\frac{分析期数额}{前期数额}\times100\%$$

【例】　沪光公司2011~2014年各年的营业收入分别为6 000万元、6 750万元和7 660万元,计算其营业收入各年的定基动态比率和环比动态比率如图表8-1所示。

计算结果显示,该公司2011~2014年营业收入的定基动态比率分别为112.50%、127.67%和146.33%;环比动态比率分别为112.50%、113.48%和114.62%,表明该公司的营业收入逐年增长较快,企业未来的发展前景较好。

采用趋势分析法可以分析引起变化的主要原因、变动的性质,并预测企业未来的发展前景。

图表8-1

营业收入各年的定基动态比率和环比动态比率计算表

年度 财务指标	营业收入(万元)	定基动态比率(%)	环比动态比率(%)
2011	6 000	—	—
2012	6 750	112.50	112.50
2013	7 660	127.67	113.48
2014	8 780	146.33	114.62

(二) 比率分析法

比率分析法是指通过计算各种比率指标来确定经济活动变化程度的分析方法,比率是相对数,采用这种方法能将某些条件下的不可比指标变为可比指标,以利于进行分析。它有以下三种类型。

1. 构成比率　它又称结构比率,它是指某项财务指标的各组成部分数值占总体数值的百分比,反映部分与总体的关系。其计算公式如下:

$$构成比率=\frac{某个组成部分数值}{总体数值}\times100\%$$

例如,企业负债中流动负债和非流动负债占负债总额的百分比(负债构成比率)。利用构成比率可以考察总体中某个部分的形成或安排是否合理,以便协调各项财务活动。

2. 效率比率　　它是指某项财务活动中所费与所得的比例,反映投入与产出的关系。例如,将净利润项目与营业收入、总资产、净资产等项目进行对比,可以计算出营业净利率、总资产净利率和净资产收益率等指标,可以从不同角度观察比较企业盈利能力的高低及其增减变化情况。利用效率比率指标,可以进行得失比较,考察经营成果,评价经济效益。

3. 相关比率　　它是指以某个项目和与其有关但又不同的项目加以对比所得的比率,反映有关经济活动的相互关系。例如,将流动资产与流动负债进行对比,计算出流动比率,以判断企业的短期偿债能力。利用相关比率指标,可以考察与企业有联系的相关业务的安排是否合理,以保障营运活动顺利进行。

(三)因素分析法

因素分析法是指依据分析指标与其影响因素的关系,从数量上确定各因素对分析指标影响方向和影响程度的一种方法。采用这种方法的出发点在于当有若干因素对分析指标发生影响作用时,假定其他各个因素都无变化,顺序确定每一个因素单独变化所产生的影响。因素分析法有连环替代法和差额分析法两种。

1. 连环替代法　　它是指将分析指标分解为各个可以计量的因素,并根据各个因素之间的依存关系,顺次用各因素的比较值(通常指实际值)替代基准值(通常指标准值或计划值),据以测定各因素对分析指标的影响。

【例】　武宁有限公司2014年9月份生产A产品耗用材料的计划数与实际数如图表8-2所示。

图表8-2

A产品耗用材料的计划数与实际数

2014年9月份

项　　目	计量单位	计　划　数	实　际　数
产量	件	500	520
单位产品材料耗用量	千克	32	31
材料单价	元	12	12.10
材料费用总额	元	192 000	195 052

在图表8-2中,A产品的材料费用总额计划数为192 000元,实际数为195 052

元,比计划数增加了 3 052 元,运用连环替代法计算各种因素变动对材料费用总额的影响程度如下：

$\quad$ 计划指标：$500 \times 32 \times 12 = 192\,000$(元) $\hfill$ (1)

$\quad$ 第一次替代：$520 \times 32 \times 12 = 199\,680$(元) $\hfill$ (2)

$\quad$ 第二次替代：$520 \times 31 \times 12 = 193\,440$(元) $\hfill$ (3)

$\quad$ 第三次替代(即实际指标)：$520 \times 31 \times 12.10 = 195\,052$(元) $\hfill$ (4)

$\quad$ (2)式－(1)式 $= 199\,680 - 192\,000 = 7\,680$(元) $\hfill$ 产量增加的影响

$\quad$ (3)式－(2)式 $= 193\,440 - 199\,680 = -6\,240$(元) $\hfill$ 材料节约的影响

$\quad$ (4)式－(3)式 $= 195\,052 - 193\,440 = 1\,612$(元) $\hfill$ 单价提高的影响

$\quad$ $7\,680 - 6\,240 + 1\,612 = 3\,052$(元) $\hfill$ 全部因素的影响

$\quad$ 2. 差额分析法　　它是指利用各个因素的比较值与基准值之间的差额,来计算各因素对分析指标的影响。它是连环替代法的一种简化形式。

【例】　根据前例资料,运用差额分析法计算各种因素对材料费用总额的影响程度如下：

$\qquad$ 由于产量增加对材料费用总额的影响 $=(520-500) \times 32 \times 12 = 7\,680$(元)

$\qquad$ 由于材料消耗节约对材料费用总额的影响 $=(31-32) \times 520 \times 12 = -6\,240$(元)

$\qquad$ 由于单价提高对材料费用总额的影响 $=(12.10-12) \times 520 \times 31 = 1\,612$(元)

$\qquad$ 全部因素的影响 $= 7\,680 - 6\,240 + 1\,612 = 3\,052$(元)

因素分析法在财务分析中被广泛应用,但在应用这种方法时必须注意下列四个问题。

(1) 因素分解的关联性　　它是指确定构成经济指标的因素必须客观上存在因果关系,要能够反映形成该项指标差异的内在构成原因。

(2) 因素替代的顺序性　　它是指替代因素时必须按照各因素的依存关系,排列成一定的顺序并依次替代,不能随意予以颠倒。

(3) 顺序替代的连环性　　它是指在计算每一个因素变动的影响时,都是在前一次计算的基础上进行,并采取连环比较的方法确定因素变化影响的结果。

(4) 计算结果的假定性　　它是指每个因素计算的结果不可能达到绝对准确,带有假定性,但不会妨碍分析的有效性。

第二节　财务指标分析

总结和评价企业财务状况、经营成果和现金流量的分析指标包括偿债能力指标、营运能力指标、盈利能力指标和发展能力指标四类,现分别予以阐述。

一、偿债能力指标

偿债能力是指企业偿还到期债务的能力。它包括短期偿债能力指标和长期偿债能力指标。

（一）短期偿债能力指标

短期偿债能力是指企业流动资产对流动负债及时、足额偿还的保证程度，是衡量企业当前财务能力，特别是流动资产变现能力的重要标志。企业短期偿债能力指标主要有流动比率、速动比率和现金流动负债比率三项。

1. 流动比率　它是指企业流动资产与流动负债的比率。它表明企业每1元流动负债有多少流动资产作为偿还保证，反映企业因可以在短期内转变为现金的流动资产偿还到期流动负债的能力。其计算公式如下：

$$流动比率 = \frac{流动资产}{流动负债} \times 100\%$$

流动比率是评价企业短期偿债能力的重要指标。从债权人的角度来看，流动比率越高表明债务人短期偿债能力越强，则其债权的安全性也越高，发生坏账损失的风险和损失就越少。但是从企业财务管理的角度来看，过高的流动比率表明企业对资金未能有效地加以运用，从而影响了企业的盈利能力。而过低的流动比率，表明企业的短期偿债能力很弱，将会影响企业在社会上的信誉，使其资信度下降，失去债权人和投资者的信任。从而造成再度举债融资或筹资的困难。根据经验判断，流动比率保持在200%左右比较适宜。在实际工作中，由于各个行业的生产经营性质和特点的不同，其资产流动性的要求也各异。因此，流动比率可以有不同的衡量标准，但这个标准必须兼顾企业与债权人双方的利益。

【例】　长江股份有限公司2013年年末流动资产为3 890万元，流动负债为1 978万元；2014年年末流动资产为4 045万元，流动负债为2 007万元，计算并分析该公司的流动比率如下：

$$2013年流动比率 = \frac{3\,890}{1\,978} \times 100\% = 196.66\%$$

$$2014年流动比率 = \frac{4\,045}{2\,007} \times 100\% = 201.54\%$$

计算结果显示，该公司2013年的流动比率为196.66%，已接近200%，而2014年的流动比率为201.54%，比上年上升了4.88%。显示的结果表明了企业的短期偿债能力有了提高。这一比率既表明了企业有较强的短期偿债能力，又表明了企业对流动资产运用适中，但在下一年度应适当压缩一下流动比率，将其控制在200%左右，以充分发挥流动资金的运用效率。

2. 速动比率　它是指企业速动资产与流动负债的比率。速动资产是指流动资产减去变现能力较差且不稳定的存货、预付款项、1年内到期的非流动资产和其他流动资产之后的余额。由于剔除了存货等变现能力较弱且不稳定的资产,因此,速动比率比流动比率能够更加准确、可靠地评价企业资产的流动性及其偿还短期负债的能力,其计算公式如下:

$$速动比率 = \frac{速动资产}{流动负债} \times 100\%$$

$$\frac{速动}{资产} = \frac{流动}{资产} - 存货 - \frac{预付}{款项} - \frac{1年内到期的}{非流动资产} - \frac{其他流}{动资产}$$

根据经验判断,工业企业的速动比率在100%左右比较适宜。在实际工作中,由于各个行业的经营特点不同,判断的标准也各异,工业企业的存货,从采购材料开始,要经过生产过程,等产品完工后才能出售,其变现速度较慢;而商业企业的存货,采购商品完毕后就可以出售,其变现速度较快,因此其速动比率要低得多,通常认为在50%左右比较适宜。

【例】 长江股份有限公司为工业企业,2013年年末流动资产为3 890万元,其中:存货为2 101万元,预付款项为5万元,其他流动资产为3万元,流动负债为1 978万元。2014年年末流动资产为4 045万元,其中:存货为2 224万元,预付账款为6万元,其他流动资产为4万元,流动负债为2 007万元。计算并分析该公司的速动比率如下:

$$2013年速动资产 = 3\,890 - 2\,101 - 5 - 3 = 1\,781(万元)$$

$$2013年速动比率 = \frac{1\,781}{1\,978} \times 100\% = 90.04\%$$

$$2014年速动资产 = 4\,045 - 2\,224 - 6 - 4 = 1\,811(万元)$$

$$2014年速动比率 = \frac{1\,811}{2\,007} \times 100\% = 90.23\%$$

计算结果显示,该公司2013年的速动比率为90.04%,而2014年的速动比率为90.23%,2014年比2013年上升了0.19%。显示结果表明,公司立即偿还流动负债的能力有了一定的提高,公司的速动比率仍然偏低,希望今后能提高至100%左右。

3. 现金流动负债比率 它是指企业一定时期的经营现金净流量与流动负债的比率。它可以从现金净流量角度来反映企业当期偿付短期负债的能力。现金流动负债比率能充分体现企业经营活动所产生的现金净流量可以在多大程度上保证当期流动负债的偿还,直观地反映出企业偿还流动负债的实际能力。该指标越大,表明企业经营活动产生的现金净流量越多,越能保障企业按期偿还到期债务;但若该指标过大,则表明企业流动资金利用不充分,盈利能力不强。现金流动负债比率的计算公式如下：

$$现金流动负债比率=\frac{年经营活动现金净流量}{年末流动负债}\times100\%$$

【例】 长江股份有限公司 2013 年年末流动负债为 1 978 万元,该年经营活动现金净流量为 2 136 万元。2014 年年末流动负债为 2 207 万元,该年经营活动现金净流量为 2 825 万元,计算并分析该公司的现金流动负债比率如下：

$$2013年现金流动负债比率=\frac{2\ 136}{1\ 978}\times100\%=108\%$$

$$2014年现金流动负债比率=\frac{2\ 825}{2\ 207}\times100\%=128\%$$

计算结果显示,该公司 2013 年现金流量比率为 108%,而 2014 年的现金流量比率为 128%,比上年提高了 20%,表明公司的短期偿债能力有了增强。

(二)长期偿债能力指标

长期偿债能力是指企业偿还长期负债的能力。其指标主要有资产负债率、产权比率、权益乘数、已获利息倍数和带息负债比率五项。

1. 资产负债率 它又称负债比率,它是指企业的负债总额与资产总额的比率。资产负债率是用来衡量企业利用债权人提供资金进行经营活动的能力的,反映了债权人提供贷款的安全程度。其计算公式如下：

$$资产负债率=\frac{负债总额}{资产总额}\times100\%$$

资产负债率是评价企业长期偿债能力的一个重要的财务指标,它可以揭示企业的负债是否适度。从债权人的角度来看,该指标越小越好,这样企业偿债越有保证。从企业所有者的角度来看,该指标较大,说明利用较少的权益资本形成了较多的生产经营用资产,不仅扩大了生产经营规模,而且在经营状况良好的情况下,还利用了财务杠杆效应,得到了较多的收益;该指标较小,则表明企业对财务杠杆利用不够;但资产负债率过大,则表明企业的债务负担重,资金实力不强,不仅对债权人不利,而且企业有濒临倒闭的危险。通常认为资产负债率在 50% 左右较为适宜。当资产负债率超过 100% 时,表明企业已资不抵债,陷入了财务困境。

【例】 长江股份有限公司 2013 年年末资产总额为 10 385 万元,负债总额为 4 876 万元;2014 年年末资产总额为 10 800 万元,负债总额为 5 195 万元。计算并分析该公司的资产负债率如下：

$$2013年资产负债率=\frac{4\ 876}{10\ 385}\times100\%=46.95\%$$

$$2014\ 年资产负债率 = \frac{5\ 195}{10\ 800} \times 100\% = 48.10\%$$

计算结果显示,该公司 2013 年年末的资产负债率为 46.95%,2014 年年末的资产负债率为 48.10%,比去年上升了 1.15%。显示结果表明,公司对债权人的资金利用程度有了提高。这一资产负债率表明公司每 48.10 元的债务,有 100 元的资产作为偿还债务的后盾,说明公司仍有足够的长期偿债能力,也说明了目前公司的生产经营规模中有 48.10% 的资金是借入的。这一资产负债率还是比较适当的。

2. 产权比率　它又称资本负债率,它是指企业负债总额与所有者权益总额的比率。它是企业财务结构是否稳健的重要标志。产权比率是用来衡量所有者权益对债权人权益的保障程度。其计算公式如下:

$$产权比率 = \frac{负债总额}{所有者权益总额} \times 100\%$$

产权比率低,表示债权人权益的保障程度高,承担的风险小。根据经验判断,认为产权比率保持在 100% 左右比较适宜。

【例】　长江股份有限公司 2013 年年末负债总额为 4 876 万元,所有者权益总额为 5 509 万元;2014 年年末负债总额为 5 195 万元,所有者权益总额为 5 605 万元。计算并分析该公司的产权比率如下:

$$2013\ 年产权比率 = \frac{4\ 876}{5\ 509} \times 100\% = 88.51\%$$

$$2014\ 年产权比率 = \frac{5\ 195}{5\ 605} \times 100\% = 92.69\%$$

计算结果显示,该公司 2013 年的产权比率为 88.51%,2014 年的产权比率为 92.69%。显示的结果表明,产权比率虽然比 2013 年上升了 4.18%,但公司仍有很强的长期偿债能力,公司对债权人权益的保护程度较高,财务风险也较小。

3. 权益乘数　它是指企业的资产总额与所有者权益总额的比值。该指标用以衡量企业负债的程度,它表明了资产总额是所有者权益的倍数,其计算公式如下:

$$权益乘数 = \frac{资产总额}{所有者权益总额}$$

在资产总额需要量既定的前提下,企业适当开展负债经营,相对减少所有者权益所占的份额,就可使权益乘数提高,这样能给企业带来较大的财务杠杆效应,但同时企业也需要承受较大的风险压力,因此企业要妥善地予以安排。

【例】 长江股份有限公司 2013 年年末资产总额为 10 385 万元,所有者权益总额为 5 509 万元;2014 年年末资产总额为 10 800 万元,所有者权益总额为 5 605 万元。计算并分析其权益乘数如下:

$$2013 \text{ 年年末权益乘数} = \frac{10\ 385}{5\ 509} = 1.8851$$

$$2014 \text{ 年年末权益乘数} = \frac{10\ 800}{5\ 605} = 1.9269$$

计算结果显示,该公司权益乘数 2013 年为 1.8851,2014 年为 1.9269,2014 年比 2013 年略有提高,表明该公司利用财务杠杆效应的强度也有所提高。

4. 已获利息倍数 它是指企业一定时期内的息税前利润与利息支出的比率。息税前利润是指企业交纳所得税额及支付利息支出之前的利润。企业对外借债的目的是获取必要的经营资金。其负债经营的原则是对债务所付出的利息必须小于使用这笔款项所能获取的利润,否则对外借款将得不偿失。因此,举债经营存在着债务利息可能超过借入资金所获盈利的风险,已获利息倍数则是用来衡量这种风险的财务指标。其计算公式如下:

$$\text{已获利息倍数} = \frac{\text{息税前利润}}{\text{利息费用}}$$

$$\text{息税前利润} = \text{净利润} + \text{所得税费用} + \text{利息支出}$$

或

$$= \text{利润总额} + \text{利息支出}$$

已获利息倍数指标反映的是从所借债务中获得的利润为所需支付的债务利息的倍数。它表明了企业以其经营业务获取的利润偿付债务利息的能力。倘若已获利息倍数较高,说明企业的利润为支付债务利息提供了足够的保障。当企业能够一贯按时、足额地支付债务利息,使企业在支付债务利息方面形成良好的资信度,那么企业就比较容易借到新债归还旧债,就能持续不断地运用债务资金;反之,倘若已获利息倍数较低,说明企业的利润难以为支付债务利息提供充分的保障,从而引起债权人的担心,使企业失去对债权人的吸引力。根据经验判断,企业的利息保障倍数保持在 3 倍左右即有良好的偿付能力。

【例】 长江股份有限公司 2013 年净利润为 921 万元,所得税费用为 307 万元,利息支出为 320 万元;2014 年净利润为 981 万元,所得税费用为 327 万元,利息支出为 336 万元。计算并分析该公司的已获利息倍数如下:

$$2013 \text{ 年已获利息倍数} = \frac{921 + 307 + 320}{320} = 4.84 (\text{倍})$$

$$2014 \text{ 年已获利息倍数} = \frac{981 + 327 + 336}{336} = 4.89 (\text{倍})$$

计算结果显示,该公司 2013 年已获利息倍数为 4.84 倍,2014 年已获利息倍数为 4.89 倍,2014 年比 2013 年增加了 0.05 倍,表明该公司有足够能力偿付债务的利息。

5. 带息负债比率   它是指企业某一时点的带息负债金额与负债总额的比率。该指标反映了企业负债中带息负债的比重,在一定程度上体现了企业未来的偿债(尤其是偿还利息)的压力。其计算公式如下:

$$带息负债比率 = \frac{短期借款 + 1年内到期的长期负债 + 长期借款 + 应付债券 + 应付利息}{负债总额} \times 100\%$$

带息负债比率越低,表明企业的偿债压力越低,尤其是偿还债务利息的压力越低;带息负债比率较高,表明企业承担的偿债风险和偿还利息的风险较大。

【例】 长江股份有限公司 2013 年负债总额为 4 876 万元,其中:各期借款和应付债券为 3 904 万元,应付利息为 22 万元;2014 年负债总额为 5 195 万元,其中:各种借款和应付债券 4 150 万元,应付利息为 26 万元。计算其带息负债比率如下:

$$2013 年带息负债比率 = \frac{3\,904 + 22}{4\,876} \times 100\% = 80.52\%$$

$$2014 年带息负债比率 = \frac{4\,150 + 26}{5\,195} \times 100\% = 80.38\%$$

计算结果显示,该公司 2013 年带息负债比率为 80.52%,2014 年带息负债比率为 80.38%,2014 年比 2013 年降低了 0.14%,表明企业承担的偿债风险和偿还利息的风险仍较大。

二、营运能力指标

营运能力是指企业基于外部市场环境的约束,通过内部人力资源和生产资料的配置组合而对财务目标实现所产生的作用的大小。营运能力指标包括人力资源营运能力指标和生产资料营运能力指标。

(一)人力资源营运能力指标

企业分析和评价人力资源营运能力的着眼点在于如何充分调动劳动者的积极性和能动性,从而提高其经营效率。人力资源营运能力通常采用劳动效率指标来分析。劳动效率是指企业在一定时期内的营业收入或净产值与职工平均人数的比率。其计算公式如下:

$$劳动效率 = \frac{营业收入(或净产值)}{职工平均人数}$$

【例】 长江股份有限公司的营业收入 2013 年为 15 500 万元,2014 年为 16 320 万元,职工人数 2012 年年末为 181 人、2013 年年末为 183 人、2014 年年末为 187

人。计算并分析其劳动效率如下：

$$2013年职工平均人数 = \frac{181+183}{2} = 182(人)$$

$$2013年劳动效率 = \frac{15\,500}{182} = 85.16(万元/人)$$

$$2014年职工平均人数 = \frac{183+187}{2} = 185(人)$$

$$2014年劳动效率 = \frac{16\,320}{185} = 88.22(万元/人)$$

计算结果显示，该公司2013年劳动效率为人均营业收入85.16万元，2014年劳动效率的人均营业收入为88.22万元，2014年比2013年增加了3.06万元，表明公司劳动效率有了提高。

（二）生产资料营运能力分析

生产资料营运能力是指企业总资产及其各个组成要素的营运能力。生产资料营运能力的强弱主要取决于资产的周转速度。资产周转速度通常用周转率和周转期表示。周转率是指企业在一定时期内资产的周转额与平均余额的比率。它反映企业资产在一定时期的周转次数。周转次数越多，表明周转速度越快，资产营运能力越强；周转次数越少，则表明周转速度越慢，资产营运能力越差。周转期是指企业资产周转一次所需要的天数。周转天数越少，表明周转速度越快，资产营运能力越强。生产资料营运能力指标主要有应收账款周转率、存货周转率、流动资产周转率、固定资产周转率和总资产周转率等五项。

1. 应收账款周转率和周转期　　应收账款周转率是指企业一定时期内营业收入与应收账款平均余额的比率。该指标用来衡量企业应收账款的变现速度及管理效率的高低，其计算公式如下：

$$\frac{应收账款周转率}{(周转次数)} = \frac{营业收入}{应收账款平均余额}$$

$$应收账款平均余额 = \frac{应收账款期初余额+应收账款期末余额}{2}$$

应收账款周转期计算公式如下：

$$\frac{应收账款周转期}{(周转天数)} = \frac{计算期天数}{周转次数}$$

应收账款周转率是评价企业应收账款变现速度快慢及管理效率高低的一个重要财务指标。周转率高表明企业收账迅速，资产流动性强，可以减少收账费用和坏账损失，从而相对增加企业应收账款的投资收益。同时，将应收账款周转期与企业信用期限加以比较，还可以评价购货方的信用程度，以及企业原定的信用条件是否适当。

【例】 长江股份有限公司的营业收入 2013 年为 15 500 万元,2014 年为 16 320 万元,应收账款期末余额 2012 年为 996 万元,2013 年为 1 020 万元,2014 年为 1 064 万元。计算并分析应收账款周转率和周转期如下:

$$2013 年应收账款平均余额 = \frac{996 + 1\,020}{2} = 1\,008(万元)$$

$$2013 年应收账款周转率 = \frac{15\,500}{1\,008} = 15.38(次)$$

$$2013 年应收账款周转期 = \frac{360}{15.38} = 23.41(天)$$

$$2014 年应收账款平均余额 = \frac{1\,020 + 1\,064}{2} = 1\,042(万元)$$

$$2014 年应收账款周转率 = \frac{16\,320}{1\,042} = 15.66(次)$$

$$2014 年应收账款周转期 = \frac{360}{15.66} = 22.99(天)$$

计算结果显示,该公司 2013 年应收账款周转率为 15.38 次,周转期为 23.41 天;2014 年应收账款周转率为 15.66 次,周转率为 22.99 天,2014 年比 2013 年周转率增加了 0.28 次,周转期加快了 0.42 天。这表明该公司应收账款变现的速度有了提高。

2. 存货周转率和周转期　　存货周转率是指企业在一定时期内营业成本与存货平均余额的比率。该指标用来衡量企业的销售能力和存货的周转速度。其计算公式如下:

$$\underset{(周转次数)}{存货周转率} = \frac{营业成本}{存货平均余额} \times 100\%$$

$$存货平均余额 = \frac{存货期初余额 + 存货期末余额}{2}$$

存货周转期的计算公式如下:

$$\underset{(周转天数)}{存货周转期} = \frac{年度天数}{存货周转率}$$

存货周转速度的快慢,不仅反映出企业采购、储存、生产和销售各个环节管理工作状况的好坏,而且对企业的偿债能力及盈利能力产生决定性的影响。存货周转速度越快,表明其变现速度越快,周转额越大,资金占用水平越低。

【例】 长江股份有限公司营业成本 2013 年为 12 497 万元,2014 年为 13 158 万元;存货余额 2012 年年末为 2 071 万元,2013 年年末为 2 101 万元,2014 年年末为 2 285 万元。计算并分析存货周转率和周转期如下:

$$2013 年存货平均余额 = \frac{2\,071 + 2\,101}{2} = 2\,086(万元)$$

$$2013 年存货周转率 = \frac{12\,497}{2\,086} = 5.99(次)$$

$$2013 年存货周转期 = \frac{360}{5.99} = 60.10(天)$$

$$2014 年存货平均余额 = \frac{2\,101 + 2\,285}{2} = 2\,193(万元)$$

$$2014 年存货周转率 = \frac{13\,158}{2\,193} = 6(次)$$

$$2014 年存货周转期 = \frac{360}{6} = 60(天)$$

计算结果显示,该公司 2013 年存货周转率为 5.99 次,周转期为 60.10 天;2014 年存货周转率为 6 次,周转期为 60 天;2014 年比 2013 年周转率增加了 0.01 次,周转期加快了 0.1 天。这表明该公司的销售能力和存货的周转速度略有提高。

3. 流动资产周转率和周转期　　流动资产周转率是指企业在一定时期营业收入与流动资产平均余额的比率。该指标用来衡量企业流动资产的使用效率。其计算公式如下:

$$\frac{流动资产周转率}{(周转次数)} = \frac{营业收入}{流动资产平均余额}$$

$$流动资产平均余额 = \frac{流动资产期初余额 + 流动资产期末余额}{2}$$

流动资产周转期计算公式如下:

$$\frac{流动资产周转期}{(周转天数)} = \frac{年度天数}{流动资产周转率}$$

【例】 长江股份有限公司营业收入 2013 年为 15 500 万元,2014 年为 16 320 万元;流动资产余额 2012 年年末为 3 798 万元,2013 年年末为 3 890 万元,2014 年年末为 4 045 万元。计算并分析该公司的流动资产周转率和周转期如下:

$$2013 年流动资产平均余额 = \frac{3\,798 + 3\,890}{2} = 3\,844(万元)$$

$$2013 年流动资产周转率 = \frac{15\,500}{3\,844} = 4.03(次)$$

$$2013 年流动资产周转期 = \frac{360}{4.03} = 89.33(天)$$

$$2014 年流动资产平均余额 = \frac{3\,890 + 4\,045}{2} = 3\,967.50(万元)$$

$$2014 年流动资产周转率 = \frac{16\,320}{3\,967.50} = 4.11(次)$$

$$2014 年流动资产周转期 = \frac{360}{4.11} = 87.59(天)$$

计算结果显示,该公司 2013 年流动资产周转率为 4.03 次,周转期为 89.33 天;2014 年流动资产周转率为 4.11 次,周转期为 87.59 天;2014 年比 2013 年流动资产周转率增加了 0.08 次,周转期加快了 1.74 天。这表明该公司流动资产的使用效率有了提高,营运能力有了加强。

4. 固定资产周转率和周转期　　固定资产周转率是指在一定时期内企业的营业收入与固定资产平均净额的比率。该指标用来衡量固定资产的利用效率。其计算公式如下:

$$\text{固定资产周转率} \atop (\text{周转次数}) = \frac{\text{营业收入}}{\text{固定资产平均净额}}$$

$$\text{固定资产平均净额} = \frac{\text{固定资产期初净额} + \text{固定资产期末净额}}{2}$$

固定资产周转期的计算公式如下:

$$\text{固定资产周转期} \atop (\text{周转天数}) = \frac{\text{年度天数}}{\text{固定资产周转率}}$$

固定资产周转率高,表明企业固定资产利用充分,同时也能表明企业固定资产投资得当,固定资产结构合理,能够充分发挥效率;反之,如果固定资产周转率不高,则表明固定资产使用效率不高,提供的生产成果不多,企业的营运能力不强。

【例】 长江股份有限公司的固定资产净额 2012 年为 6 149 万元,2013 年为 6 353 万元,2014 年为 6 695 万元,其他资料与上例相同。计算并分析固定资产周转率如下:

$$2013 年固定资产平均净额 = \frac{6\ 149 + 6\ 353}{2} = 6\ 251(万元)$$

$$2013 年固定资产周转率 = \frac{15\ 500}{6\ 251} = 2.48(次)$$

$$2013 年固定资产周转期 = \frac{360}{2.48} = 145.16(天)$$

$$2014 年固定资产平均净额 = \frac{6\ 353 + 6\ 695}{2} = 6\ 524(万元)$$

$$2014 年固定资产周转率 = \frac{16\ 320}{6\ 524} = 2.50(次)$$

$$2014 年固定资产周转期 = \frac{360}{2.50} = 144(天)$$

计算结果显示,该公司 2013 年固定资产周转率为 2.48 次,周转期为 145.16 天;2014 年固定资产周转率为 2.50 次,周转期为 144 天;2014 年比 2013 年周转率增加了 0.02 次,周转期加快了 1.16 天。这表明固定资产利用效率有了提高。

5. 总资产周转率和周转期　总资产周转率是指一定时期内企业的营业收入与总资产平均余额的比率。该指标用来衡量企业全部资产的使用效率。总资产周转率越高,表明企业运用资产的效率越高,营运能力越强;反之,总资产周转率越低,表明企业运用资产的效率越低,营运能力也越弱。总资产周转率的计算公式如下:

$$\text{总资产周转率(周转次数)} = \frac{\text{营业收入}}{\text{总资产平均余额}}$$

$$\text{总资产平均余额} = \frac{\text{总资产期初余额} + \text{总资产期末余额}}{2}$$

总资产周转期的计算公式如下:

$$\text{总资产周转期(周转天数)} = \frac{\text{年度天数}}{\text{总资产周转率}}$$

【例】　长江股份有限公司营业收入 2013 年为 15 500 万元,2014 年为 16 320 万元;总资产余额 2012 年年末为 10 105 万元,2013 年年末为 10 385 万元,2014 年年末为 10 800 万元。计算并分析该公司总资产周转率和周转期如下:

$$2013 \text{ 年总资产平均余额} = \frac{10\,105 + 10\,385}{2} = 10\,245(\text{万元})$$

$$2013 \text{ 年总资产周转率} = \frac{15\,500}{10\,245} = 1.51(\text{次})$$

$$2013 \text{ 年总资产周转期} = \frac{360}{1.51} = 238.41(\text{天})$$

$$2014 \text{ 年总资产平均余额} = \frac{10\,385 + 10\,800}{2} = 10\,592.50(\text{万元})$$

$$2014 \text{ 年总资产周转率} = \frac{16\,320}{10\,592.50} = 1.54(\text{次})$$

$$2014 \text{ 年总资产周转期} = \frac{360}{1.54} = 233.77(\text{天})$$

计算结果显示,该公司 2013 年总资产周转率为 1.51 次,周转期为 238.41 天;2014 年总资产周转率为 1.54 次,周转期为 233.77 天;2014 年比 2013 年周转率增加了 0.03 次,周转期加快了 4.64 天。这表明该公司总资产的使用效率略有提高,营运能力略有增强。

三、盈利能力指标

盈利能力是指企业资金增值的能力。它通常体现为企业收益数额的大小与水平的高低。由于企业盈利能力的强弱决定了投资者投资收益的高低,影响了企业偿债能力的强弱,也综合地反映了企业组织生产经营活动和财务管理活动水平的高低,因此,它成了投资者、债权人和企业经营决策者都关心的中心问题。这样,企业盈利能力分析就显得格外重要。评价企业盈利能力的指标主要有营业利润率、营业净利率,营业毛利率、成本费用利润率、总资产净利率、总资产报酬率、净资产收益率、资本收益率和盈余现金保障倍数等九项。此外,股份有限公司还要加上每股收益、每股现金股利和市盈率等三项。

（一）营业利润率和营业净利率

营业利润率是指企业在一定时期内营业利润与营业收入的比率。该指标是用来衡量企业营业收入获取营业利润的能力的指标。营业利润率越高,表明企业市场竞争力越强,发展潜力越大,盈利能力也越强。营业利润率的计算公式如下：

$$营业利润率 = \frac{营业利润}{营业收入} \times 100\%$$

营业净利率是指企业在一定时期内的净利润与营业收入的比率。该指标是用来衡量企业营业收入获取净利润的能力的指标。营业净利率越高,说明企业盈利能力越强,经济效益也越好。营业净利率的计算公式如下：

$$营业净利率 = \frac{净利润}{营业收入} \times 100\%$$

【例】 长江股份有限公司营业利润 2013 年为 1 185 万元,2014 年为 1 258 万元;净利润 2013 年为 921 万元,2014 年为 981 万元;营业收入 2013 年为 15 500 万元,2014 年为 16 320 万元。计算并分析营业利润率、营业净利率如下：

$$2013 年营业利润率 = \frac{1\,185}{15\,500} \times 100\% = 7.65\%$$

$$2014 年营业利润率 = \frac{1\,258}{16\,320} \times 100\% = 7.71\%$$

$$2013 年营业净利率 = \frac{921}{15\,500} \times 100\% = 5.94\%$$

$$2014 年营业净利率 = \frac{981}{16\,320} \times 100\% = 6.01\%$$

计算结果显示,该公司 2013 年营业利润率为 7.65%,营业净利率为 5.94%;2014 年营业利润率为 7.71%,营业净利率为 6.01%,表明该公司每 100 元销售收入 2014 年比 2013 年增加了营业利润 0.06 元,增加了净利润 0.07 元。

（二）营业毛利率

营业毛利率是指企业在一定时期内营业毛利占营业收入的百分比。该指标反映了企业营业收入的初始盈利能力,营业毛利率和营业收入相结合进行分析,可以评价企业对期间费用的承担能力。营业毛利率越高,表明企业盈利能力越强。营业毛利率的计算公式如下：

$$营业毛利率 = \frac{营业毛利}{营业收入} \times 100\%$$

$$营业毛利 = 营业收入 - 营业成本$$

【例】 长江股份有限公司营业收入 2013 年为 15 500 万元,2014 年为 16 320 万元,营业成本 2013 年为 12 497 万元,2014 年为 13 158 万元。计算并分析其营业毛利率如下:

$$2013 年营业毛利 = 15\ 500 - 12\ 497 = 3\ 003(万元)$$

$$2013 年营业毛利率 = \frac{3\ 003}{15\ 500} \times 100\% = 19.37\%$$

$$2014 年营业毛利 = 16\ 320 - 13\ 158 = 3\ 162(万元)$$

$$2014 年营业毛利率 = \frac{3\ 162}{16\ 320} \times 100\% = 19.38\%$$

计算结果显示,该公司 2013 年营业毛利率为 19.37%,2014 年营业毛利率为 19.38%,表明该公司每 100 元营业收入 2014 年比 2013 年增加了营业毛利 0.01 元。

(三)成本费用利润率

成本费用利润率是指企业在一定时期内利润总额与成本费用总额的比率。该指标用来衡量企业由于各种经营耗费所带来利润总额的水平。成本费用利润率越高,表明其成本费用控制得越好,盈利能力越强。成本费用利润率的计算公式如下:

$$成本费用利润率 = \frac{利润总额}{成本费用总额} \times 100\%$$

$$成本费用总额 = 营业成本 + 营业税金及附加 + 销售费用 + 管理费用 + 财务费用$$

【例】 长江股份有限公司利润总额 2013 年为 1 228 万元,2014 年为 1 308 万元;营业成本 2013 年为 12 497 万元,2014 年为 13 158 万元;营业税金及附加 2013 年为 53 万元,2014 年为 58 万元;销售费用 2013 年为 575 万元,2014 年为 596 万元;管理费用 2013 年为 840 万元,2014 年为 865 万元;财务费用 2013 年为 350 万元,2014 年为 385 万元。计算并分析成本费用利润率如下:

$$2013 年成本费用利润率 = \frac{1\ 228}{12\ 497 + 53 + 575 + 840 + 350} \times 100\% = 8.58\%$$

$$2014 年成本费用利润率 = \frac{1\ 308}{13\ 158 + 58 + 596 + 865 + 385} \times 100\% = 8.68\%$$

计算结果显示,该公司 2013 年成本费用利润率为 8.58%,2014 年成本费用利润率为 8.68%,表明该公司每耗费 100 元成本费用总额,2014 年比 2013 年增加利润总额 0.10 元。

（四）总资产净利率

总资产净利率是指企业在一定时期内的净利润与总资产平均余额的比率。该指标用来衡量企业总资产的综合利用效率。总资产净利率越高，说明企业总资产的综合利用效率也越高。总资产净利率的计算公式如下：

$$总资产净利率=\frac{净利润}{总资产平均余额}\times100\%$$

总资产净利率是一个综合性的指标，净利润的多少与企业总资产的多少、总资产的结构以及经营管理水平有着密切的关系。为了正确评价企业经济效益的高低、挖掘提高利润水平的潜力，可以用该项指标与本企业前期，与计划、与本行业平均水平和本行业内先进企业进行对比，分析形成差异的原因。影响总资产净利率高低的因素主要有：产品的价格、单位成本的高低、产品的产量和销售的数量、资金占用量的大小等。

【例】 长江股份有限公司净利润 2013 年为 921 万元，2014 年为 981 万元；总资产平均余额 2013 年为 10 245 万元，2014 年为 10 592.50 万元。计算并分析总资产净利率如下：

$$2013 年总资产净利率=\frac{921}{10\ 245}\times100\%=8.99\%$$

$$2014 年总资产净利率=\frac{981}{10\ 592.50}\times100\%=9.26\%$$

计算结果显示，该公司 2013 年总资产净利率为 8.99%，2014 年总资产净利率为 9.26%，比上年提高了 0.27%。也就是说，2014 年企业每 100 元总资产比 2013 年增加收益 0.27 元，表明该公司总资产的综合利用效率有了一定的提高。

（五）总资产报酬率

总资产报酬率是指企业一定时期内获得的报酬总额与总资产平均余额的比率。它是反映企业资产综合利用效果的指标，也是衡量企业利用债权人和所有者权益总额所取得盈利的重要指标。其计算公式如下：

$$总资产报酬率=\frac{净利润+所得税费用+利息支出}{总资产平均余额}\times100\%$$

总资产报酬率越高，表明企业总资产的利用效益越好，整个企业盈利能力越强，经营管理水平越高。

【例】 长江股份有限公司的所得税费用 2013 年为 307 万元，2014 年为 327 万元；利息支出 2013 年为 320 万元；2014 年为 336 万元；其他资料同上例。计算并分析其总资产报酬率如下：

$$2013年总资产报酬率=\frac{921+307+320}{10\ 245}\times100\%=15.11\%$$

$$2014年总资产报酬率=\frac{981+327+336}{10\ 592.50}\times100\%=15.52\%$$

计算结果显示,该公司 2013 年总资产报酬率为 15.11%,2014 年总资产报酬率为 15.52%,2014 年比 2013 年提高了 0.41%,表明该公司总资产的综合利用效益有了提高。

（六）净资产收益率

净资产收益率是指企业在一定时期内的净利润与净资产的比率。净资产是总资产减去负债的差额,属于投资者所有,其实质也就是所有者权益。因此,净资产收益率又称为所有者权益报酬率,在股份有限公司则称为股东权益报酬率。该指标用来衡量投资者投资的收益水平。净资产收益率越高,说明由投资者享有的净利润就越多,投资者投资的收益水平也就越高。净资产收益率的计算公式如下:

$$净资产收益率=\frac{净利润}{所有者（股东）权益平均余额（净资产平均余额）}\times100\%$$

$$所有者（股东）权益平均余额（净资产平均余额）=\frac{所有者（股东）权益期初余额+所有者（股东）权益期末余额}{2}$$

【例】　长江股份有限公司净利润 2013 年为 921 万元,2014 年为 981 万元;股东权益余额 2012 年年末为 5 415 万元,2013 年年末为 5 509 万元,2014 年年末为 5 605 万元。计算并分析其净资产收益率如下:

$$2013年股东权益平均余额=\frac{5\ 415+5\ 509}{2}=5\ 462（万元）$$

$$2013年净资产收益率=\frac{921}{5\ 462}\times100\%=16.86\%$$

$$2014年股东权益平均余额=\frac{5\ 509+5\ 605}{2}=5\ 557（万元）$$

$$2014年净资产收益率=\frac{981}{5\ 557}\times100\%=17.65\%$$

计算结果显示,该公司 2013 年净资产收益率为 16.86%,2014 年净资产收益率为 17.65%,2014 年比 2013 年提高了 0.79%。也就是说,每 100 元净资产比上年增加了 0.79 元的净利润,表明公司运用净资产获取收益的能力有了增强。

（七）资本收益率

资本收益率是指企业在一定时期内净利润与资本平均余额的比率。它是反映企业实际获得投资额回报水平的指标。其计算公式如下:

$$资本收益率 = \frac{净利润}{资本平均余额} \times 100\%$$

$$资本平均余额 = \frac{\frac{实收资本(股本)}{期初余额} + \frac{资本溢价①}{期初余额} + \frac{实收资本(股本)}{期末余额} + \frac{资本溢价}{期初余额}}{2}$$

【例】 长江股份有限公司 2012 年年末至 2014 年年末，每年年末的股本均为 4 950 万元，2012 年年末至 2014 年年末的资本溢价均为 20 万元，其他资料同前例。计算其资本收益率如下：

$$2013 年、2014 年资本平均余额 = 4\,950 + 20 = 4\,970(万元)$$

$$2013 年资本收益率 = \frac{921}{4\,970} \times 100\% = 18.53\%$$

$$2014 年资本收益率 = \frac{981}{4\,970} \times 100\% = 19.74\%$$

计算结果显示，该公司 2013 年资本收益率为 18.53%，2014 年资本收益率为 19.74%，2014 年比 2013 年提高了 1.21%。也就是说，每 100 元的资本比上年增加了 1.21 元的净利润，表明企业的投资额的回报水平有了提高。

（八）盈余现金保障倍数

盈余现金保障倍数是指企业在一定时期内经营活动现金净流量与净利润的比值。它是反映企业当期净利润中现金收益的保障程度，真实反映了企业盈余的质量，是评价企业盈余状况的辅助指标。该指标越大，说明企业经营活动产生的净利润对现金的贡献越大。盈余现金保障倍数的计算公式如下：

$$盈余现金保障倍数 = \frac{经营活动现金净流量}{净利润}$$

【例】 长江股份有限公司的经营活动现金净流量 2013 年为 1 796 万元，2014 年为 1 982 万元，其他资料同上例。计算并分析其盈余现金保障倍数如下：

$$2013 年盈余现金保障倍数 = \frac{1\,796}{921} = 1.95(倍)$$

$$2014 年盈余现金保障倍数 = \frac{1\,982}{981} = 2.02(倍)$$

计算结果显示，该公司 2013 年盈余现金保障倍数为 1.95 倍，2014 年盈余现金保障倍数为 2.02 倍，2014 年比 2013 年提高了 0.07 倍，表明经营活动产生的净利润对现金的贡献有了提高。

---

① 系资本公积中的资本（股本）溢价。

(九) 每股收益

每股收益是指每股普通股享有的净利润。该指标用来衡量每一普通股的盈利水平。每股收益越高,每一股份所拥有的收益也越多。每股收益的计算公式如下:

$$每股收益 = \frac{净利润}{普通股股数}$$

【例】 长江股份有限公司净利润 2013 年为 921 万元,2014 年为 981 万元, 2013 年和 2014 年均有 4 950 万股普通股。计算并分析每股普通股收益如下:

$$2013 年每净收益 = \frac{921}{4\,950} = 0.19(元)$$

$$2014 年每股收益 = \frac{981}{4\,950} = 0.20(元)$$

计算结果显示,该公司 2013 年普通股每股收益为 0.19 元,2014 年普通股每股收益上升至 0.20 元,2014 年比 2013 年增加了 0.01 元,表明普通股的收益有了增长。

(十) 每股现金股利

每股现金股利是指每一普通股获取的现金股利额。由于现金股利的多少并不仅仅取决于公司的盈利能力,还取决于公司的股利政策和现金流量状况,因此没有一个具体的评价标准,每股现金股利的计算公式如下:

$$每股现金股利 = \frac{支付普通股的现金股利}{普通股的流通股数}$$

【例】 长江股份有限公司有 4 950 万股普通股,支付的普通股现金股利,2013 年为 552 万元,2014 年为 589 万元。计算并分析每股现金股利如下:

$$2013 年普通股现金股利 = \frac{552}{4\,950} = 0.11(元)$$

$$2014 年普通股现金股利 = \frac{589}{4\,950} = 0.12(元)$$

计算结果显示,该公司 2013 年普通股每股现金股利为 0.11 元,2014 年普通股每股现金股利为 0.12 元,2014 年比 2013 年增加了 0.01 元。

(十一) 市盈率

市盈率是指上市公司普通股每股市价相当于每股收益的倍数。该指标反映了投资者对上市公司每元净利润愿意支付的价格,可以用来衡量股票的投资报酬和风险。通常市盈率高,说明投资者对该公司的发展前景看好,愿意出较高的价格购买该公司的股票,但过高的市盈率也意味着该股票有较高的投资风险。市盈率的计算公式如下:

$$市盈率 = \frac{普通股每股市价}{普通股每股收益}$$

【例】 长江股份有限公司普通股每股市价 2013 年年末为 4.40 元,2014 年年末为 4.80 元,普通股每股收益 2013 年为 0.19 元,2014 年为 0.20 元。计算并分析其市盈率如下:

$$2013 年市盈率 = \frac{4.40}{0.19} = 23(倍)$$

$$2014 年市盈率 = \frac{4.80}{0.20} = 24(倍)$$

计算结果显示,该公司普通股 2013 年市盈率为 23 倍,2014 年上升为 24 倍,2014 年比 2013 年增加了 1 倍,表明投资者对该企业的未来的发展前景看好。

四、发展能力指标

发展能力是指企业在生存的基础上,扩大规模、壮大实力的潜在能力。发展能力分析指标主要有营业增长率,资本保值增值率,资本积累率、总资产增长率、营业利润增长率和净利润增长率等。

(一)营业增长率

营业增长率是指企业本年营业收入增长额与上年营业收入总额的比率。该指标是用来衡量企业经营状况和市场占有能力、预测企业经营业务拓展趋势的重要标志。不断增加的营业收入是企业生存的基础和发展的条件。营业增长率的计算公式如下:

$$营业增长率 = \frac{本年营业收入增长额}{上年营业收入} \times 100\%$$

$$本年营业收入增长额 = 本年营业收入 - 上年营业收入$$

营业增长率越高,表明营业收入增长速度越快,企业市场前景越好;若该指标小于 0,则说明产品或服务不适销对路,质次价高,或在售后服务等方面存在问题,市场份额萎缩。

【例】 长江股份有限公司的营业收入 2012 年为 14 780 万元,2013 年为 15 500 万元,2014 年为 16 320 万元。计算并分析其营业增长率如下:

$$2013 年营业收入增长额 = 15\,500 - 14\,780 = 720(万元)$$

$$2013 年营业增长率 = \frac{720}{14\,780} = 4.87\%$$

$$2014 年营业收入增长额 = 16\,320 - 15\,500 = 820(万元)$$

$$2014 年营业增长率 = \frac{820}{15\,500} = 5.29\%$$

计算结果显示,该公司 2013 年营业增长率为 4.87%,2014 年营业增长率为 5.29%,2014 年比 2013 年上升了 0.42%。表明该公司这两年的经营业务有一定的拓展,并呈上升趋势。

(二)资本保值增值率

资本保值增值率是指企业扣除客观因素后的年末所有者(股东)权益总额与年初所有者(股东)权益总额的比率,该指标用于衡量企业资本保值增值的程度。资本保值增值率计算公式如下:

$$资本保值增值率=\frac{扣除客观因素后的所有者(股东)权益年末总额}{所有者(股东)权益年初总额}\times100\%$$

【例】 长江股份有限公司股东权益期末总额 2012 年为 5 415 万元,2013 年为 5 509 万元,2014 年为 5 605 万元。计算并分析其资本保值增值率如下:

$$2013 年资本保值增值率=\frac{5\ 509}{5\ 415}\times100\%=101.736\%$$

$$2014 年资本保值增值率=\frac{5\ 605}{5\ 509}\times100\%=101.742\%$$

计算结果显示,该公司 2013 年资本保值增值率为 101.736%,2014 年资本保值增值率为 101.742%,2014 年比 2013 年略有上升,表明该公司这两年资本保值增值能力较弱。

(三)资本积累率

资本积累率是指企业本年所有者权益增长额与所有者权益年初余额的比率。该指标用来衡量企业当年资本的积累能力,是评价企业发展潜力的重要指标。其计算公式如下:

$$资本累积率=\frac{本年所有者权(股东)权益增长额}{所有者(股东)权益年初余额}\times100\%$$

$$\begin{array}{c}本年所有者(股\\东)权益增长额\end{array}=\begin{array}{c}所有者(股东)\\权益年末余额\end{array}-\begin{array}{c}所有者(股东)\\权益年初余额\end{array}$$

【例】 根据上例资料,计算并分析长江股份有限公司资本积累率如下:

2013 年股东权益增长额=5 509-5 415=94(万元)

$$2013 年资本积累率=\frac{94}{5\ 015}=1.736\%$$

2014 年股东权益增长额=5 605-5 509=96(万元)

$$2014 年资本积累率=\frac{96}{5\ 509}=1.743\%$$

计算结果显示,该公司 2013 年资本积累率为 1.736%,2014 年资本积累率为 1.743%、2014 年仅比 2013 年增加了 0.007%,表明该公司资本积累较慢。

(四)总资产增长率

总资产增长率是指企业本年总资产增长额与总资产年初余额的比率。该指标

用来衡量企业的当年总资产的扩张能力,其计算公式如下:

$$总资产增长率=\frac{本年总资产增长额}{总资产年初余额}\times100\%$$

$$本年总资产增长额=总资产年末余额-总资产年初余额$$

【例】 长江股份有限公司总资产的年末余额 2012 年为 10 105 万元,2013 年为 10 385 万元,2014 年为 10 800 万元。计算并分析该公司的总资产增长率如下:

$$2013 年总资产增长额=10\ 385-10\ 105=280(万元)$$

$$2013 年总资产增长率=\frac{280}{10\ 105}=2.77\%$$

$$2014 年总资产增长额=10\ 800-10\ 385=415(万元)$$

$$2014 年总资产增长率=\frac{415}{10\ 385}=4\%$$

计算结果显示,该公司 2013 年总资产增长率为 2.77%,2014 年总资产增长率为 4%,2014 年比 2013 年多增长 1.23%,表明该公司资产经营规模扩张速度不快。

(五)营业利润增长率

营业利润增长率是指企业本年营业利润增长额与上年营业利润总额的比率,该指标用来衡量企业的市场扩张能力,其计算公式如下:

$$营业利润增长率=\frac{本年营业利润增长额}{上年营业利润总额}\times100\%$$

$$本年营业利润增长额=本年营业利润总额-上年营业利润总额$$

【例】 长江股份有限公司营业利润总额 2012 年为 1 121 万元,2013 年为 1 185 万元,2014 年为 1 258 万元,计算并分析该公司营业利润增长率如下:

$$2013 年营业利润增长额=1\ 185-1\ 121=64(万元)$$

$$2013 年营业利润增长率=\frac{64}{1\ 121}\times100\%=5.71\%$$

$$2014 年营业利润增长额=1\ 258-1\ 185=73(万元)$$

$$2014 年营业利润增长率=\frac{73}{1\ 185}\times100\%=6.16\%$$

计算结果显示,该公司 2013 年营业利润增长率为 5.71%,2014 年营业利润增长率为 6.16%,2014 年比 2013 年多增长 0.45%,表明该公司市场扩张能力呈上升趋势。

(六)净利润增长率

净利润增长率是指企业本年净利润增长额与上年净利润的比率,该指标用来衡量企业净利润的增长速度,其计算公式如下:

$$净利润增长率=\frac{本年净利润增长额}{上年净利润}\times100\%$$

$$本年净利润增长额=本年净利润-上年净利润$$

【例】 长江股份有限公司净利润总额 2012 年为 871 万元,2013 年为 921 万元,2014 年为 981 万元。计算并分析该公司净利润增长率如下:

$$2013 年净利润增长额=921-871=50(万元)$$

$$2013 年净利润增长率=\frac{50}{871}\times100\%=5.74\%$$

$$2014 年净利润增长额=981-921=60(万元)$$

$$2014 年净利润增长率=\frac{60}{921}\times100\%=6.51\%$$

计算结果显示,该公司 2013 年净利润增长率为 5.74%,2014 年净利润增长率为 6.51%,2014 年比 2013 年多增长 0.77%,表明该公司净利润增长有加速的趋势。

思 考 题

一、简答题

1. 什么是财务分析?它有哪些作用?

2. 试述财务信息的需求者及其对财务信息的要求。

3. 什么是趋势分析法?什么是因素分析法?

4. 什么是短期偿债能力?它有哪些分析指标?

5. 什么是盈利能力?它有哪些分析指标?

二、名词解释题

1. 环比动态比率 2. 相关比率

3. 连环替代法 4. 资产负债率

5. 已获利息倍数 6. 营运能力

7. 生产资料营运能力 8. 总资产周转率

9. 营业净利率 10. 成本费用利润率

11. 总资产净利率 12. 总资产报酬率

13. 净资产收益率 14. 营业增长率

三、是非题

1. 不同的财务分析信息需求者出于不同的利益考虑,对财务分析信息有着不同的需求。   （   ）

2. 定基动态比率是指以每一分析期的前期数额为基期数额而计算出来的动态比率。 （　　）

3. 比率分析法分为构成比率和效率比率两种类型。 （　　）

4. 采用因素分析法分析各个因素对经济指标的影响时，无论先替代哪一个因素，都得出相同的计算结果。 （　　）

5. 流动比率高，显示债务人短期偿债能力强，表明债务人有足够的现金偿还短期债务。 （　　）

6. 速动资产是流动资产减去存货、预付账款和其他流动资产后的差额。 （　　）

7. 产权比率是用来衡量所有者权益对债权人债权的保障程度。产权比率越低，表明债权人权益的保障程度也越低，其承担的风险就越大。 （　　）

8. 企业提高权益乘数能增强财务杠杆的杠杆效应，同时也将承受较大的财务风险。 （　　）

9. 营运能力指标分为人力资源营运能力指标和生产资料营运能力指标两类。 （　　）

10. 劳动效率是指企业的净利润或净产值与职工平均人数的比率。 （　　）

11. 存货周转率是指企业的营业成本与存货平均余额的比率。 （　　）

12. 盈利能力是投资者、债权人和企业经营决策者都关心的中心问题。 （　　）

13. 计算营业利润率、营业净利率和营业毛利率三个指标均以营业收入为分母。 （　　）

14. 成本费用总额由营业成本、销售费用、管理费用和财务费用组成。（　　）

15. 资本收益率是指企业在一定时期内的利润总额与资本平均余额的比率。 （　　）

16. 盈余现金保障倍数是指企业在一定时期内经营活动现金净流量与净利润的比值。 （　　）

17. 发展能力是指企业在生存的基础上，扩大规模、壮大实力的潜在能力。 （　　）

18. 资本保值增值率是指企业本年所有者权益增长额与本年初所有者权益的比率。 （　　）

四、单项选择题

1. _____必须面对企业经营理财的各个方面，应将各种指标的全部信息，予以详尽的了解和掌握。

　　A. 企业所有者　　　　　　　　B. 企业债权人

C. 企业经营决策者　　　　　　　D. 政府

2. 企业现金流动负债比率过大,表明其_____。

　　A. 资产流动性很强　　　　　　　B. 流动资金利用不充分

　　C. 短期偿债风险大　　　　　　　D. 短期偿债能力强

3. _____能够直观地反映企业偿还流动负债的实际能力。

　　A. 速动比率　　　　　　　　　　B. 资产负债率

　　C. 流动比率　　　　　　　　　　D. 现金流动负债比率

4. 资产负债率过小表明企业_____。

　　A. 资金实力不强　　　　　　　　B. 利用了财务杠杆效应

　　C. 对财务杠杆利用不够　　　　　D. 偿债有保证

5. _____是反映企业资产综合利用效果的指标。

　　A. 总资产报酬率　　　　　　　　B. 净资产收益率

　　C. 总资产净利率　　　　　　　　D. 成本费用利润率

6. 采用利润总额计算的盈利能力指标是_____。

　　A. 总资产报酬率　　　　　　　　B. 净资产收益率

　　C. 资本收益率　　　　　　　　　D. 成本费用利润率

7. _____是用来衡量每一普通股盈利水平的指标。

　　A. 市盈率　　　　　　　　　　　B. 每股收益

　　C. 每股现金股利　　　　　　　　D. 盈余现金保障倍数

8. _____指标是指用来衡量企业经营状况和市场占有能力、预测企业经济业务拓展趋势的重要标志。

　　A. 营业增长率　　　　　　　　　B. 净利润增长率

　　C. 总资产增长率　　　　　　　　D. 资本保值增值率

五、多项选择题

1. 财务分析的内容包括偿债能力分析、_____。

　　A. 经营能力分析　　　　　　　　B. 营运能力分析

　　C. 盈利能力分析　　　　　　　　D. 发展能力分析

2. 财务分析的方法有_____。

　　A. 趋势分析法　　　　　　　　　B. 比率分析法

　　C. 因素分析法　　　　　　　　　D. 连环替代法

3. 在应用因素分析法时应注意顺序替代的连环性、_____等。

　　A. 因素分解的关联性　　　　　　B. 因素之间的依存性

　　C. 因素替代的顺序性　　　　　　D. 计算结果的假定性

4. 短期偿债能力分析的指标主要有_____。

A. 流动比率   B. 资产负债率

C. 速动比率   D. 现金流动负债比率

5. 长期偿债能力分析的指标主要有产权比率、_____。

A. 资产负债率 B. 带息负债比率 C. 已获利息倍数 D. 权益乘数

6. 生产资料营运能力分析指标主要有总资产周转率、流动资产周转率、_____。

A. 净资产周转率   B. 固定资产周转率

C. 存货周转率   D. 应收账款周转率

7. 根据净利润计算的盈利能力指标有_____。

A. 净资产收益率   B. 成本费用利润率

C. 总资产报酬率   D. 营业净利率

8. 发展能力指标主要有营业增长率、净利润增长率、营业利润增长率、_____等。

A. 资本保值增值率   B. 总资产增长率

C. 资本积累率   D. 净资产增长率

练 习 题

习 题 一

一、目的   练习财务分析方法。

二、资料   安泰公司有关财务分析资料如下:

1. 该公司 2011～2014 年完成的营业收入指标如下:

2011 年	6 500 万元
2012 年	8 180 万元
2013 年	7 220 万元
2014 年	9 450 万元

2. 该公司预计 2014 年 12 月份生产 A 产品 100 件,单位产品材料耗用量 160 千克,每千克材料单价 17 元,而实际生产 A 产品 110 件;单位产品材料耗用量为 151 千克,每千克材料单价为 18 元。

三、要求

1. 根据"资料1",用趋势分析法分析营业收入指标。

2. 根据"资料2",用因素分析法分析各种因素对 A 产品耗用材料费用总额的影响程度。

习 题 二

一、目的 练习偿债能力分析。

二、资料 华光股份有限公司有关资料如下:

1. 资产负债表如图表 8-3 所示。

图表 8-3

资 产 负 债 表

2014 年 12 月 31 日 单位:万元

资　　产	期末余额	年初余额	负债和股东权益	期末余额	年初余额
流动资产:			流动负债:		
货币资金	521	501	短期借款	750	725
交易性金融资产	15	12	应付票据	156	198
应收票据	316	339	应付账款	450	420
应收账款	1 080	1 030	预收款项	6	4
预付款项	10	8	应付职工薪酬	3	2
应收利息	3	2	应付股利	735	712
存货	2 280	2 146	其他应付款	2	4
其他流动资产	4	3	流动负债合计	2 102	2 065
流动资产合计	4 229	4 041	非流动负债:		
非流动资产:			长期借款	1 456	1 135
持有至到期投资	120	110	应付债券	2 000	2 000
固定资产	7 150	6 838	非流动负债合计	3 456	3 135
无形资产	51	55	负债合计	5 558	5 200
长期待摊费用	20	18	股东权益:		
非流动资产合计	7 341	7 021	股本	4 980	4 980
			资本公积	75	75
			盈余公积	925	780
			未分配利润	32	27
			股东权益合计	6 012	5 862
资 产 总 计	11 570	11 062	负债和股东权益总计	11 570	11 062

2. 利润表如图表 8-4 所示。

图表 8-4

利 润 表

2014 年度 単位：万元

项 目	本年金额	上年金额
一、营业收入	17 200	16 000
减：营业成本	13 855	12 890
营业税金及附加	66	60
销售费用	614	580
管理费用	882	825
财务费用	400	370
加：投资收益	12	10
二、营业利润	1 395	1 285
加：营业外收入	19	15
减：营业外支出	14	12
三、利润总额	1 400	1 288
减：所得税费用	350	322
四、净利润	1 050	966

3. 其他有关资料：

(1) 2013 年经营活动现金净流量为 2 420 万元，2014 年经营活动现金净流量为 2 710 万元。

(2) 2012 年年末资产总计为 10 810 万元。

(3) 2013 年发生利息支出 345 万元，2014 年发生利息支出 369 万元。

三、要求

1. 根据"资料 1"、"资料 3"有关资料进行短期偿债能力分析。

2. 根据"资料 1"、"资料 2"、"资料 3"有关资料进行长期偿债能力分析。

习 题 三

一、目的 练习营运能力的分析。

二、资料 华光股份有限公司有关资料如下：

1. 2012 年年末职工人数为 180 人，2013 年年末职工人数为 184 人，2014 年年末职工人数为 192 人。

2. 2012 年年末应收账款余额为 990 万元。

3. 2012 年年末存货余额为 2 014 万元。

4. 2012 年年末流动资产余额为 3 951 万元。

5. 2012 年年末固定资产净额为 6 576 万元。

三、要求 根据习题二"资料 1"、"资料 2"及本习题有关资料,进行营运能力分析。

习 题 四

一、目的 练习盈利能力和发展能力的分析。

二、资料 华光股份有限公司有关资料如下:

1. 有关盈利能力方面的资料:

(1) 2013 年和 2014 年均有普通股 4 980 万股。

(2) 2012 年年末股东权益余额为 5 652 万元,股本余额为 4 980 万元,资本公积余额为 75 万元。

(3) 2012~2014 年年末资本公积的余额全部为资本溢价。

(4) 2013 年支付普通股现金股利 712 万元,2014 年支付普通股现金股利 735 万元。

(5) 2013 年年末普通股每股市价为 4.46 元,2014 年年末普通股每股市价为 5.25 元。

2. 有关发展能力方面的资料:

(1) 2012 年取得营业收入为 15 000 万元。

(2) 2012 年取得营业利润为 1 190 万元,净利润为 892 万元。

三、要求

1. 根据习题二"资料 1"、"资料 2"、"资料 3"及习题三和本习题"资料 1",进行企业盈利能力分析。

2. 根据习题二"资料 2"、"资料 3",习题四和本习题"资料 2",进行发展能力分析。

附录一

复利终值系数表

公式 $(1+i)^n$

n \ i	1%	2%	3%	4%	5%	6%	7%	8%	9%	10%
1	1.0100	1.0200	1.0300	1.0400	1.0500	1.0600	1.0700	1.0800	1.0900	1.1000
2	1.0201	1.0404	1.0609	1.0816	1.1025	1.1236	1.1449	1.1664	1.1881	1.2100
3	1.0303	1.0612	1.0927	1.1249	1.1576	1.1910	1.2250	1.2597	1.2950	1.3310
4	1.0406	1.0824	1.1255	1.1699	1.2155	1.2625	1.3108	1.3605	1.4116	1.4641
5	1.0510	1.1041	1.1593	1.2167	1.2763	1.3382	1.4026	1.4693	1.5386	1.6105
6	1.0615	1.1262	1.1941	1.2653	1.3401	1.4185	1.5007	1.5869	1.6771	1.7716
7	1.0721	1.1487	1.2299	1.3159	1.4071	1.5036	1.6058	1.7138	1.8280	1.9487
8	1.0829	1.1717	1.2668	1.3686	1.4775	1.5938	1.7182	1.8509	1.9926	2.1436
9	1.0937	1.1951	1.3048	1.4233	1.5513	1.6895	1.8385	1.9990	2.1719	2.3579
10	1.1046	1.2190	1.3439	1.4802	1.6289	1.7908	1.9672	2.1589	2.3674	2.5937
11	1.1157	1.2434	1.3842	1.5395	1.7103	1.8983	2.1049	2.3316	2.5804	2.8531
12	1.1268	1.2682	1.4258	1.6010	1.7959	2.0122	2.2522	2.5182	2.8127	3.1384
13	1.1381	1.2936	1.4685	1.6651	1.8856	2.1329	2.4098	2.7196	3.0658	3.4523
14	1.1495	1.3195	1.5126	1.7317	1.9799	2.2609	2.5785	2.9372	3.3417	3.7975
15	1.1610	1.3459	1.5580	1.8009	2.0789	2.3966	2.7590	3.1722	3.6425	4.1772
16	1.1726	1.3728	1.6047	1.8730	2.1829	2.5404	2.9522	3.4259	3.9703	4.5950
17	1.1843	1.4002	1.6528	1.9479	2.2920	2.6928	3.1588	3.7000	4.3276	5.0545
18	1.1961	1.4282	1.7024	2.0258	2.4066	2.8543	3.3799	3.9960	4.7171	5.5599
19	1.2081	1.4568	1.7535	2.1068	2.5270	3.0256	3.6165	4.3157	5.1417	6.1159
20	1.2202	1.4859	1.8061	2.1911	2.6533	3.2071	3.8697	4.6610	5.6044	6.7275

（续表）

i \ n	11%	12%	13%	14%	15%	16%	18%	20%	25%	30%
1	1.1100	1.1200	1.1300	1.1400	1.1500	1.1600	1.1800	1.2000	1.2500	1.3000
2	1.2321	1.2544	1.2769	1.2996	1.3225	1.3456	1.3924	1.4400	1.5625	1.6900
3	1.3676	1.4049	1.4429	1.4815	1.5209	1.5609	1.6430	1.7280	1.9531	2.1970
4	1.5181	1.5735	1.6305	1.6890	1.7490	1.8106	1.9388	2.0736	2.4414	2.8561
5	1.6851	1.7623	1.8424	1.9254	2.0114	2.1003	2.2878	2.4883	3.0518	3.7129
6	1.8704	1.9738	2.0820	2.1950	2.3131	2.4364	2.6996	2.9860	3.8147	4.8268
7	2.0762	2.2107	2.3526	2.5023	2.6600	2.8262	3.1855	3.5832	4.7684	6.2749
8	2.3045	2.4760	2.6584	2.8526	3.0590	3.2784	3.7589	4.2998	5.9605	8.1573
9	2.5580	2.7731	3.0040	3.2519	3.5179	3.8030	4.4355	5.1598	7.4506	10.6065
10	2.8394	3.1058	3.3946	3.7072	4.0456	4.4114	5.2338	6.1917	9.3132	13.7858
11	3.1518	3.4785	3.8359	4.2262	4.6524	5.1173	6.1759	7.4301	11.6415	17.9216
12	3.4985	3.8960	4.3345	4.8179	5.3503	5.9360	7.2876	8.9161	14.5519	23.2981
13	3.8833	4.3635	4.8980	5.4924	6.1528	6.8858	8.5994	10.6993	18.1899	30.2875
14	4.3104	4.8871	5.5348	6.2613	7.0757	7.9875	10.1472	12.8392	22.7374	39.3738
15	4.7846	5.4736	6.2543	7.1379	8.1371	9.2655	11.9737	15.4070	28.4217	51.1859
16	5.3109	6.1304	7.0673	8.1372	9.3576	10.7480	14.1290	18.4884	35.5271	66.5417
17	5.8951	6.8660	7.9861	9.2765	10.7613	12.4677	16.6722	22.1861	44.4089	86.5042
18	6.5436	7.6900	9.0243	10.5752	12.3755	14.4625	19.6733	26.6233	55.5112	112.4554
19	7.2633	8.6128	10.1974	12.0557	14.2318	16.7765	23.2144	31.9480	69.3889	146.1920
20	8.0623	9.6463	11.5231	13.7435	16.3665	19.4608	27.3930	38.3376	86.7362	190.0496

复利现值系数表

$$公式\frac{1}{(1+i)^n}$$

i \ n	1%	2%	3%	4%	5%	6%	7%	8%	9%	10%
1	0.9901	0.9804	0.9709	0.9615	0.9524	0.9434	0.9346	0.9259	0.9174	0.9091
2	0.9803	0.9612	0.9426	0.9246	0.9070	0.8900	0.8734	0.8573	0.8417	0.8264
3	0.9706	0.9423	0.9151	0.8890	0.8638	0.8396	0.8163	0.7938	0.7722	0.7513
4	0.9610	0.9238	0.8885	0.8548	0.8227	0.7921	0.7629	0.7350	0.7084	0.6830
5	0.9515	0.9057	0.8626	0.8219	0.7835	0.7473	0.7130	0.6806	0.6499	0.6209
6	0.9420	0.8880	0.8375	0.7903	0.7462	0.7050	0.6663	0.6302	0.5963	0.5645
7	0.9327	0.8706	0.8131	0.7599	0.7107	0.6651	0.6227	0.5835	0.5470	0.5132
8	0.9235	0.8535	0.7894	0.7307	0.6768	0.6274	0.5820	0.5403	0.5019	0.4665
9	0.9143	0.8368	0.7664	0.7026	0.6446	0.5919	0.5439	0.5002	0.4604	0.4241
10	0.9053	0.8203	0.7441	0.6756	0.6139	0.5584	0.5083	0.4632	0.4224	0.3855
11	0.8963	0.8043	0.7224	0.6496	0.5847	0.5268	0.4751	0.4289	0.3875	0.3505
12	0.8874	0.7885	0.7014	0.6246	0.5568	0.4970	0.4440	0.3971	0.3555	0.3186
13	0.8787	0.7730	0.6810	0.6006	0.5303	0.4688	0.4150	0.3677	0.3262	0.2897
14	0.8700	0.7579	0.6611	0.5775	0.5051	0.4423	0.3878	0.3405	0.2992	0.2633
15	0.8613	0.7430	0.6419	0.5553	0.4810	0.4173	0.3624	0.3152	0.2745	0.2394
16	0.8528	0.7284	0.6232	0.5339	0.4581	0.3936	0.3387	0.2919	0.2519	0.2176
17	0.8444	0.7142	0.6050	0.5134	0.4363	0.3714	0.3166	0.2703	0.2311	0.1978
18	0.8360	0.7002	0.5874	0.4936	0.4155	0.3503	0.2959	0.2502	0.2120	0.1799
19	0.8277	0.6864	0.5703	0.4746	0.3957	0.3305	0.2765	0.2317	0.1945	0.1635
20	0.8195	0.6730	0.5537	0.4564	0.3769	0.3118	0.2584	0.2145	0.1784	0.1486

（续表）

n＼i	11%	12%	13%	14%	15%	16%	17%	18%	19%	20%	22%	24%	25%	26%	28%	30%
1	0.9009	0.8929	0.8850	0.8772	0.8696	0.8621	0.8547	0.8475	0.8403	0.8333	0.8197	0.8065	0.8000	0.7937	0.7813	0.7692
2	0.8116	0.7972	0.7831	0.7695	0.7561	0.7432	0.7305	0.7182	0.7062	0.6944	0.6719	0.6504	0.6400	0.6299	0.6104	0.5917
3	0.7312	0.7118	0.6931	0.6750	0.6575	0.6407	0.6244	0.6086	0.5934	0.5787	0.5507	0.5245	0.5120	0.4999	0.4768	0.4552
4	0.6587	0.6355	0.6133	0.5921	0.5718	0.5523	0.5337	0.5158	0.4987	0.4823	0.4514	0.4230	0.4096	0.3968	0.3725	0.3501
5	0.5935	0.5674	0.5428	0.5194	0.4972	0.4761	0.4561	0.4371	0.4190	0.4019	0.3700	0.3411	0.3277	0.3149	0.2910	0.2693
6	0.5346	0.5066	0.4803	0.4556	0.4323	0.4104	0.3898	0.3704	0.3521	0.3399	0.3033	0.2751	0.2621	0.2499	0.2274	0.2072
7	0.4817	0.4523	0.4251	0.3996	0.3759	0.3538	0.3332	0.3139	0.2959	0.2791	0.2486	0.2218	0.2097	0.1983	0.1776	0.1594
8	0.4339	0.4039	0.3762	0.3506	0.3269	0.3050	0.2848	0.2660	0.2487	0.2326	0.2038	0.1789	0.1678	0.1574	0.1388	0.1226
9	0.3909	0.3606	0.3329	0.3075	0.2843	0.2630	0.2434	0.2255	0.2090	0.1938	0.1670	0.1443	0.1342	0.1249	0.1084	0.0943
10	0.3522	0.3220	0.2946	0.2697	0.2472	0.2267	0.2080	0.1911	0.1756	0.1615	0.1369	0.1164	0.1074	0.0992	0.0847	0.0725
11	0.3173	0.2875	0.2607	0.2366	0.2149	0.1954	0.1778	0.1619	0.1476	0.1346	0.1122	0.0938	0.0859	0.0787	0.0662	0.0558
12	0.2858	0.2567	0.2307	0.2076	0.1869	0.1685	0.1520	0.1372	0.1240	0.1122	0.0920	0.0757	0.0687	0.0625	0.0517	0.0429
13	0.2575	0.2292	0.2042	0.1821	0.1625	0.1452	0.1299	0.1163	0.1042	0.0935	0.0754	0.0610	0.0550	0.0496	0.0404	0.0330
14	0.2320	0.2046	0.1807	0.1597	0.1413	0.1252	0.1110	0.0985	0.0876	0.0779	0.0618	0.0492	0.0440	0.0393	0.0316	0.0254
15	0.2090	0.1827	0.1599	0.1401	0.1229	0.1079	0.0949	0.0835	0.0736	0.0649	0.0507	0.0397	0.0352	0.0312	0.0247	0.0195
16	0.1883	0.1613	0.1415	0.1229	0.1069	0.0980	0.0811	0.0708	0.0618	0.0541	0.0415	0.0320	0.0281	0.0248	0.0193	0.0150
17	0.1696	0.1456	0.1252	0.1078	0.0929	0.0802	0.0693	0.0600	0.0520	0.0451	0.0340	0.0258	0.0225	0.0197	0.0150	0.0116
18	0.1523	0.1300	0.1108	0.0946	0.0808	0.0691	0.0592	0.0508	0.0437	0.0376	0.0279	0.0208	0.0180	0.0156	0.0118	0.0089
19	0.1377	0.1161	0.0981	0.0829	0.0703	0.0596	0.0506	0.0431	0.0367	0.0313	0.0229	0.0168	0.0144	0.0124	0.0092	0.0068
20	0.1240	0.1037	0.0868	0.0728	0.0611	0.0514	0.0433	0.0365	0.0308	0.0261	0.0187	0.0135	0.0115	0.0098	0.0072	0.0053

附录三

年金终值系数表

$$\text{公式}\ \frac{(1+i)^n - 1}{i}$$

$\frac{i}{n}$	1%	2%	3%	4%	5%	6%	7%	8%	9%	10%
1	1.0000	1.0000	1.0000	1.0000	1.0000	1.0000	1.0000	1.0000	1.0000	1.0000
2	2.0100	2.0200	2.0300	2.0400	2.0500	2.0600	2.0700	2.0800	2.0900	2.1000
3	3.0301	3.0604	3.0909	3.1216	3.1525	3.1836	3.2149	3.2464	3.2781	3.3100
4	4.0604	4.1216	4.1836	4.2465	4.3101	4.3746	4.4399	4.5061	4.5731	4.6410
5	5.1010	5.2040	5.3091	5.4163	5.5256	5.6371	5.7507	5.8666	5.9847	6.1051
6	6.1520	6.3081	6.4684	6.6330	6.8019	6.9753	7.1533	7.3359	7.5233	7.7156
7	7.2135	7.4343	7.6625	7.8983	8.1420	8.3938	8.6540	8.9228	9.2004	9.4872
8	8.2857	8.5830	8.8923	9.2142	9.5491	9.8975	10.2598	10.6366	11.0285	11.4359
9	9.3685	9.7546	10.1591	10.5828	11.0266	11.4913	11.9780	12.4876	13.0210	13.5795
10	10.4622	10.9497	11.4639	12.0061	12.5779	13.1808	13.8164	14.4866	15.1929	15.9374
11	11.5668	12.1687	12.8078	13.4864	14.2068	14.9716	15.7836	16.6455	17.5603	18.5312
12	12.6825	13.4121	14.1920	15.0258	15.9171	16.8699	17.8885	18.9771	20.1407	21.3843
13	13.8093	14.6803	15.6178	16.6268	17.7130	18.8821	20.1406	21.4953	22.9534	24.5227
14	14.9474	15.9739	17.0863	18.2919	19.5986	21.0151	22.5505	24.2149	26.0192	27.9750
15	16.0969	17.2934	18.5989	20.0236	21.5786	23.2760	25.1290	27.1521	29.3609	31.7725
16	17.2579	18.6393	20.1569	21.8245	23.6575	25.6725	27.8881	30.3243	33.0034	35.9497
17	18.4304	20.0121	21.7616	23.6975	25.8404	28.2129	30.8402	33.7502	36.9737	40.5447
18	19.6147	21.4123	23.4144	25.6454	28.1324	30.9057	33.9990	37.4502	41.3013	45.5992
19	20.8109	22.8406	25.1169	27.6712	30.5390	33.7600	37.3790	41.4463	46.0185	51.1591
20	22.0190	24.2974	26.8704	29.7781	33.0660	36.7856	40.9955	45.7620	51.1601	57.2750

（续表）

n \ i	11%	12%	13%	14%	15%	16%	18%	20%	25%	30%
1	1.0000	1.0000	1.0000	1.0000	1.0000	1.0000	1.0000	1.0000	1.0000	1.0000
2	2.1100	2.1200	2.1300	2.1400	2.1500	2.1600	2.1800	2.2000	2.2500	2.3000
3	3.3421	3.3744	3.4069	3.4396	3.4725	3.5056	3.5724	3.6400	3.8125	3.9900
4	4.7097	4.7793	4.8493	4.9211	4.9934	5.0665	5.2154	5.3680	5.7656	6.1870
5	6.2278	6.3528	6.4803	6.6101	6.7424	6.8771	7.1542	7.4416	8.2070	9.0431
6	7.9129	8.1152	8.3227	8.5355	8.7537	8.9775	9.4420	9.9299	11.2588	12.7560
7	9.7833	10.0390	10.4047	10.7305	11.0668	11.4139	12.1415	12.9159	15.0735	17.5823
8	11.8594	12.2997	12.7573	13.2328	13.7268	14.2401	15.3270	16.4991	19.8419	23.8577
9	14.1640	14.7757	15.4157	16.0853	16.7858	17.5185	19.0859	20.7989	25.8023	32.0150
10	16.7220	17.5487	18.4197	19.3373	20.3037	21.3215	23.5213	25.9587	33.2529	42.6195
11	19.5614	20.6546	21.8143	23.0445	34.3493	25.7329	28.7551	32.1504	42.5661	56.4053
12	22.7132	24.1331	25.6502	27.2707	29.0017	30.8502	34.9311	39.5805	54.2077	74.3270
13	26.2116	28.0291	29.9847	32.0887	34.3519	36.7862	42.2187	48.4966	68.7596	97.6250
14	30.0949	32.3926	34.8827	37.5811	40.5047	43.6720	50.8180	59.1959	86.9495	127.9125
15	34.4904	37.2797	40.4175	43.8424	47.5804	51.6595	60.9653	72.0351	109.6868	167.2863
16	39.1899	42.7533	46.6717	50.9804	55.7175	60.9250	72.9390	87.4421	138.1085	218.4722
17	44.5008	48.8837	53.7391	59.1176	65.0751	71.7630	87.0680	105.9306	173.6357	285.0139
18	50.3959	55.7497	61.7251	68.3941	75.8364	84.1407	103.7403	128.1167	218.0446	371.5180
19	56.9395	63.4397	70.7494	78.9692	88.2118	98.6023	123.4135	154.7400	273.5558	483.9734
20	64.2028	72.0524	80.9468	91.0249	102.4436	115.3797	146.6280	186.6880	342.9447	630.1655

年金现值系数表

公式 $\dfrac{1-(1+i)^{-n}}{i}$

$\frac{i}{n}$	1%	2%	3%	4%	5%	6%	7%	8%	9%	10%
1	0.9901	0.9804	0.9709	0.9615	0.9524	0.9434	0.9346	0.9259	0.9174	0.9091
2	1.9704	1.9416	1.9135	1.8861	1.8594	1.8334	1.8080	1.7833	1.7591	1.7355
3	2.9410	2.8839	2.8286	2.7751	2.7232	2.6730	2.6243	2.5771	2.5313	2.4869
4	3.9020	3.8077	3.7171	3.6299	3.5460	3.4651	3.3872	3.3121	3.2397	3.1699
5	4.8534	4.7135	4.5797	4.4518	4.3295	4.2124	4.1002	3.9927	3.8897	3.7908
6	5.7955	5.6014	5.4172	5.2421	5.0757	4.9173	4.7665	4.6229	4.4859	4.3553
7	6.7282	6.4720	6.2303	6.0021	5.7864	5.5824	5.3893	5.2064	5.0330	4.8684
8	7.6517	7.3255	7.0197	6.7327	6.4632	6.2098	5.9713	5.7466	5.5348	5.3349
9	8.5660	8.1622	7.7861	7.4353	7.1078	6.8017	6.5152	6.2469	5.9952	5.7590
10	9.4713	8.9826	8.5302	8.1109	7.7217	7.3601	7.0236	6.7101	6.4177	6.1446
11	10.3676	9.7868	9.2526	8.7605	8.3064	7.8869	7.4987	7.1390	6.8052	6.4951
12	11.2551	10.5753	9.9540	9.3851	8.8633	8.3838	7.9427	7.5361	7.1607	6.8137
13	12.1337	11.3484	10.6350	9.9856	9.3936	8.8527	8.3577	7.9038	7.4869	7.1034
14	13.0037	12.1062	11.2961	10.5631	9.8986	9.2950	8.7455	8.2442	7.7862	7.3667
15	13.8651	12.8493	11.9379	11.1184	10.3797	9.7122	9.1079	8.5596	8.0607	7.6061
16	14.7179	13.5777	12.5611	11.6523	10.8378	10.1059	9.4466	8.8514	8.3126	7.8237
17	15.5623	14.2919	13.1661	12.1657	11.2741	10.4773	9.7632	9.1216	8.5436	8.0216
18	16.3983	14.9920	13.7535	12.6593	11.6896	10.8276	10.0591	9.3719	8.7556	8.2014
19	17.2260	15.6785	14.3238	13.1339	12.0853	11.1581	10.3356	9.6036	8.9501	8.3649
20	18.0456	16.3514	14.8775	13.5903	12.4622	11.4699	10.5940	9.8181	9.1285	8.5136

（续表）

n \ i	11%	12%	13%	14%	15%	16%	18%	20%	25%	30%
1	0.9009	0.8929	0.8850	0.8772	0.8696	0.8621	0.8475	0.8333	0.8000	0.7692
2	1.7125	1.6901	1.6681	1.6467	1.6257	1.6052	1.5656	1.5278	1.4400	1.3609
3	2.4437	2.4018	2.3612	2.3216	2.2832	2.2459	2.1743	2.1065	1.9520	1.8161
4	3.1024	3.0373	2.9745	2.9137	2.8550	2.7982	2.6901	2.5887	2.3616	2.1662
5	3.6959	3.6048	3.5172	3.4331	3.3522	3.2743	3.1272	2.9906	2.6893	2.4356
6	4.2305	4.1114	3.9975	3.8887	3.7845	3.6847	3.4976	3.3255	2.9514	2.6427
7	4.7122	4.5638	4.4226	4.2833	4.1604	4.0386	3.8115	3.6046	3.1611	2.8021
8	5.1461	4.9676	4.7988	4.6389	4.4873	4.3436	4.0776	3.8372	3.3289	2.9247
9	5.5370	5.3282	5.1317	4.9464	4.7716	4.6065	4.3030	4.0310	3.4631	3.0190
10	5.8892	5.6502	5.4262	5.2161	5.0188	4.8332	4.4941	4.1925	3.5705	3.0915
11	6.2065	5.9377	5.6869	5.4527	5.2337	5.0286	4.6560	4.3271	3.6564	3.1473
12	6.4924	6.1944	5.9176	5.6603	5.4206	5.1971	4.7932	4.4392	3.7251	3.1903
13	6.7499	6.4235	6.1218	5.8424	5.5831	5.3423	4.9095	4.5327	3.7801	3.2233
14	6.9819	6.6282	6.3025	6.0021	5.7245	5.4675	5.0081	4.6106	3.8241	3.2487
15	7.1909	6.8109	6.4624	6.1422	5.8474	5.5755	5.0916	4.6755	3.8593	3.2682
16	7.3792	6.9740	6.6039	6.2651	5.9542	5.6685	5.1624	4.7296	3.8874	3.2832
17	7.5488	7.1196	6.7291	6.3729	6.0472	5.7487	5.2223	4.7746	3.9099	3.2948
18	7.7016	7.2497	6.8399	6.4674	6.1280	5.8178	5.2732	4.8122	3.9279	3.3037
19	7.8393	7.3658	6.9380	6.5504	6.1982	5.8775	5.3162	4.8435	3.9424	3.3105
20	7.9633	7.4694	7.0248	6.6231	6.2593	5.9288	5.3527	4.8696	3.9539	3.3158

丁元霖中等职业教育最新
财会系列丛书

基础会计	定价：33.00 元
基础会计习题与解答	定价：15.00 元
财务会计	定价：38.50 元
财务会计习题与解答	定价：25.00 元
成本会计	定价：30.00 元
成本会计习题与解答	定价：25.00 元
财务管理	定价：28.00 元
财务管理习题与解答	定价：20.00 元
税务会计	待出
税务会计习题与解答	待出

全国各地新华书店、经济书店均有销售

本社发行科可以办理邮购

电话：021－64411389、64411367　　传真：021－64411325

地址：上海市中山西路 2230 号　　邮编：200235

邮购汇款额＝书款＋邮资(书款总额 10%)＋邮挂费(3 元)